智慧图书馆建设与服务创新研究

张　展　肖　霞◎著

中国农业出版社
北　京

前　言

图书馆，顾名思义，就是搜集、整理以及收藏图书资料的机构，当人们遇到难以解决的问题时可以去图书馆中查询资料。我国历经五千多年历史的积淀，创造了博大精深的中华文化。图书馆在人类的发展历程中发挥着重要作用，肩负着保存人类文化遗产、开发信息资源、参与社会教育的重大使命。图书馆的产生同文字的创造和书写材料的使用密切相关。随着书籍的增多，便出现了如何保存、收藏和使用这些文献的问题，图书馆由此应运而生。因此，图书馆是社会文明发展到一定阶段的产物。

图书馆是人类知识的存储中心，是每个人终身学习的最佳场所。智慧图书馆是在智慧地球、智慧城市和智慧校园研究的发展中，将智慧性研究深入到图书馆领域的一项创新。智慧图书馆以提供泛在智慧为主，是继数字图书馆、复合图书馆后图书馆发展的一个更高级的形态。智慧图书馆的存在和发展离不开传感器、云计算等新兴技术的支持，突破了传统图书馆读者信息和图书信息彼此隔绝的困境，实现了图书流、人员流、物流和信息流的充分流动，保证图书与图书之间、馆员与读者之间、读者与图书之间的互联互通，以用户为中心，向需要借阅和查阅图书的用户提供全方位的泛在智慧服务。知识经济时代，图书馆凭借其充分的资源优势，已然成为信息资源管理的中心，发挥着日益重要的作用。面对人们对于信息资源的迫切需求，图书馆要充分运用物联网、新媒体等智慧化技术，实现图书馆的泛在智慧服务，满足人们不断增长的精神文化需求。智慧图书馆由五个核心要素组成，分别是馆员、资源、服务、技术和建筑，它们一起发挥作用，共同诠释智慧图书馆的概念、性质、特点和功能。相比于欧美西方国家较为先进的智慧图书馆建设体系，我国的智慧图书馆建设起步较晚，目前尚处于探索阶段，需要通过进一步研究，实现新的突破和发展。

本书共八章，第一章为图书馆综述，内容包括图书馆的产生与发展、图书馆的功能和价值、传统图书馆和数字图书馆的比较、传统图书馆的转型和创新发展；第二章为智慧图书馆的发展与研究，内容包括智慧图书馆的产生与发展、智慧图书馆的现状与功能、国内外智慧图书馆的研究概况；第三章为智慧图书馆的理论基础，内容包括智慧图书馆的基本概念、智慧图书馆的基本特征、智慧图书馆的构成要素；第四章为智慧图书馆的建设要点，内容包括智慧图书馆建设的内容与原则、智慧图书馆建设的技术支撑、图书馆智慧化系统平台建设、智慧图书馆的建筑建设、智慧图书馆的资源建设、智慧图书馆的馆员队伍建设；第五章为智慧图书馆服务体系建设，内容包括智慧图书馆服务的概念、我国智慧图书馆服务的现状与成效、智慧图书馆服务建设模式、图书馆智慧服务系统的基本构成、图书馆智慧服务体系建设的路径；第六章为智慧图书馆服务创新，内容包括智慧图书馆基础服务建设、智慧图书馆嵌入式学科服务建设、移动图书馆服务模式建设、智慧图书馆知识服务模式构建、智慧图书馆信息服务模式构建；第七章为智慧图书馆应用实践，内容包括图书馆物理空间的智能化案例、图书馆基础设施的智能化案例、人工智能在图书馆中的应用；第八章为智慧图书馆建设与发展中存在的问题与对策，内容包括智慧图书馆建设中存在的问题与对策、智慧图书馆发展中存在的问题与趋势。其中张展负责撰写第三章、第四章、第五章和第七章，肖霞负责撰写前言、第一章、第二章、第六章和第八章。

在撰写本书的过程中，作者得到了许多专家学者的帮助和指导，参考了大量的学术文献，在此表示真诚的感谢。本书内容系统全面，论述条理清晰、深入浅出。但由于作者水平有限，书中难免会有疏漏之处，希望广大读者予以指正。

著　者

2023 年 6 月

目　　录

第一章　图书馆综述

本章为图书馆综述，主要介绍四个方面的内容，分别是图书馆的产生与发展、图书馆的功能和价值、传统图书馆和数字图书馆的比较、传统图书馆的转型和创新发展。

第一节　图书馆的产生与发展

图书馆自产生以来，至今已有 5 000 多年的历史。经历了古代图书馆、近代图书馆和现代图书馆三个时期的演进过程，汇集了极其丰富的图书文献，成为人类的知识宝库。每个阶段的图书馆，其形态、特征、作用都各不相同。

一、图书馆产生的原因分析

图书馆是人类社会发展到一定阶段的产物，它的产生需要满足以下条件：首先，随着时代的发展，人们的活动范围逐渐扩展，迫切需要了解其他地区的信息，社会信息交流成为图书馆产生的先决条件；其次，伴随着文字的产生，图书文献逐步出现在人们的生活中，这成为图书馆产生的直接原因；再次，社会生产力水平的持续提高为图书馆的产生提供了坚实的物质基础，成为图书馆产生的基本保证。

（一）人类需要进行信息交流

人类信息交流主要指人与人之间的信息交流，即社会信息的交流。社会信息的内容十分庞杂，凡是人类社会活动所产生的信息都可以称为社会信息。人类社会信息交流是人类社会存在和发展的动力。

人类通常利用以下两种形式进行信息交流：一是直接交流，二是间接交流。所谓直接交流就是人们通过与他人进行直接的接触来获取自己感兴趣的信息，进而产生信息交流；间接交流是指人们以辅助工具为载体通过间接接触来获知自己想要的信息，由此产生信息交流。

直接交流具有生动形象、直观感受性强的优势。语言是人们进行直接交流的主要媒介，当语言无法表达内心感受时，人们有时还借助动作、表情等体态语言来传递信息。直接交流的过程是人的感觉器官和运动器官综合作用的结果。在直接交流时，人们获取的信息也是综合性的，许多“只可意会，不可言传”的信息，也只能靠直接交流获取，而且直接交流无需任何工具就可以进行。因此，直接交流比较方便、迅速，能够在较短时间内得到想要的信息，并及时地向他人反馈信息。

但是，直接交流的局限性也是十分明显的。首先，它要受到时间和空间的限制。在异时异地，如果不借助工具，直接交流就无法进行。其次，它的存储受到限制。人类的直接交流是大量存在的，但对它们的存储却是有限的。这是直接交流最明显的缺陷，因为无法对直接交流进行有效的存储，随着时间的推移和空间的转移，直接交流得到的消息很快就会消散，无法重现。第三，直接交流还要受到语言本身的局限。由于民族地域的不同，语言的种类及一种语言的语音各有不同，因此，使用不同语言的人们和同种语言不同发音的人们，在进行直接交流时受到限制。

正因为直接交流存在上述局限性，所以才使得间接交流得到了发展壮大。间接交流与直接交流是两种截然相反的交流形式，间接交流的优越性，恰恰是直接交流的局限性，同样间接交流也并不是完美无缺的，它的缺陷正是直接交流的最大优势。间接交流与直接交流有很多不同之处，而必须借助工具方能顺畅交流是二者最大的区别。

图书馆作为一种工具，正是为了适应人类间接信息交流需要而产生的，由此可以说，人类信息交流的需要是图书馆产生的前提。

（二）人类发展过程中创造了文字和文献

人类在征服自然、改造自然的社会实践中，创造出了一种能有效地用来记忆和交流信息的符号——文字。人类发明文字，是五六千年以前的事，人们用文字记载他们的经验和知识。文字作为辅助工具的优点，就在于它能克服时间和空间的限制。此外，它具有一定的稳定性。因而，用文字记载的文献，经过几十年、几百年，甚至几千年，人们还能够看得到，看得懂。

有了文字，就必然伴随着相应载体的出现。早期记录文字的材料，除甲骨、金石之外，使用时间最长、最广泛的是竹和木。伴随着文字数量的增加，人们用文字表达的思想内容更加复杂了。当人们不仅用文字来描摹记录身边的事物，而且可以借助文字来表达复杂的思想感情时，这时最原始的图书就应运而生。历史学家通过考古发现，我国最早的图书以竹片和木板为载体，将文字写在竹片上制成简策，有时还将文字写在木板上制作成木简。图书出现之后，如何整理、如何保存以及如何利用图书成为当时人们需要思考的重要问题。为了解决这个问题，就需要专门保存收藏重要图书的场所，由此产生了最初的图书馆。因此，保存收藏图书是图书馆产生的最直接的原因。通常情况下，人们将图书以及图书以外借助各种载体记录信息的文字资料统称为文献。同图书相比，文献显然具有更广泛的内涵和外延。因此，图书馆的实际收藏对象的范围也要更加广博，更精确的说法应该是文献、信息。现在我们可以看到这样的逻辑发展：文字在人类社会发展中发挥着无可估量的作用，正因为有了文字，社会才能达到如今的程度，没有文字，现代的社会文明也就无从谈起。文字的功用是通过文献体现出来的，而文献的储存和利用又离不开图书馆这一专门的机构，事实上，现代社会中的重要文献大都保存在图书馆中，所以，图书馆就是人类文明的标尺。也可以这样说，文字的产生和文献的增多是图书馆产生的直接原因。

（三）人类的记忆需要保存和延伸

心理学家认为，记忆是人类最基本的心理过程，它是人们社会实践中积累的经验在大脑中的反映。从信息加工的角度来说，记忆是人脑对信息加工的过程，这个过程包括对输入的信息进行编码，按照特定的规则储存并且在一定情况的激发下能够提取相应的信息。记忆是智力发展的必要条件，人们在社会生活中积累了丰富的经验，依靠记忆将这些经验保存在大脑中，遇到相似的问题时，头脑中的经验就会恢复，并且开展联想和想象活动，将当前的问题与之前的经验结合起来，进而解决问题。人们利用经验思考和想象的结果又作为新的经验再次保存在大脑中，为下一次的思考提供材料，成为进一步思维和想象的基础。记忆在人类的发展过程中发挥着重要作用，正因为有了记忆，人们的思维才能逐步深化，能够思考更加复杂、更加抽象的问题，智力也得以向更高的方向发展。没有记忆，人们就无法回忆起曾经经历过的事情，即使曾经感知过的事物再次遇到也会感到陌生，人类的思维就会始终停留在形象思维的阶段，无法进行联想和想象活动。无论是对个人还是对社会，记忆都发挥着不可替代的作用。对于个人来说，一个人如果失去了记忆，那么这个人就会在很大程度上失去自我；对于社会来说，一个社会如果失去了“社会的记忆”，这个社会也就失去了进步的源泉，无法发展。

虽然记忆在人类社会发展中发挥着重要作用，但是并不意味着记忆就是完美的，事实上，记忆有其固有的局限性，遗忘便是其难以摆脱的缺陷。这就是说，人们在引用头脑中的经验进行抽象思维或者开展想象活动时，为了得到长久且稳定的记忆，就不得不同遗忘作斗争。人们在社会实践活动中总会获得丰富的经验，当人们发现不管他们多么努力记忆，总会遗忘某些经验，便开始开动脑筋运用各种工具来帮助他们保存记忆。文字出现之前，“结绳记事”“刻本记事”等是人们保存经验的主要方式，文字产生之后，人们发现使用文字能够长久且稳定地保存经验，由此记载人类经验的各种文献应运而生。文献的产生，使人脑的记忆功能得到了补偿，文献成为反映人类思维的载体，是思维的直观体现。图书馆则是储存、利用文献信息资源的专门机构，人们将需要的文献信息进行输入、编码，根据不同的文献资源采取不同的保存方式，这样当需要信息时就可以直接地提取利用了。图书馆的产生可以说是对人脑功能的不自觉的模拟，是人脑功能延长的初级形式。正因为有了图书馆，人类的文化才得以保存，人们可以借助图书馆继承人类文明的优秀成果。图书馆在人类社会进步的过程中，肩负着“记忆”人类共同的经验的重大使命。

古今中外的学者对于图书馆的作用都给予了高度的评价。杜定友认为，图书馆承载着社会上大部分人的记忆，从本质上来说，图书馆的功能就是社会上所有人的公共大脑。美国学者巴特勒也有着相似的言论，在巴特勒看来，现在的人们之所以能够有今天的成就离不开图书馆，图书馆将人类优秀的成果都保存下来，以供现代人查阅、参考。

（四）人类社会的发展与进步

人类社会的进步，离开了生产力水平的提高是不可能实现的。生产力的发展是推动社会前进的根本动力。文字和文献的产生，本身就是生产力发展的结果。

1. 社会生产力的发展为文字和文献的产生提供了必要的前提

随着历史的进步，人们的社会实践活动日益增多，不仅需要组织社会生产，开展社会活动，有时还需要进行行政管理。为了能够提高生产水平，人们需要将实践验证过的生产经验记录下来等，传统的记录方法已然无法满足人们的需求，不断发展的生产力成为文字产生的先决条件。

2. 生产力水平的提高为文字和文献的产生提供物质基础

随着生产力的不断发展，书写工具和书写载体相继出现，为文字和文献的产生提供了物质基础。正因为有了书写工具和书写载体，不管这种工具和载体多么简陋，人们都可以借助这种工具和载体来记录生产经验。可以说，书写工具和书写载体的出现标志着人类开始进入文明社会。

3. 社会生产力的提高为图书馆专职人员的出现创造了条件

图书馆活动并不直接创造物质财富，这种精神领域的活动之所以能够产生，只能是社会生产力有了一定的提高，社会的物质产品除了满足人类维持生存的基本需要之外还有剩余。在这种条件下，部分人能够脱离物质生产劳动而生存，从而去从事精神领域的活动。而且随着生产力水平的提高，文献的生产、积累达到了一定的数量，客观上要求有专门的机构和人员来收集、整理、保存各种文献，于是便产生了新的社会分工，图书馆专职人员正是在社会需要与生产力发展水平提供可能的条件下产生的。

总之，人与人之间进行信息交流是必要的，但在信息交流的过程中，人脑记忆功能的局限性又是人们不得不思考的重要问题，为了突破这种局限性，由此出现了专门保存文献资料的图书馆，这是图书馆产生的必要前提。随着社会的发展，人们对于信息交流提出了更高的要求，文字和文献的出现，是图书馆产生的直接动力。图书馆的存在和发展并不是偶然的，而是社会生产力发展到一定阶段的必然产物，社会生产力的发展就成为图书馆产生的基本保证。受多方面因素的影响，图书馆应运而生，成为人类历史发展进程中的重大事件。图书馆从诞生之日起就与人类文明有着密不可分的关系，其发展沿革也与人类文明息息相关，毫不夸张地说，图书馆就是人类文明程度的标志。

二、图书馆的发展

（一）影响图书馆发展的主要因素

1. 社会生产力的发展

人类社会的进步与社会生产力的发展水平紧紧联系在一起，离开社会生产力发展水平来解释人类社会的进步是不现实的。生产力的发展是人类社会进步的原动力，也为图书馆的发展提供了必要的物质条件。生产力的发展使人们生产出了较之甲骨、铜器、简册、绵帛更为轻便而廉价的纸张、胶片、磁带和光盘等，使文献的生产技术有了巨大的发展，文献的数量也迅猛增长。从古代的藏书楼到现代的图书馆大厦；从图书馆原始的简单而繁杂的手工劳动到图书馆自动化的实现以及电子计算机、光电技术、声像技术和现代通信技术在图书馆的应用等，无一不是与生产力发展紧密相连的。因此，图书馆的发展，在很大程度上是由社会生产力的发展水平所决定的，图书馆的发展，是随着人类社会发展的进程而发展的。

2. 科学技术的发展

科学技术在人类的发展进程中占据了重要位置，人类社会的发展离不开科学技术的进步。有学者指出科学技术是第一生产力，这一观点得到了学术界的广泛认同。有关研究表明，科学技术的发展同图书馆有着极为密切的联系，主要表现在两方面：其一，任何科学技术都不是随意发展的，而是前人经验的总结和升华，没有前人积累的成果和当代人提供的数据，科学技术是无法向前发展的；其二，科学技术在发展过程中所使用的新的研究方法，获得的经验和成果又为图书馆提供了新的文献信息。可以说两者相辅相成，互相促进。

人类在漫长的历史长河中积累了丰富的知识，这些知识都是一代又一代人在社会实践过程中的凝结的智慧结晶，是人类认识世界和改造世界的经验总结。每一代人都从前人或者别人那里获取知识，将这些知识作为自己认识的起点，在改造自然界的过程中他们又获得了与前人有别的新知识，并将这些知识积累起来，探索出新的成果。科学技术的发展有赖于前人的研究成果，科学地继承前人成果，并以此去攀登新的科学高峰。随着科研成果的产生，凝结了人们聪明才智的新的文献又产生出来。所以，人们在利用图书文献进行科学研究和科学技术交流以及传递知识、发明新技术、新成果的同时，又产生了新的文献，使文献数量不断增加，进而促进了图书馆规模的不断扩大。由于科学技术的发展，文献的生产技术也随之改进并有了很大提高。到目前为止，文献的生产技术大致经历了手工抄写、机械印刷、电子传递等过程；记录载体也由自然物体（龟甲、兽骨、石头等）发展到人工物体（竹板、纸等），再发展到电子装置。每经历一个阶段，文献的数量都会随之剧增。尤其是伴随着工业革命而出现的机械化印刷设备，使文献的产生倍增，对于近代图书馆的发展，起到了巨大推动作用。

3. 信息时代的发展

伴随着通信技术的蓬勃发展，信息时代悄然到来。体力劳动者占据主流的时代逐渐消退，以脑力劳动为主的知识经济登上了历史的舞台。未来社会中，"知识"所占的比重逐渐增大，并成为推动社会发展的重要力量。不管是知识的传播还是知识的积累和学习，都与图书馆工作有着密不可分的关系。图书馆的作用将日益凸显，其任务也会愈加繁重。除此之外，伴随着互联网的飞速发展，图书馆势必会产生重大变革，构建满足人们信息需求的现代化图书馆是大势所趋。

（二）图书馆发展的特点

图书馆作为人类社会的特殊产物，有着独特的个性和发展规律，主要表现在以下几个方面：

1. 发展不平衡

从图书馆的数量上来说，国家经济实力和文化水平的高低是决定图书馆数量多少的主要因素，这一点是无可置疑的。纵观图书馆的发展历程可以发现，凡是经济实力雄厚、文化水平高的发达国家，拥有图书馆的数量就必然很多；相反，如果一个国家经济实力偏低，文化水平也不高，那么该国家的图书馆数量也是相当有限的。

回溯图书馆的起源，距今已有 5 000 多年了，以图书馆的发展速度为标准，可以将其分为两个阶段。第一阶段是图书馆形成之后到工业革命之前，这个时期，图书馆以收藏文献资料为主，发展速度是极为缓慢的；第二个阶段是工业革命后一直到现在，这个时期图书馆的理论体系不断完善，图书馆学成为一门独立的学科，这个阶段也不过是近百年的历史。图书馆并不是孤立地存在、发展的，而是受到诸如社会、政治、经济、文化、教育等多种因素的影响和制约。

2. 由封闭式向开放式发展

在古代，图书馆是国家设立的专门的藏书机构，政府对于图书馆拥有绝对的权利，只为少部分的皇室成员和贵族子弟服务，对于大部分的普通百姓来说，图书馆是神圣且高不可攀的，社会封闭性是古代图书馆的典型特征。今天，图书馆的服务对象变成所有想要查询资料的普通人，社会开放性成为现代图书馆同古代图书馆的显著差异。以计算机和网络技术为代表的现代信息技术在图书馆中的应用已然成为潮流，图书馆的收藏形式日益多样化，传递手段朝着网络化的方向发展，图书管理人员不断更新观念，管理方式日益现代化，所有这些都使图书馆的服务能力得到了大幅度提升，使人类的精神财富能够在更广阔的范围内实现资源共享。

3. 图书馆的职能不断扩大

古代时期图书馆的主要职能是收藏图书，随着知识经济时代的到来，人们对于图书馆的服务水平提出了更高的要求，图书馆的职能也相应地发生了改变，开发和利用信息成为图书馆的主要职能。传统图书馆秉持着其建立的本意——名义上的“藏书楼”，而现在图书馆的职能进一步扩大，肩负着为社会经济服务的“信息中心”的责任。图书馆不再是单纯地保存图书，而是利用其资源优势，对文献信息进行收集和整理，挖掘不同载体的文献信息的内涵，为用户提供信息服务。除此之外，图书馆还担负着对所有社会成员开展社会教育的职责，所有社会成员都可以根据自己的需要进入图书馆阅读、查询想要的资料，运用图书馆的资源来提升自身的文化水平和道德修养，图书馆可以说是“没有围墙”的社会大学。

4. 与人类文明的发展同步

人类文明经历了三个发展阶段：萌芽时期、形成时期以及成熟时期。其中农业社会可以说是人类文明的萌芽时期；随着生产力的发展，人类进入工业社会，人类的文明逐步发展壮大，进入了形成期；伴随着信息社会的到来，人类文明随之进入成熟期。图书馆的发展与人类文明的发展是相伴进行的，即农业社会时图书馆初步形成；进入工业社会，图书馆迎来了迅猛发展的机遇；蓬勃发展的通信技术，不仅使图书馆的信息收集和使用的方式、方法发生了改变，而且也引发了图书馆内部管理机制、组织结构的转变。信息社会背景下，用户需求的变化，导致图书馆的服务模式也发生了变革。

（三）图书馆的发展理念

1. 以人为本

从图书馆角度来讲，面对的服务对象是广大读者，应当以服务读者为一切工作开展的出发点，所以图书馆工作开展的前提是树立服务意识。只有在思想有了充分认识，才能将工作积极开展起来，围绕怎样开展对读者有利，怎样跟上时代步伐，各种创新便应运而生，如此才是以人为本。若只是停留在口头上，久而久之，人的思想就容易麻木，放松警惕，就只剩下口号了。

2. 制度与公平

制度的确立能有效防止因思想麻木而导致的问题。以安全工作举例，安全是任何工作的重头，没有安全保障，一切都是空谈。因此，在安全工作中图书馆制定了诸多制度、预案、方案，还进行常规的安全知识教育。凡事预则立，不预则废。制定制度、做好预案、做好安排，这是各项工作中的首要工作。因为有制度的约束，工作才能有章可循。

另外，在制度的确立、方案的执行和日常的工作中，公平必不可少。只有公平大家才毫无怨言，只有做到公平，大家的工作才做得更加顺心，在工作中不畏首畏尾，这就是制度与公平的作用。何为良法？在大环境下可执行的，不损伤集体利益、对个体有利、公平的即为良法。良法是制度确立的前提，否则没有执行力的制度是一张废纸。善治是有效的治理。那么如何有效地执行良法，有效地治理呢？适宜必不可少。这里的适宜是指在不违背大原则的情况下（以图书馆为例），对不同的人、不同的读者采取适应的方法，满足读者的多样化、个性化需求，让服务对象认识制度，接受制度，遵守制度。虽然我们有了经验，但经验不是固化的，完全依靠经验应对容易使人思想麻木。所以，研究读者，开展适宜的读者教育工作就显得很有必要。这对工作人员的专业要求是很高的，也是每个图书馆人需要思考的，不以规矩，不成方圆。

3. 规律与结果

世界上没有两片完全相同的树叶，事物间又都存在着普遍的规则，所以提出要研究规律。这两句话表面看似有矛盾，其实不然，规律为结果提供有力保障。就拿日常工作来说，为什么有的工作经常做，拿起来就很容易开展，因为有了经验和规律可循。但是在其中一定要警惕固化的思维给工作带来的麻痹和束缚。我们应该以高度的责任感对待日常工作，以发展的眼光研究读者的需求，为读者提供精准的精细的服务。工作是需要研究的，越研究越有趣，能力在无形中就会得到很大提升，这是谁也拿不走、抢不去的。

4. 整体与个体

从整体考虑问题是团队发展的第一要务。俗话说，有大家才有小家，这不是一句空话，也不是一句简单的话，这里包含了很多内容。例如，“勤奋创新、璞玉成器”是学校的校训，“团结勤奋，服务创优”是图书馆的馆训。校训也好，馆训也罢，都是从单位的整体出发进而确立的。更进一步讲，这也是对管理者的要求，这里面包含很多东西（如互助、分享、挖掘、创新、提升等）。没有整体的发展，绝不会有个体的发展，整体是个人发展的平台。如果没有整体观念，个人工作思考方向就会失之偏颇，对其他个体来讲也就没有什么公平可言。

5. 团结与包容

一个单位要想很好地发展，整体性占位必不可少。图书馆内部每个部门都有各自的管辖范围和职责，大家也都各司其职，有些部门并不互相了解。所以，我们在工作中难免会有了解不到或是做不到的地方，这需要大家相互包容，有包容就会有余地，有包容就会有温暖，大家的心胸也就更开阔，我们才愿意为图书馆付出，这才是一个家。包容不是放纵，包容是鼓励。图书馆是一个集体，更是一个队伍，集体迸发出来的力量是惊人的，只有大家拧成一股绳，图书馆才能越来越好。所以，必须团结，这与图书馆“以读者为中心，服务至上”的服务理念不谋而合。以大局为出发点，以制度为立足点，灌输包容的理念，这才是细致工作和人性化管理的基础。

6. 具备长远眼光

无论是哪个集体，要想长久发展，就要具备长远眼光，这就要多了解国家相关政策和规划，了解市场需求和导向，二者有机结合，在大方向上不跑偏，才能发展得更长久。如果没有长远的眼光，就像在历史的长河中慢爬的蜗牛，会被远远甩在后面，直至消失。“可持续发展”不是一句空口号，它有内在的要求和政策导向。现在不是闭门造车的时代，以国家政策为指导，充分发挥职员的主观能动性，这样的发展才有理有据，有价值。全员融入集体发展的长河中，大家齐心协力才能把图书馆办得有声有色。

第二节　图书馆的功能和价值

在很多城市我们都可以看到图书馆这种公共的教育资源。无论线上图书馆的使用有多么便利，线下的公共图书馆仍然作为普通民众最直接、最简便接触文化的一种方式。对于一个城市而言，图书馆无疑在人们的心中立起了一种文化的标杆。人们心中有了文化，就有了道德的约束，更会在日常行为中尊重道德、尊老爱老、和谐友善，保证和谐社会稳定发展。那么建立图书馆，不仅仅是为了人们能够更好地获得教育，它更多是作为一种道德的标杆、文化的传承，满足人们心中对知识文化的需求。当去图书馆阅读成为人们日常生活当中必不可少的行为习惯时，文化底蕴就深深印在了每个人的身上。在中国这个人口众多的国家，如果每个人能够以道德才能学识来约束和提升自己，中国的未来将是文化的未来，也将是人才兴旺、科技强国的未来。中国目前所出台的相关图书馆的法律法规，有利于保障图书馆在全国各地实施文化传播。

中国是一个拥有五千年历史文化的国家，优秀的中华传统文化绵延至今、生生不息。而近年来中国年轻人也逐渐意识到了这些传统文化的宝贵，在全国人民代表大会上已经有人大代表指出关于汉服这一类的传统文化兴起的意义，也逐渐让年轻人意识到了中华传统文化的魅力。而对于我们民族文化的传承应该有更加普及化的文字来支撑。对于想要了解中国传统文化和想要学习这方面知识的年轻人来说，图书馆无疑是最好的选择。我们可以在政府的支持下，在图书馆更多地引入中华优秀传统文化类的书籍，让年轻人从自己的喜好出发，慢慢地了解到中华文化的魅力。中华文化书籍的引入，能够帮助读者更好地建立起民族文化自信，深刻感受中华传统文化几千年的浑厚底蕴。作为图书馆应当免费向社会民众提供书籍，包括文献查询类等服务，通过这类服务帮助民众更好地理解中华文化和历史。

一、图书馆的基本功能

（一）引导阅读功能

读书可以提高个人品德修养、促进社会发展进步，图书馆有责任通过形式多样的阅读推广活动来倡导全民阅读。图书馆应该想方设法满足公众的公共文化需求，调动公众的阅读热情。图书馆可以通过微信、微博、网站等线上方式大力推广数字资源服务，让广大读者足不出户仍能享受到丰富的文化大餐。图书馆也可以开展线上打卡阅读的活动，充分调动读者的阅读兴趣。

(二) 信息咨询功能

信息繁杂的当下，公众时刻都被包围在信息网中，各类信息监管较为困难，社会上、网络上充斥着各种不真实信息，甚至是谣言。许多人都存在对信息真假难辨，被负面信息困扰的问题，甚至引发各种心理问题，公众迫切需要可靠权威的信息来源。而图书馆作为信息咨询中心，可借助专业的知识协助公众认清本质、缓解压力。

(三) 文化保护功能

图书馆承担着保存人类精神财富的职责，在社会系统中占据着其他文化机构所不能代替的重要地位。图书馆具有保护传统文化的功能，对于保护保存历史文献、古书典集和延续人类文明发挥了极大的作用，同时也兼具文化传播的功能。图书馆拥有收集、整理、保存文献信息的职能，是城市记忆的存储器，是人民历史的保存者。图书馆应当收集、整理、保存和开发利用本地区的地方文献，形成地区记忆，更好地为社会服务。

(四) 智库参考功能

图书馆拥有海量的信息资源和相关研究专家，应当建立智库服务，加强与政府部门的合作，为政府决策提供参考依据。各级图书馆应当利用自身的专业信息资源为政府决策提供信息保障。图书馆应当加强与所在政府的合作，通过专业的情报收集手段，为政府制定应急预案提供专业建议。

(五) 社会教育功能

图书馆是民众进行终身自我教育的绝佳场所。图书馆应当依据当前社会教育现状及发展情况，不断调整、完善自身功能，将服务中心逐渐从提供资料转变到为民众提供素质教育及终身教育中来。图书馆应从自身的社会教育职能出发，推荐优秀读物，给公众提供一个健康向上的阅读环境。图书馆工作人员有义务帮助公众挑选，指导大众读书，为公众提供符合社会发展需求的精神食粮。

1. 提高全民教育质量

图书馆是提高全民教育质量的重要工具，这是因为图书馆的知识资源较为丰富，并且是公民获得知识信息的主要社会服务机构，具备显著的社会教育职能，能够切实提高全民知识水平和综合素质。由此可见，提高全民教育质量为图书馆的社会教育职能之一，需要意识到图书馆在全民教育中的重要价值，这样才能充分应用图书馆的社会教育职能，图书馆的创新工作也才会取得显著的效果。基于此，图书馆需要不断进行深化创新，以此来满足不断增加的社会知识需求，以此来推动全民教育事业的发展。

2. 提供免费阅读服务

图书馆是知识经济时代的重要载体，其主要职能是为读者提供免费阅读服务和文献信息查阅及下载服务，其建设与发展是社会发展的必然趋势，也体现了社会服务体系的完善程度。提供免费阅读服务为图书馆的社会教育职能之一，需要确保读者能够通过图书馆获得准确的知识内容和完善的阅读服务，以此来帮助读者提高知识水平及获得所需信息。

3. 推动知识经济时代发展

随着知识经济时代的到来，国民素质成为衡量一个国家文化软实力的重要指标，提升全民素质成为实现国民经济持续健康发展的重要手段。基于此，图书馆需要通过深化创新社会教育职能来满足不断增多的读者需求，充分发挥图书馆在知识经济时代中的应用价值，提升文化软实力及竞争。

（六）创新思维功能

民众的文化需求随着社会的发展不断变化，这也就要求图书馆紧跟需求的变化不断创新变革自身服务。公众对图书馆的服务内容及方式提出了新的需求，图书馆需要构建新的服务项目，产生新的服务模式。伴随着5G时代的到来，图书馆提供云服务变得越来越容易实现。如通过虚拟现实的手段，让读者足不出户就能身临其境体验图书馆服务。各地区共享数字资源，建立共享平台，可为公众提供海量信息资源。

（七）扩大知识范围功能

图书馆的社会教育职能有非常明显的优势，它具有公益性、免费性、大众性等特点。图书馆陈列的书籍种类多、范围广，人们可以有多种选择来满足自身的文化需求。图书馆的服务包括文献外借、阅览服务、参考咨询、文献展览、报告会以及为老人和儿童提供专门服务等。图书馆可以弥补在学校学习过程中的不足，比学校更具有文献资源优势，种类齐全，可选择性高，读者获取的知识比在学校更为广泛。

（八）增强文化道德修养功能

图书馆的社会职能能够增强公民的文化道德修养，公民利用丰富的图书资源和信息，可以增加自身文化知识，提高文化素养，提高自身价值。图书馆的性质是对社会公众全面普及书籍的，为读者提供平等的学习知识的平台，提升他们的知识文化水平，构建和谐、平等、互助的社会。图书馆同时也是城市景点，在闲暇时期，可以去图书馆里面阅读书籍，丰富精神世界。图书馆环境清静、学习氛围浓郁，有各种各样的知识讲座和文化鉴赏等服务，向人民群众传播新知识、新思想。

（九）提供公共文化服务功能

经济全球化背景下，社会各界深刻意识到图书馆在推动社会经济发展中所起的重要作用，图书馆界的专家学者也从不同角度阐述了图书馆的价值。在 Richard E. Rubin 看来，图书馆最大的功能就是满足社会大众的基本需求，作为拥有丰富信息资源的图书馆理应为人们提供多样化的文化服务，当人们有需要时可以借助图书馆来获取社会信息资源。非营利性公益组织是图书馆区别于其他机构和组织的显著特色，这也就意味着不管外界环境发生怎样的改变，图书馆要坚持为公民提供公共文化服务的宗旨不动摇。随着时代的发展，通信技术和网络技术在社会文化领域得到了广泛的应用，新兴媒体成为文化市场的重要组成部分，为文化事业的繁荣兴旺贡献着自己的一份力量。面对蓬勃发展的新兴媒体，图书馆要顺应时代的潮流，从以下三点改变其功能模式：一是知识模式，即图书馆要转变观念，从资源的拥有者转变为资源的开发者，依靠丰富的馆藏资源向用户提供多种形式的知识资源；二是信息构建模式，图书馆中蕴藏着多种多样的社会信息，要做好信息的搜集整理工作，方便用户查阅，进而起到信息媒介的作用；三是多元模式，图书馆要充分运用网络信息技术，为用户提供给多元文化服务。

（十）聚集人类文化知识功能

图书馆作为知识和文明的宝库，人类社会几千年的文明结晶都藏于其中，更是各国文化知识信息的集藏地。图书馆担负着在民众中传播知识的重要职责，特别是以经济建设为中心的中国，少部分人“精神缺钙”和文化自卑是中国社会面临的一大问题。图书馆起到一个在文化上充实心灵、丰富精神、提升民众生活品质的作用，这正是图书馆存在的社会价值。

（十一）终身教育功能

学习无止境，国家经济发展的速度使市民的知识更新迫在眉睫。图书馆不受时间和空间的限制，没有年龄、性别的要求，不受资格、学历、学科等限制。图书馆是培育民众知识成长的第二学校，在这里民众能得到全方位的学习，是继续教育和终身教育的最佳场所。

（十二）提升民众文化修养功能

知识需要不断补充。图书馆多学科的信息收藏，为民众提升各自的文化水平和知识提供了方便途径。各阶层的读者成分多样，各自的职业也各有不同。图书馆丰富的图书收藏能满足各个层次不同人的文化需要，使民众通过图书馆提供的各种服务，更好地提升自己的学识和生活应用能力。图书馆这种和民众紧密结合的藏书特点和多样的服务活动，为民众提高生活情趣，培养健康的生活习惯起到了良好的引导作用，从整体上提升了民众的文化修养能力和生活质量。

二、图书馆的基本价值

（一）文化精神引导价值

文化在引导社会价值观、教化人民群众方面具有积极的导向作用，是我国建设社会主义和谐社会所需要的。图书馆作为社会上重要的文化领地，在引导精神文化上的地位不言而喻。所以，要将其引导教化人民群众，促进社会发展的功能价值充分发挥，从而更有效地为大众提供多元化的精神文化需要。图书馆有助于提高人们的综合素质，特别是精神文化素养。因为就我们的教育现状来看，人文教育方面比较弱，所以图书馆可以很好地弥补这方面的不足，逐步培养人们积极的思想品格和精神素质。当前社会存在很多不良的思想意识，对青少年学生造成的恶劣影响难以估算。因而，图书馆的作用非同小可，必须重视其对青少年及其他民众价值观的导向作用，引导人们树立正确的世界观、人生观和价值观。

《吕氏春秋·尊师》有云："教也者，义之人也；学也者，知之盛也。"[①] 就是说教育的目的在于提高人的思想和品位。一方面，图书馆发挥自身的文化引领作用，提升人民群众的思想水平，引导人们建立起健康积极的价值观；另一方面，图书馆的文化氛围会熏染周围的人们，使他们在这种积极向上、安静和谐的氛围中不自觉地受到影响。长期处于这种高

---

① 吕不韦．吕氏春秋［M］．北京：北京联合出版公司，2015．

雅安静、悦目娱心的环境中，读者的心境也会渐渐趋于平静稳定，从而养成自觉学习的良好习惯，使心灵和精神得以净化和提升。

可见，图书馆的文化价值首先就是文化精神的导向作用。当前社会环境复杂多变，思想价值观和知识体系等都具有多元化的特征，对广大人民群众的影响也是十分广泛的。图书馆作为一个知识的阵地，可以帮助人们从外界汲取并传递更多的信息，提升人们的思想道德素质。另外，图书馆具有极高的学术价值，为学生、教师及社会上其他学者提供丰富的学术方面的知识和能量，促进人们科学文化素质的提升。图书馆的教育引导作用可以在全社会形成一种积极的价值导向，不仅可以促进人们提升思想道德文化素质，而且可以向全社会传递和谐健康的思想意识。

（二）文化资源保障价值

图书馆最早的功能是存储文献和知识，为读者提供阅览等服务功能是后来增加的。可见，最初保存文献的功能是图书馆最古老、原本的价值所在。图书馆的基础职能便是保存文献信息，这些文献的内容包括纸质形式的实体书籍材料等，光盘、资源库以及网络等形式的电子文献材料，还有以缩微文献磁性介质记录的声像型文献资源，记录保存了人类各方面的生活内容，是人类社会各个不同时期文化发展的缩影。

图书馆中收藏的资源多种多样，包括文献资源、教学资源、学科知识信息资源等。作为文化传播的中心，图书馆还收藏古今中外知名学者专家的著作、杂志、报纸以及小说传记等，所以图书馆是一个充满文化气息的巨大知识宝库，在这里不仅可以找到前人留下的优秀成果，还可以查询到最前沿的学术动态，为学术科研机构服务，明显地体现出了它的文化资源保障价值。当前，许多图书馆都在利用互联网，创建资源量相对而言更加宏大的数字图书馆，不仅有效实现人们获取知识资源的网络新途径，而且可以扩充图书馆的文献资料系统。因而，图书馆的文献存储职能日渐强大，人们可以查阅到大量的数据资源。当今时代网络快速发展，图书馆不仅要丰富纸质资源，而且要顺应时代潮流创建丰富的电子资源，帮助人们利用图书馆获取更多有效的科学文化知识。

（三）文化信息传播价值

图书馆是传播中华优秀传统文化知识的前沿阵地，是了解世界前沿科学文化的有效窗口。图书馆担负着提高人民群众科学文化道德素养，传播先进科学文化信息的责任，是社会进步、经济发展的强大推手。

图书馆是信息传播的媒介，不仅要保证信息得以准确及时地传播，而且要做到科学整合其他的媒介，譬如，收藏具有广泛影响力的国内外报刊书籍等。尽管传统媒介受到网络的巨大冲击，然而数字图书馆使得图书馆在网络时代仍旧坚守着自身文化传播的责任与义务。尤其是计算机技术迅猛发展的今天，信息量快速激增，图书馆应充分利用自身专业优势，从海量的信息资源中选出有用的内容，利用互联网技术手段将收集整理、筛选出合适的信息进行数字化、网络化处理，改变传统获取资源的方式。通过这样的方式，图书馆可以为广大人民群众提供及时有效的知识信息，以及各领域的前沿动态和未来社会的发展走向。

与其他的文化媒介相比，图书馆不仅重视信息传播的数量，而且更看重质量，并且对信息筛选具有较高的敏感度和洞察力，因此在信息传播过程中总能先声夺人。在信息传播上，图书馆具有明确的价值理念和行为方式，实现科学引导社会文化发展趋势。图书馆不仅传播了人类先进的科学文化知识，而且将人文道德精神传播给广大人民群众，这是推动人类文明进步的重要手段，也正是得益于图书馆的文化信息传播价值，中华优秀传统文化才得以发扬并传承下去。

（四）文化历史传承价值

图书馆对于大量文献能够精细保存和修复，这使得文献资料得以大范围地传播，人们才会接触到更广泛的知识文化，人类文化的精神才会延绵不断地传承至今。由此可以说明，图书馆在人类文化传承的过程中以及发扬传统民族文化的道路上起到了非常重要的作用。在我国悠久的历史长河中，所积累的文化资源以及文化遗产都是对社会非常重要的资源，是中华上下五千年民族文化的智慧，也是维护民族团结、维持社会稳定以及国家统一的关键因素。图书馆作为传承文化的载体，对于帮助人民群众抵制落后腐朽的思想，传播和谐文化具有非常重要的作用，是促进经济社会全面发展的动力源泉。

图书馆是一个对于知识文化进行收纳、加工、整理的重要组织机构，对于历史文化的传承有着积极的促进作用。图书馆还会举办以历史文化为主题的相关活动；馆内的高素质员工会对存在破损的历史文化进行修复以及后续的加强保护；图书馆还会购买与历史文化相关的电子书籍，减少对于历史书籍的进一步磨损的同时，实现将文化资料数字化、电子化存档。图书馆不仅承担着保护历史文化的责任，还开辟了人类对于文化传承的道路，让历史能够世代相传。

（五）文化人才培育价值

图书馆的人才培育价值主要是针对高校图书馆而言的。图书馆可以丰富人们的知识，培养人民群众的品质，增长人民群众的智慧。图书馆培养优秀人才的重要手段就是教育。一所顶尖的高等学府中一定会配备一流的图书馆，这已经成为教育界的共识。现今高校的图书馆对于培养人才的重要性已经得到了业内充分的肯定。

图书馆对于人才的培养主要采用以下几种方式：

方式一：给读者树立正确的人生观和价值观，传授正确的传统文化、正确的爱国主义思想，提高受教育者的精神素养。

方式二：将图书馆内收藏的文献资源作为辅助教材，学生以自主学习的方式，对课堂中学习到的知识进行自我消化理解，这就是图书馆被称为“高校第二课堂”的原因。

方式三：通过让学生欣赏艺术作品，阅读经典书籍，提升大学生的文学艺术水平和审美水平。

方式四：提高图书馆员自身的综合素质，通过在工作中对学生潜移默化的影响，使学生的素养向高素质的管理员看齐。

现代化的校园图书馆内都有非常丰富的藏书资源，学校利用馆内资源举办相关主题的文化活动，组织开展文化主题讲座，给学生推荐必备书籍，全方面展现出读书的益处，鼓励学生多读书读好书，以此达到改善学生的知识结构，提升学生的自身素养，弱化校园读书的功利性质。同时通过管理员对于被损坏资源的讲解示范，对大学生在图书馆中所造成的破坏行为进行一定的心灵感化，培养大学生的公德意识以及责任心。图书馆内的珍藏资源以及良好的学习氛围不仅会刺激学生学习的欲望，更是促进学生自主学习的原动力。

图书馆相对于传统课堂的教学形式来讲自由度更高，学生能够通过在图书馆内的自主学习对自身产生认同感，在肯定自己的同时也会促进学生综合素质的培养。在多元化社会的今天，图书馆成为校园内受学生欢迎的场所之一，正是因为在图书馆中学生可以接触到不同层面的知识，使学生走在思想的前端。由此说明，图书馆对于人才的培养起到了至关重要的作用。

（六）文化知识创新价值

文化创新的基础是文化的继承，以文化作为发展的动力，为民族崛起和国家发展提供发展的动力源泉。文化创新作为发展先进文化的主要方式，其核心部分包含了理念的创新和内容的创新。理念创新指的是文化发展过程中的思维意识创新，内容创新是在已经取得的传统文化建设成果之上，创作出的优秀的文化作品。文化创新需要提供足够的资源与空间，让人们可以在自觉吸收文化的同时自由创造文化。而图书馆作为文化的收藏馆，为文化创新提供了良好的培育空间和信息资源，为创新提供源源不断的动力。

图书馆在进行文化服务的实践当中，必须保持多元文化输入与输出的公平性，不仅可以促进人们对于不同领域文化的交流学习，还为新时代的文化创新提供了便利的条件。图书馆对于文化创新的价值就是可以培养高素质的人才，它不仅是创新文化体系的重要构成，也是进行科教兴国战略的强力保证。在现代社会，图书馆不再是一个文化储藏工具，因此不要局限于传统的方式，要随着时代的发展不断创新，利用互联网的技术将文化体系构建起来，为人民群众搭建一个更广阔的文化沟通平台。随着时代的发展，创新的重要性逐渐显现。图书馆在利用先辈的文化成果时，也要进行创新，将社会主义先进文化进行发展与完善，发扬优秀传统文化，提升中华文化在世界文化中的地位，构建和谐社会。

第三节　传统图书馆和数字图书馆的比较

信息社会，各行各业都发生了翻天覆地的改变，面对着变化如此巨大的社会环境，传统图书馆如果只进行局部调整显然难以适应社会和时代的要求。只有紧跟时代的步伐，对传统图书馆的管理策略、组织结构、服务理念等进行全方位的变革，才能保证传统图书馆在时代的洪流中站稳脚跟，进而持续健康发展。

一、传统图书馆与数字图书馆的关系

不管是传统图书馆还是数字图书馆都是人类社会发展到一定阶段的产

物，人类对于社会信息交流的需求是它们产生的前提。数字图书馆与传统图书馆并不是彼此对立的关系。事实上，数字图书馆是传统图书馆发展过程中的必然产物，传统图书馆是数字图书馆存在和发展的基础。传统图书馆蕴含的多种文献资源为数字图书馆的形成提供了物质基础，而数字图书馆的形成使得传统图书馆的服务空间突破时间和空间的限制，进而为更多的用户提供服务。传统图书馆与数字图书馆之间是相互补充的关系，而不是取代的关系，即正因为有了数字图书馆，传统图书馆才能不断更新服务理念，提高服务质量；正因为传统图书馆积极采用新技术，开展数字化建设，才使得数字图书馆的资料日趋增多。总之，数字图书馆和传统图书馆相互促进，共同发展。

二、传统图书馆与数字图书馆的共性与不同

（一）传统图书馆与数字图书馆的共性

1. 本质属性相同

从本质属性上来说，传统图书馆和数字图书馆是没有差别的，它们都是文献信息传播的载体，都是社会经济发展到一定阶段的产物，都是社会文化的重要组成部分，都属于社会服务系统的范畴。数字图书馆的建设有赖于高速发展的网络通信技术，尽管数字图书馆拓展了传统图书馆的服务范围，改变了传统图书馆的服务方式，但是不管是传统图书馆还是数字图书馆都是人们获取文献信息、进行信息传递的工具和载体。

2. 基本宗旨相同

从宗旨上来说，传统图书馆和数字图书馆也是大致相同的，即对重要的文献信息资源进行采集、存储，并按照一定的规则进行处理以方便用户检索，其最终目的都是为社会大众提供服务，以满足他们的精神文化需求。为用户提供信息服务是图书馆运行过程中所需要遵循的首要准则，不管社会环境发生了怎样的变革，也不管图书馆以何种模式出现，这一基本宗旨都不会改变，势必会永远地延续下去。尽管将数字技术应用到图书馆领域，会使图书馆的文献整理工作和信息利用方式发生根本性变革，但这种变革只是方式的转变，图书馆秉持的宗旨并未改变。

3. 服务内容相同

从服务内容上来说，传统图书馆和数字图书馆也是基本相同的，即二

者都以为读者提供信息服务为主要工作内容，它们都以丰富的馆藏文献资源为依托，运用多种方式合理开发文献资源，主要体现在以下几方面：首先，图书馆在建设馆藏资源时要充分考虑到读者的需求，深入了解他们的阅读倾向，并以此为依据，确定馆藏文献的品种和数量，进而使馆藏资源最大限度地为读者服务。其次，图书馆还需要对馆藏文献进行合理地开发，通过二次文献、三次文献的加工，使馆藏文献发挥最大效益。从服务的角度来看，虽然数字图书馆的服务范围比传统图书馆更加广博，服务的形式和方式也与传统图书馆有很大的不同，但是二者的服务内容仍然是相同的。

4. 发挥的社会职能相同

从社会职能上来说，传统图书馆和数字图书馆也是基本相同的，二者的社会职能主要有五项，分别是保存人类文化遗产、对社会大众开展社会教育、传递科学情报、开发智力资源、提供文化娱乐。传统图书馆和数字图书馆只不过是图书馆发展过程中的不同称谓，二者在本质意义上是没有任何差别的。不管图书馆的形式发生怎样的变化，它的社会职能是不会发生变化的，不管是传统图书馆还是数字图书馆都会对人类文化资源进行收藏并为人们提供服务。

（二）传统图书馆与数字图书馆的不同

1. 图书馆文献来源、馆藏形式和工作重心不同

传统图书馆通常是从出版发行者手中采购文献资料，出版商或是以出版政策为向导，或是为了自身的利益经常会对文献资料选择过滤之后再将它们推荐给传统图书馆，这些资料都是正式出版物，即第二手资料；而在数字图书馆，用户不仅可以选择二手资料，而且还能得到包括科研人员的通信和讨论在内的、尚未被出版的第一手信息，数字图书馆可以运用现代网络技术，同其他数字图书馆展开合作，丰富馆藏资源。

传统图书馆的馆藏以各类实体文献为主。人们往往以馆藏量的多少为标准来衡量一个图书馆的藏书规模的大小和图书馆自身实力的高低。然而馆藏量受多种因素的限制，其中图书馆的空间和服务能力是制约图书馆馆藏量进一步发展的最主要因素。“实体化”是传统图书馆的最典型特征，人们可以进入图书馆亲眼见证馆藏的数量。数字图书馆以网络资源为主体，以分布式数字信息为对象，“数字化”“虚拟化”是数字图书馆的显著特色。数字图书馆的馆藏由两部分组成，一是自身采集收藏的资源，二是利用互联网所获得的馆外数字信息资源。数字图书馆的馆藏也称为“虚拟馆藏”，即它的馆藏资源都是无形的，是看不见也摸不着的。

传统图书馆的核心业务是采编和典藏，即对传统图书馆来说，尽可能多地拥有藏书、有效地管理和合理地运用这些藏书是其主要目的。有些特色图书馆内保存着孤本、善本图书，这些是传统图书馆的重要资源，并不向大众开放，如果想借阅必须向图书馆申请，得到特批后方可借阅。而数字图书馆则是以开发利用信息资源为主要业务，以用户为中心，满足读者的个性化需求是其宗旨，馆内的所有资源无条件对用户开放。

2. 图书馆容量、服务方式和服务时间不同

传统图书馆的容量是有限的，图书馆规模的大小、馆员服务水平的高低等都是制约图书馆容量进一步扩展的重要因素；而数字图书馆以网络技术为依托，它的存储容量可以说是无极限的。同传统图书馆相比，数字图书馆拥有着更大的包容性，人们可以运用搜索引擎来查询资料，能够在最短时间内查找到资料，这是一种全新的阅读方式，具有简单、无边界、操作性强的优势，传统图书馆是无法做到这一点的。

人工服务是传统图书馆的主要服务方式，人们如果想要查询资料需要图书馆员的帮助，这种服务方式是被动的应答式服务，向大众传播知识是其主要目的，服务形式相对单一。数字图书馆借助互联网技术，为读者提供主动应答式服务，多位读者可以在不同地点查阅同一文献资源，弥补了传统图书馆馆藏数量有限的缺陷。

3. 图书馆检索手段及利用方式不同

传统图书馆大多运用印刷型的卡片来进行信息检索，属于“书本目录式”检索。当用户向图书馆员咨询文献信息时，他们采用手工操作的方式检索资源。数字图书馆以智能检索的方式向用户提供信息服务，超文本检索是数字图书馆应用最广泛的检索工具。

传统图书馆的资源是有限的，在运用文献资源的过程中有时会出现使用冲突的问题，即传统图书馆中的某种文献资源的数量是有限的，只能供有限的用户使用，无法满足所有用户资源共享的要求。数字图书馆的出现解决了传统图书馆资源有限的难题，多人同时查询或下载一种文献资料变成了现实，资源使用冲突的问题不再发生，跨地域、跨国界地实现资源共享，便捷性成为数字图书馆的显著优势。

4. 图书馆评价标准和知识产权归属不同

传统图书馆由于建设时间较早，具有成熟而完整的评价体系，包括馆藏、建筑、借阅、服务等方面。而数字图书馆的起步较晚，目前处在探索阶段，评级体系也处于研究之中。针对数字图书馆的特殊性，其评价体系应在传统图书馆的评价基础上增加如下内容：对数字图书馆馆藏内容的评价，对网页设计的评价，对网络技术的评价等。

传统图书馆大都是从正规出版社采购图书，基本不存在知识产权的管理纠纷问题。相比传统图书馆，数字图书馆涉及的知识产权的范围更大，程度更深，这是因为数字图书馆的馆藏资源为数字化形式，数字化作品、数据库、数字图书馆的网页著作权等方面都涉及知识产权的归属问题。

第四节　传统图书馆的转型和创新发展

图书馆的转型其实就是一场关于图书馆的革命。必须明确的是，图书馆的转型是一个系统的工程，要求图书馆结合时代的需求，运用现代化的理念，改变传统的服务方式，开展数字化建设，以满足民众日益增长的精神文化需求。图书馆转型并不是一件容易的事。对于传统图书馆而言，现代化的影响是多方面的，这就要求我们站在时代发展的高度，认真审视并采取合适的应对措施。

一、数字化对传统图书馆所产生的影响

（一）原有的物理空间与新生的虚拟空间将长期共存

数字技术的存在和发展有赖于电子计算机技术的飞速发展，是指以特定的设备为媒介，将包括图像、文字、声音等在内的诸多信息转化为电子计算机可以识别的二进制数字“0”和“1”后“进行运算、加工、存储、传送、传播、还原的技术”。[①]

随着电子计算机技术和网络技术的日臻成熟，人们可以通过多种手段

① 任慧栋．数字化图书馆研究［M］，北京：中国书籍出版社，2016.

将信息资源转化为数字资源，信息资源的全球化传播由理论变成了现实。数字图书馆的出现为传统图书馆带来了如下变化：首先，从馆藏空间上来说，传统图书馆的馆藏空间为物理空间，具有资源容量有限的缺陷，数字图书馆的出现使得传统图书馆在原有物理空间的基础上又增加了虚拟空间，相比物理空间，虚拟空间具有资源容量大，集散方便快捷的优势。其次从收藏内容上来说，传统图书馆以实体的图书、报刊作为收藏的重要内容，这些都是有形的文化遗产，当前数字化图书馆尚处于建设过程中，无法将所有实体的图书、报刊都转化为数字化的信息资源，今后相当长的时间内，收集实体的图书、报刊依然是图书馆主要的工作内容；加上纸质阅读和数字化阅读各有优缺点，尽管数字化阅读得到了很多年轻人的喜欢，但仍有部分读者偏好纸质阅读，数字化阅读不会也不可能完全取代纸质阅读，因此传统图书馆仍将长期存在。

（二）图书馆是信息资源的管理者和“出版者”

纵观图书馆的发展历程可以发现，传统图书馆将其定位为文献资源的管理者，它将馆藏资源作为工具为读者提供服务。传统图书馆与社会的其他部门很少进行联系，犹如一座“孤岛”。而数字技术和网络技术的出现，打破了传统图书馆“与世隔绝”的状态，将它与世界范围内的出版商以及用户联系到了一起，使其成为互联网大家族的一员。互联网时代，任何读者都可以从计算机终端自由地查询他们需要的信息，这就导致人们对图书馆的依赖程度大大降低，曾经作为信息传播中介的图书馆也逐渐走向衰弱。与此相对应的是，图书馆承载起了“出版者”的任务，为了最大程度地发挥文献资源的效益，图书馆必须转变观念，将其定位为文献资源的开发者。图书馆应充分做好文献信息的组织整理工作，将原本分散、无序的信息进行整合，使其变成集中、有序的信息，从而为广大读者服务。

（三）图书馆员的职责发生改变

传统图书馆的工作人员大多是业务管理员，主要工作内容为图书编目，数字化时代的到来使得图书馆员的角色和工作内容发生了根本性改变，他们不仅是信息资源的管理者，同时还是信息分析与组织者、信息利用的导航者、信息知识的培训者、信息系统的维护员等，为用户服务的重要性与日俱增。

二、传统图书馆在转型中的应对策略

（一）进一步加强技术设施建设

积极发展图书馆的网络技术，为用户营造优质的网络环境；根据图书馆的特色和用户需求，及时更新或升级图书馆自动化管理系统，借鉴其他图书馆数字建设的成功经验，加强同教育科研网等知名网站的合作，建立本馆高质量的Web网站；加强数据库的标准化建设，以便本馆的馆藏信息能够便捷地为用户提供网上服务。

（二）加强数字化资源建设

日臻成熟的数字技术和网络技术使得图书馆的文献资源建设朝着多元化的方向发展。图书馆服务的开展有赖于印刷型文献资源以及网络、电子化文献资源的支持。为了充分发挥文献资源的优势，图书馆要结合自身的情况，从读者的需求出发，加大数字资源的采购力度，同时要充分发挥其检索分类的专业优势，对资料进行优化筛选，进而为读者提供数字化资源的一站式服务。

（三）优化组织管理

数字化的发展带来了深刻的影响，在很大程度上改变了图书馆的服务环境，使图书馆朝着全新的方向发展，组织管理模式发生了很大的变化，这与以前的图书馆管理模式存在明显的不同。从微观角度进行分析，我们可以发现，图书馆的功能发生了一定的转变，现阶段的图书馆主要负责组织相关的信息活动，同时也需要发挥一定的协调作用。图书馆的运行机制与传统的机制也存在明显的区别，管理过程更加精简，取消了复杂的管理环节，各部门之间加强了沟通，在一定程度上有助于个人发挥积极性。图书馆的运行机制表现出更为明显的竞争性和更强的风险意识，这就对图书馆提出了更高的要求。图书馆需要立足于读者，根据读者的需求来确定相应的信息服务内容，明确服务的标准，在降低成本、增加产出的基础上提升图书馆的服务质量，同时使图书馆的服务效率更加高效。图书馆还可以充分分析读者的需求，并在此基础上为读者提供针对性的服务。从宏观角度进行分析，我们可以发现数字化的发展也影响着图书馆的信息资源，使图书馆的信息资源具有共享性的特征。图书馆之间可以进行资源共享，以此来建立共享网络，构建信息管理中心，使图书馆的协调作用得以充分发挥。

(四) 根据读者需求拓展新型阅读业务

对于传统图书馆来说，需要看到自身存在的馆藏资源丰富的优点，立足于这一优势，不断扩充馆藏资源，增加竞争优势，在一定程度上提升对读者的吸引力，有效拓展图书馆的服务内容，以此来应对数字阅读带来的新挑战。图书馆应根据读者的需求不断更新服务方式，使馆内的操作系统更加方便、快捷，不断增加新的阅读载体，以便为读者提供更加优质的服务。中国国家数字图书馆在增加新的阅读载体方面作出了积极的努力，在2008—2009年，积极开发了电子阅读器外借服务。无独有偶，上海市图书馆也在此期间推出了电子阅读器外借服务，使得图书馆的服务与读者的需求更加匹配，有助于指导读者阅读的方向，加快知识信息的传播速度。在提供外借服务方面，图书馆可以增加一定的经费，购买更多的数字阅读器，以便充分满足读者外借的需求。图书馆还可以适当提供数字图书的下载服务，这样一来，读者就能将需要的信息资源下载到数字移动阅读器上面，随时随地进行电子图书的阅读。

除此之外，图书馆还可以提供自助服务，借助网络互联的模式，24小时向读者开放，为读者提供更加便捷的服务，进一步提升馆藏资源的利用效率。深圳街区自助图书馆在这方面就做得很好，突破了图书馆工作时间的束缚，为民众提供24小时的街区服务。读者可以在附近街区进行借书、还书、办理读者证等服务，使读者更加便捷地享受图书馆的服务，也使图书馆的服务范围得到了进一步的拓展。

(五) 加强馆员队伍的建设

传统图书馆发展的必由之路就是向数字化图书馆转型，在此发展的过程中，传统图书馆要坚持以人为本的理念，加强馆员队伍的建设，打造一支专业的、高水平的队伍。不同国家之间综合国力的竞争从本质上来说就是人才的竞争。图书馆要想提升竞争力也需要注重人才队伍的建设，进一步提升人才的质量。具体包括以下几方面的内容。

(1) 图书馆员需要增强自身的信息意识，提升自身整理、归纳和分析信息的能力，充分分析读者的信息需求，为读者提供更加丰富的信息资源，使读者拥有更多的选择机会，能够更加快速地找到自己需要的文献资料。另外，图书馆员还要开发和利用信息资源，为读者提供更加优质的服务。

（2）图书馆员必须具备相关的图书情报专业理论，掌握一定的信息处理和检索的基本知识。当今社会正逐步转变为信息化社会，数字图书馆资源建设内容层出不穷，这对图书馆的工作人员提出了更高的要求，馆员需要具备信息搜集、信息处理和信息传播的能力。馆员掌握一定的图书情报专业理论有助于提升服务的质量，不仅如此，馆员了解相关学科和领域的知识也是非常有必要的，这样才能够准确解读信息的质量，判断信息的使用价值。对于数字图书馆来说，其信息资源是由多种内容组合而成的，馆员提升自身的业务水平，掌握机读目录格式的使用方式有着非常重要的意义，有助于信息资源的共建共享，提高信息资源检索的效率，提升图书馆信息服务的科学性和实用性。图书馆员需要掌握馆际互借和参考咨询的服务方式，这样才能为读者提供更加优质的服务。

（3）图书馆员需要具备一定的英语基础，能够使用英语进行语言表达。现阶段，很多图书馆使用的软件系统安装和操作提示显示的是英文，这就要求图书馆员具备一定的英语应用能力，能够正常操作系统，能够选择和获取信息资源。图书馆员能够使用英语进行语言表达也是十分重要的，有助于馆员简洁、明确地回复读者的信息咨询，准确地撰写信息评价摘要和文献综述等。

（4）图书馆员还需要掌握使用计算机技术。信息网络环境下的图书馆员兼具信息服务员和系统维护员的双重身份，这就要求图书馆员会使用计算机，具备一定的网络技术，能够熟练地操作计算机、连接网络、操作多媒体，能够贮存信息和查询信息，能够安装和维护计算机系统，等等。图书馆员掌握了互联网的实用技术，能够加快信息处理的速度，提升信息处理的质量。

（5）图书馆员需要加强合作，协同作战。现阶段，社会具有非常明显的开放性特征。图书馆不应墨守成规、画地为牢、举步不前，这样终将会被社会所淘汰。要想提升市场竞争力，图书馆应拉近与用户之间的距离，建立相互信任、相互理解的合作关系，共同推动图书馆的长远发展，增强图书馆的生存实力。

三、传统图书馆服务方式的变革和创新

数字图书馆是互联网背景下的典型发展模式。与传统图书馆相比，数

字图书馆具有更突出的全面性和便捷性，不受时间和空间的限制，查阅文献资料非常快捷，能够实现信息资源的共建共享。传统图书馆具有一定的不足，即使延长了开馆时间，提升了馆员的服务水平，也难以媲美数字图书馆的优势。但是，我们也要看到，运用新技术有利有弊，数字图书馆也是如此。数字图书馆虽然克服了传统图书馆的不足，但在服务方式方面还有一些弊端。

（1）数字图书馆的文献资源服务缺少人性化环境。这是因为数字图书馆的服务模式是人机对话模式，读者与读者之间缺少交流和互动，读者只能通过网络和管理员进行交流，缺少人们面对面的直接交流，因而获得的感受难以让人印象深刻。数字图书馆的计算机按照固定的程序进行工作，难以像专业的图书馆员那样灵活和具体。

（2）数字图书馆在检索和使用文献资源方面受多种因素的影响。典型的影响因素包括电力、磁场、读者的科学知识储备等。这就要求传统图书馆在向数字图书馆转变的过程中应不断创新服务方式，展现自身的功能和特色。

传统图书馆创新服务方式可以从以下几方面着手。

（一）强化区域性论坛中心的作用

图书馆对于一个城市来说有着重要的作用，不仅能够体现城市的文化，还是城市对外交流的窗口，有助于推动文化的传播，这是其他任何机构所不能比拟的。图书馆要利用好这一特性，充分发挥文化交流和传播的作用，向着区域性论坛中心的目标发展。举例来讲，美国前总统克林顿访华时分别参观了北京大学图书馆和上海市图书馆，并在图书馆内发表了演讲，此举代表着特定的意义和内涵。再比如，在建设烟台市图书馆时，烟台市政府着重装修了图书馆的报告厅和会议室，以便在图书馆内进行接待事宜，另外，烟台的大型报告会也选择在烟台市图书馆内进行。这些都表明图书馆已经发展成为一个城市的文化交流中心和区域性的论坛中心。

（二）深化图书馆服务的文化内涵

人们之所以选择在图书馆看书，是因为图书馆为读者提供了良好的环境和氛围。这就要求图书馆要不断深入发掘自身的文化内涵，营造独特的文化氛围。具体可采取以下措施。

1. 服务社区化

图书馆能够体现一个城市的文化，可以说是城市的文化名片。在互联网环境下，图书馆应积极利用文化名片的效应来拓展和深化图书馆服务。图书馆可以与住宅小区实现合作共赢，图书馆和住宅小区加强合作不仅可以提升小区的文化品位，营造独特的文化氛围，使开发商获得可观的经济效益，还能提升住户的生活质量，为住户提供丰富的文献资源以及专业化、人性化的服务。图书馆将服务拓展到住户身边，扩大了图书馆的服务范围，增强了图书馆服务的针对性，有助于完善图书馆的服务网络。

2. 服务精品化和人性化

在互联网环境中，信息高速发展，信息量不断增多。人们面对海量的信息时常常感到无所适从，这也使得人们更加注重信息的质量，希望降低使用信息的成本，缩短检索有效信息的时间。社会的精细分工使得人们对信息的需求千差万别，在使用信息时个性化特征越来越突出。图书馆肩负着信息收集和传播的重要职责，有必要为读者提供个性化的信息服务，与读者的信息需求相匹配。图书馆专业信息分析人员会鉴定、组织和处理信息，这种信息处理的成本是比较低的，经过处理的信息具有了精品化和个性化的特征，用户在使用信息资源时非常便捷，大大减少了检索有价值信息的时间。

新时代背景下的图书馆应该坚持以人为本的理念，充分分析读者的信息需求，为读者提供个性化、专业化的服务。与此同时，图书馆应不断创新服务方式，始终将读者的需求放在首位，积极发挥图书馆的重要功能，提升图书馆员的素质，转变服务理念，进一步提升服务质量。这样图书馆才能有效提升市场竞争力，获得长远发展。

四、传统图书馆的管理模式及其转型

（一）传统图书馆的管理模式

传统图书馆的管理模式建立在信息载体的基础上，需要注意的是这里的信息载体是有形的，是由信息载符和信息载物这两部分组成的。所谓的信息载符可以理解为记录信息的符号，所谓的信息载物可以理解为负载符号的物体，图书馆的管理活动受这两方面因素的影响。现代意义上的图书馆出现之后，图书馆的管理就受文字型信息载符和纸张型信息载物的影响，并在此基础上形成了与之相匹配的管理本位的内容。

一般来说，有形信息载体具有以下几个特征：首先，有形信息载体具有稀缺性。现代意义上的图书馆最重要的信息存储介质就是图书、报纸和期刊等，由于图书、报纸和期刊发行得越来越多，图书馆要想采购这些信息存储介质所花费的成本也越来越多，从文献资源的总量上来看，所有图书馆的文献资源都具有一定的稀缺性。举例来讲，1949 年中华人民共和国成立至 1987 年中国国家图书馆白石桥新馆建成的近 40 年间，中国国家图书馆年均图书入藏量不断增长，平均每年有 28.2 万册图书入库，但这个增长速度远低于同期图书的出版速度。其次，有形信息载体具有有限性。在古代，人们使用龟甲、羊皮和竹简来记录信息，在现代，人们使用纸张、光盘和磁盘来记录信息。无论是古代的信息载体还是现代的信息载体，都存在着信息载体存储空间的有限性和信息的无限性之间的矛盾。到目前为止，信息存储的有限性和信息存在的无限性之间的矛盾依然没有得到有效解决。最后，有形信息载体受时空的限制。有形信息载体受空间的限制，主要表现为收集、整理、处理和保存有形信息载体时，在同一图书馆中需要不同的空间，在不同的图书馆中侧重点也不一样，这就会导致文献资料不仅在图书馆不同部门的传递会受到影响，而且在不同图书馆之间的传递也会受到影响，在一定程度上阻碍了文献资源的传播。有形信息载体受时间的限制，收集、整理、处理和保存有形信息载体时，在时间上会存在一定的滞后性。

有形信息载体的特性对传统图书馆的管理模式产生了一定的影响，使得传统图书馆的管理模式具有典型的管理本位特征。管理本位特征主要表现在以下几个方面：第一，传统图书馆的功能分割。对有形信息载体的管理是传统图书馆管理的重要内容，有形信息载体的管理涉及多种多样的载体，不同的载体有不同的管理模式。一般情况下，图书管理、报纸管理和期刊管理决定着图书馆基本功能的划分，在此基础上，图书馆有了具体的分工，图书、报纸和期刊的采集、分类、整理和保存相互分割，使得图书馆的功能格局呈现出条块分割的特点。第二，传统图书馆管理的科层化。图书馆的功能格局是条块分割的，要想有效地管理传统图书馆，就必须协调好各部门的关系，这些部分包括采编部门、借阅部门、参考咨询部门等，部门体系是比较复杂的，要想使整个部门体系运转起来，传统图书馆就需要采用科层化的管理体系。科层化管理具备明显的标准化特点，这就要求员工遵循固定的工作程序，采用标准化、模式化的操作流程。科层化管理在一定程度上降低了有形信息载体的管理成本，但给员工带来了负面影响，不利于员工积极性、主动性的发挥。第三，传统图书馆本质上是物本管理。传统图书馆开展日常工作的中心就是有形信息载体，提供的服务是繁琐的图书管理。传统图书馆的管理从本质上来讲就是物本管理，通俗来讲就是文献、书籍等实物是图书馆管理过程中的主要对象。

（二）传统图书馆管理模式的转型

随着信息技术的发展，数字化图书馆越来越多，传统图书馆的管理模式已经难以适应数字化图书馆的发展需求，难以提供令读者满意的服务，这就要求传统图书馆变革管理模式，向现代化管理模式转变，实现由管理本位向读者本位的过渡。传统图书馆管理模式是管理本位，而现代图书馆管理模式是读者本位，重视读者的需求，这种管理模式在管理对象、管理体制、管理定位等方面都有所创新，顺应时代发展的要求，能够为读者提供更加优质的服务。

（1）从管理对象角度来分析，传统图书馆应实现从纸质文献到电子文献的转变。武汉大学黄宗忠教授指出，数字化图书馆既不是物理储存信息的图书馆，也不是独立的实体，从根本上讲，是信息通过数字化形式在互联网上快速传播的信息空间。数字化图书馆为用户提供了更加便捷的服务，使身处不同地域的用户能够通过数字图书馆获取到有价值的信息资源。随着纸质文献向电子文献的发展，传统图书馆正逐步变成“无墙图书馆”。

（2）从管理体制的角度来分析，传统图书馆应实现从刚性管理到柔性管理的转变。刚性管理主要指的是依靠制度和职权，通过约束、监督、强制和惩罚等措施进行管理的方式；柔性管理主要指的是借助组织的共同价值和文化精神氛围进行管理的方式。在传统图书馆的管理中，管理模式是科层化体系，管理的中心是有形信息载体，管理的操作流程具有典型的标准化和规范化特点，这时，广泛采用的管理方式就是刚性管理，这种管理方式有着积极的意义，有助于推动图书馆的正常运行。在数字化图书馆时代，管理的中心发生了改变，不再是传统的有形信息载体，管理的中心转变为电子信息载体，图书馆员发展成为图书馆正常运行的重要条件，文献资源的作用被大大削弱了，这时图书馆的管理致力于发挥图书馆员的积极性和主动性，宜采用柔性管理的方式。柔性管理具有更突出的优点，比如有效性、持久性等。柔性管理坚持以人为本的管理理念，有助于调动图书馆员的积极性。

(3) 从管理定位的角度来分析，传统图书馆应实现从“仓库保管员”到“知识领航者”的转变。图书馆的定位在数字化图书馆时代已经发生了重要的转变，不再是简单的“仓库保管员”，而应转变为“知识领航者”，“知识领航者”能够发挥图书馆员的积极性和创造性，这就要求图书馆员和图书馆领导层提高自身素质和业务能力，以满足时代发展的要求。数字化图书馆时代，知识管理取代了文献资料的管理，员工的价值得到了最大程度的发挥，在以前，图书馆员只是做简单、重复的体力劳动，在现代，图书馆员更加注重掌握知识信息，为读者提供知识引导服务，在很大程度上拓展了馆员的服务范围，增加了馆员的自身价值。数字化图书馆时代同样对图书馆的领导层提出了更高的要求，图书馆领导层一方面需要掌握图书馆相关学科的基础知识，另一方面还要具备组织管理的经验和能力，能够保障数字化图书馆的正常运转。

信息技术的迅猛发展深刻地影响了传统图书馆的管理，使得传统图书馆在管理对象、管理体制、管理定位等方面都发生了变革，逐步确立了信息化的管理模式，这一模式的核心就是满足读者的信息需求。

五、传统图书馆向数字图书馆转型的过渡——复合型图书馆

在国外图书馆界，复合型图书馆的说法早已流行。在国内，复合型图书馆的概念也逐渐被人熟知。目前，人们尚未形成明确的、统一的复合型图书馆定义，在图书馆界存在着几种代表性的观点：美国图书馆学家萨顿认为复合型图书馆是印刷型信息和数字化信息之间的平衡逐渐向数字化倾斜；罗斯布瑞基是英国电子图书馆计划的重要参与者，他认为复合型图书馆是将不同渠道的各种技术融合到图书馆的工作环境，探索和开发电子和印刷环境共存的集成系统和服务；伯明翰大学的宾菲尔德教授指出，复合型图书馆既不是仅包含纸质资源的传统图书馆，也不是仅包含电子资源的虚拟图书馆，而是介于两者之间的一个将印刷与电子、本地与远程等各种载体集成于一体的图书馆。

通过以上论述，我们可以确定，复合型图书馆是一种从传统图书馆向数字图书馆转变的过渡形态，既包含纸质文献，又包含数字文献，二者并存互补，并向数字文献发展的图书馆。复合型图书馆的典型特点主要表现为以下几方面：第一，数字化的信息资源是复合型图书馆的主要资源形式；第二，作为人类文明产物的纸张发挥着不可替代的功能，收集和整理纸质文献仍是非常重要的工作；第三，纸质文献与数字文献缺一不可，同等重要，将会出现优势互补、协同发展的现象，最终会向数字化方向转变。

（一）以优势互补原则建设复合型图书馆

复合型图书馆是传统图书馆向数字图书馆转型的过渡形态，之所以会产生并存在相当长的一段时间，是因为复合型图书馆兼具传统图书馆和数字图书馆的优点，符合时代发展的要求，具有强劲的生命力。从这个层面来讲，复合型图书馆是应运而生的产物，在建设过程中需要把握这一特性。

（1）在应用信息技术和互联网技术方面，数字图书馆毋庸置疑，具有绝对的优势，能够为读者提供优质、高效的服务，满足读者信息资源的需求。但是，我们也应看到，数字图书馆也存在着一定的不足，比如数字图书馆信息安全存在风险，在版权管理方面存在短板等。对比之下，传统图书馆的现有馆藏是明显的文献资源优势，在传统图书馆向数字图书馆转型的过程中不能忽视这一资源优势，并应充分发挥这一资源优势的作用，不仅要通过合理的方式进行展示，还要使其向数字化方向转变，最大程度地发挥其功能。不仅如此，在收集和整理非数字文献资料时，应注重使用数字化技术，以便更好地收藏与传播。

（2）数字文献在实现信息资源共享方面具有强大优势。随着信息技术的迅速发展，社会生活的各行各业都受到了影响。传统图书馆的运行方式也受到了信息技术发展与应用的影响，读者对图书馆的信息需求发生了一定的转变。在建设复合型图书馆时应充分利用信息技术，全面推动信息资源的共建共享，不断拓展信息资源的服务范围。

（3）实现优势互补必须围绕一个中心，即明确为什么服务。从图书馆角度来分析，图书馆最重要的职责就是为读者提供优质的服务；从社会角度来分析，图书馆需要服务于国民经济建设，服务于全面建设小康社会的目标。只有这样，复合型图书馆才有明确的建设方向。

（二）建设复合型图书馆的主要措施

建设复合型图书馆并非一蹴而就的事，需要全体图书馆人员的共同努力，要对以下问题有更加深刻的认识：第一，传统图书馆发展的必然趋势是向数字图书馆转型；第二，复合型图书馆是应运而生的，符合时代发展的要求，具有一定的合理性，建设混合型图书馆有着重要的意义；第三，在复合型图书馆和数字图书馆中，图书馆员发挥着重要的作用。建设复合型图书馆的关键性措施包括：第一，加强馆员培训。帮助馆员掌握和熟练应用新技术，提升馆员的信息素养，使馆员能够获取、保存、检索、选择、处理和评价信息，明确馆员的角色定位，实现从“守门人”向“信息领航员”的过渡，主动为读者提供优质的服务。第二，工作方式的转变。传统图书馆的工作方式比较落后，无法为读者提供满意的服务，也难以适应现代社会的发展需要。因此，传统图书馆需要变革工作方式，创新服务方式，制定规范化的标准体系，加强对各部门的工作指导。第三，现有馆藏的数字化。传统图书馆转变的必然趋势就是实现馆藏资源的数字化，这也是传统图书馆提升馆员素质的重要手段。

六、传统图书馆转型的思考

（一）图书馆转型的内涵

传统图书馆的转型和变革是一项系统的工程，是涉及图书馆核心思想的全面变革。针对互联网和计算机技术的迅猛发展，部分图书馆只看到了表面现象，没有关注互联网和计算机技术给图书馆带来的深层次的影响。一些图书馆根据传统的理论和经验进行了局部的变革，没有对图书馆进行全面的升级，从某种意义上来说只是一次功能添加，使得传统图书馆不仅丧失了原有的优势，也难以很好地应用新型图书馆的特色资源。主要原因是人们只看到了技术进步的作用，没有关注到恰恰是人类进步的本质在推动着技术的发展，也就是说，技术只体现了人类进步的本质，通过信息技术发展的表象我们可以看到其本质，即人类对信息共享的永恒追求。恰恰是这种孜孜不倦的追求，不断推动着信息技术的发展。

只有深入了解技术进步的本质，我们才会清醒地看到，传统图书馆的变革是运用新技术对图书馆的管理模式、服务方式等进行的全方位的升级改造。一方面要加大力度建设数字图书馆和虚拟图书馆，另一方面也要全方位地改造传统图书馆的体制机制、管理模式、组织机构等。

转型成功与否取决于转型能否达到预期的效果。图书馆在选择转型措施时需要充分分析本馆的具体情况，根据本馆实际突出转型的侧重点。虽然不同的图书馆有不同的措施和侧重点，但却有相同的转型评判标准，具体来讲就是转型能够达到预期的目标，能够有效提升工作质量，降低工作成本，能够为读者提供优质的服务，能够增强图书馆的竞争力，能够发挥公共文化的重要作用。在实际操作过程中，难免会出现转型没有达到预期效果、转型花费过高但效果不明显的情况，这些不确定因素不利于转型进程的有序推进。对于大部分图书馆来说，转型最直接的目标就是提升工作效率，降低工作成本，如果转型花费过高，却没有达到预期的效果，那么就需要重新规划转型的方向。图书馆在转型过程中面临着一定的风险，图书馆的转型风险也就是图书馆在达到这一目标过程中所遇到的一系列不确定性。

（二）图书馆转型所面临的风险

1. 组织结构改变带来的不确定性

随着外部环境的变化，图书馆要想更好地生存下去也需要根据环境做出一定的改变。随着数字化技术的迅猛发展，图书馆的组织结构也在不断地作出调整，如部分图书馆实行了总分馆制，有一些图书馆与情报机构进行了合作，还有一些高校图书馆和公共图书馆建立了图书馆联盟。与此同时，图书馆内的组织结构也发生了一定的改变，以便更好地应对读者变化的需求。对于传统图书馆来说，组织内部的机构设置是非常重要的，传统图书馆要想有序运行就必须确保组织结构具备一定的稳定性，按照图书馆的业务划分不同的部门，组织结构体现了明显的垂直性特征。随着数字化技术的发展，图书馆需要重新确定部门的职责，从垂直化的组织结构向扁平化组织结构过渡。

2. 管理改变带来的不确定性

20 世纪 80 年代以来，自动化系统逐步普及开来，图书馆处理文献信息的速度越来越快，但传统图书馆的服务一直围绕着“一本书一个读者”的传统对应关系展开。随着网络信息技术的发展，数字化资源和电子资源越来越多，使得不同的读者可以同时阅读一本书，在图书馆内应用了各种各样的移动设备，进一步拓展了图书馆的服务范围，同时也使得图书馆的服务不再受时间的限制。各种类型的图书馆不断创新服务管理模式，增加对用户的吸引力，进一步增强图书馆的市场竞争力。

有图书馆员指出，图书馆虽然使用了新技术，使得借书和还书更加便捷、高效，但却在一定程度上增加了图书馆管理的成本。图书馆运行和服务整体外包属于一种新的管理模式，使图书馆摆脱了体制的束缚，使公共文化服务走上了社会化运作的道路。但这里需要注意的是，外包的成本、外包公司的质量、考核的标准、外包服务能否满足读者的需求等都会影响传统图书馆的转型进程。传统图书馆转型可以采取的方式是多种多样的，图书馆的服务方式要与管理模式相匹配。传统图书馆衡量服务管理和评价体系通常会用到一些指标，主要包括文献利用率、读者到馆率、读者借阅率等，在新的时代背景下，这些衡量指标也需要与时俱进、不断创新。阅读率、下载量和网络点击量这类评价指标具有一定的评估风险，需要经过长期的尝试和比较才能构建新型的管理体系。

3. 业务流程改变带来的不确定性

所谓的流程可以理解为完成一项任务或一次活动的全过程。采访、编目、收藏、阅览、流通等业务是传统图书馆的操作流程，在新的时代背景下，这些操作流程也需要进行一定的创新。在采访环节可以增加读者荐购的采访方式，在编目环节可以增加外包编目业务，在收藏环节可以增加数字化收藏的方式，除此之外，还可以引入信息资源评价、整合、长期保存等其他业务，不断丰富和变革传统业务的流程。重组业务流程说起来容易做起来难，重组业务不是将业务简单地相加或合并，而是对图书馆原来的业务部门和业务流程进行根本性的变革，重新规划原来的职能界限，可以说这是一项颇具难度的工作。

现阶段，传统图书馆的业务流程已经难以适应新时代发展的要求，不利于图书馆事业的长远发展。20 世纪 90 年代以来，图书馆业务流程的重组事项越来越受到业内人士的关注，图书馆业务重组能够给图书馆的发展带来新的生机。图书馆业务流程重组伴随着一定的风险，但是也能带来较高的回报，图书馆如果能够成功重组，将在很大程度上提升图书馆的工作效率，有效降低图书馆的工作成本。这里需要注意的是，经济风险和管理风险会影响图书馆的业务流程重组。通过分析图书馆的发展历程，我们可以看到图书馆业务流程的重组需要花费高昂的人力、物力和财力成本，但是能够实现预期目标的却是少数，只有30%左右的图书馆能够实现既定目标。在传统图书馆转型之前，图书馆要制定科学合理的业务流程转型方案，这是重要的前提条件。在实际的转型过程中，图书馆要警惕可能出现的风险点，比如是否会冲击传统图书馆的业务，图书馆员是否会抵制，是否会与原来的组织文化形成矛盾，等等。

在新的时代背景下，图书馆进行转型符合时代发展的要求，遵循了社会发展的规律。我们不仅要认识到转型是必然的规律，还要警惕可能出现的风险，要设计科学合理的转型方案，确保图书馆事业的有序运行。图书馆业内人士也肩负着重要的职责，需要深入探究图书馆发展的规律，归纳和总结图书馆发展的相关理论，为图书馆事业的长远发展提供助力。

第二章　智慧图书馆的发展与研究

本章为智慧图书馆的发展与研究，主要介绍三个方面的内容，分别是智慧图书馆的产生与发展、智慧图书馆的现状与功能、国内外智慧图书馆的研究概况。

第一节　智慧图书馆的产生与发展

一、智慧图书馆的产生

在知识经济和科学技术的支持引领下，人类社会开始迈入全新的知识经济时代。如今，知识资源逐渐取代传统资本和劳动力等要素资源，在战略资源中占据重要的地位。世界各国都将知识创新纳入国家创新体系行列，这是由于知识创新程度决定着国家竞争地位优势。图书馆涵盖众多的学科知识、历史文化知识和社会知识等资源，但面对社会需求增速过快的背景，图书馆服务能力仍需进一步提高，构建智能化、知识化、网络化和个性化服务体系。

2005 年，从国际电信联盟正式提出的物联网概念中可以得知，物联网是对互联网用户端的延伸和扩展，其不仅包含人与人、人与物之间的联系，而且还包含物与物之间的相互联系。分布式计算、并行计算、效用计算及网络存储、虚拟化等，都属于传统计算机和网络技术，它们之间的相互融合发展，使云计算技术得到发明应用。2008 年至今，云计算技术成为学术界和产业界研究与关注的焦点。2009 年，由 IBM 公司提出的“智慧地球”概念，获得美国政府的强烈关注，同时在全球范围内掀起新一轮的讨论热潮。可以说，正是在物联网、云计算、“智慧城市”等技术概念的提出与应用下，才使智慧图书馆获得有力的技术支持。

2003 年，以芬兰、澳大利亚、加拿大等为代表的国家，率先探索智慧图书馆理论和实践之路。其中，在芬兰奥卢大学图书馆提供的“Smart

Library”服务中，“Smart Library”被认为是一种新型图书馆，它能超越时空范围将信息直接推送到用户端。2005 年，中国台湾市立图书馆成为我国第一个智慧图书馆，它主要以射频识别技术（RFID）为支撑。而后，在我国上海、广东等地也相继出现智慧图书馆。2010 年，我国针对智慧图书馆发表的学术性研究论文进一步推动学界对智慧图书馆的研究热潮。

通过上述分析可以看出，智慧图书馆是在社会需要的背景下产生和发展的，是社会发展、技术条件和学术研究成果共同作用的结果。

二、智慧图书馆的发展沿革

随着 20 世纪中期计算机的发明，人类逐渐由工业社会进入到信息社会。特别是 20 世纪 90 年代互联网的产生和飞速发展，将人类社会由工业文明发展为信息文明。在图书馆界，一些领航者开始进行大胆探索，尝试通过应用计算机技术、网络通信技术等现代信息技术，为智慧图书馆建设服务。由此，传统的图书馆工作机制和模式逐渐淘汰，以网络化、自动化和信息化为主的工作模式，成为推动智慧图书馆发展的基础。计算机在图书馆中逐渐被广泛应用，卡片式检索被计算机检索，联机检索、网络检索取代，纸本资源如图书和期刊的地位逐渐被网络数据库和数字文献所取代。此时，现代化图书馆主要包括网络图书馆、数字图书馆、虚拟图书馆等。

（一）网络图书馆

自 20 世纪 90 年代以后，图书馆外部环境和内部需求都发生着变革。在计算机技术、多媒体技术、数字化技术和通信技术的支持下，图书馆数据资源库开始建立，馆藏资源数字化为图书用户开通网络化连接渠道，固定完整的馆藏数据信息，以更加灵活自由的使用方式呈现出来。面对网络化发展的背景，一种新的图书馆组织形式——网络图书馆逐渐获得发展，这种新型合作模式也为学界人士提供新的研究方向。

对于网络图书馆的认识，学术界存在较大争议，可谓仁者见仁，智者见智，主要流行的观点有以下几个。

1. 网络图书馆就是电子图书馆

这种观点认为网络图书馆是虚拟图书馆、电子图书馆、数字图书馆等概念的统称，认为网络图书馆就是利用计算机技术、网络通信技术将数字化的信息进行加工整理和贮存，并依托网络进行传播的一种信息服务机构。与传统图书馆相比，网络图书馆侧重对数字化、网络化的信息的处理和传播，其工作内容和工作方式均与传统图书馆有很大不同。并且，网络图书馆与传统图书馆相比，更容易实现信息共享，打破了传统图书馆较为僵化的信息获取模式，因此，又被称为“无墙图书馆”。

2. 网络图书馆本质上是图书馆的计算机管理系统

该观点认为网络图书馆并不是图书馆的一个种类，而是由于现实的需要，由图书馆开发的一套为实现信息资源共享和有效传播的网络化管理系统。它在一定程度上拓展了图书馆的功能，并且使图书馆的管理手段和服务方式发生了变革。通过网络图书馆，可以实现网络采购、网上编目、在线借阅、馆际互借和参考咨询等，丰富了图书馆的服务内容和服务手段。

3. 网络图书馆是跨地区、跨系统的图书馆联盟

该观点指出，网络图书馆之所以能够存在并获得持续发展，是因为它能为用户提供共享化的信息资源。从本质上来看，网络图书馆属于图书馆联盟中的“一员”，具备网络组织形式特征。随着图书馆联盟的深入合作发展，以自愿和互惠互利为前提条件的网络图书馆得以成立。

我国图书馆学者吴慰慈教授认为，计算机技术、数字化技术、网络技术是图书馆之间合作共建网络化组织形式的基础，这种网络图书馆能够通过跨区域、跨时间的方式，为用户提供网络馆藏资源和服务信息资源。吴慰慈的观点，较为全面系统地概括了网络图书馆的特征，得到了我国学术界人士的认可。

（二）虚拟图书馆

美国人 A. Harley（哈利）在担任大英图书馆外借部计算机与通信工作组负责人时，率先提出虚拟图书馆的概念。在他看来，虚拟图书馆能够为用户提供远程使用环境，包括使用图书馆情报资源和服务等。

1992 年，美国学者卡耶的著作《虚拟图书馆知识社会与图书馆员》指出，虚拟图书馆是以电子网络远程通信技术为依托，为用户提供信息与知识获取服务。在他看来，虚拟图书馆本质上是属于信息与知识获得的方式，并不是属于图书馆形态。而一些日本学者则认为，虚拟图书馆具有知识管理实体的特征，它是以远程通信技术为依托，促使馆藏内部信息资源与外部信息资源相融合，提高信息资源利用效率和价值。

我国学者同样针对虚拟图书馆持有不同观点，如武汉大学黄宗忠教授提出，虚拟图书馆是图书馆实体与虚拟现实技术的结合，属于跨地区、跨国家的信息空间，不具备物理存储的特征。而在北京大学吴慰慈教授的观点中，他将虚拟图书馆视为虚拟化的图书馆镜像，即虚拟图书馆具有数字化存储和网络化传递功能，可以实现馆藏资源信息的空间共享，是“大公共图书馆”“无墙图书馆”“全球图书馆”。

“虚拟”一词与计算机技术相联系，计算机技术可以将现实世界中存在的客观事物和环境加以虚拟化，即以一种“镜像”的方式呈现。计算机技术、网络技术的发展使图书馆利用信息技术在网络上开展工作和服务成为可能，而网络上的图书馆是现实中的图书馆在网络上的镜像，因此，虚拟图书馆也就是图书馆在网络中的镜像。通过网络实现不同地区、不同系统甚至不同国家的图书馆连为一体，而其他图书馆的馆藏资源也成了虚拟图书馆的虚拟馆藏资源，它依托本馆馆藏资源和其他馆馆藏资源为用户提供服务。

（三）数字图书馆

在1993年美国克林顿政府提出的信息高速公路规划中，数字图书馆规划被列为“试点”建设的重要项目。1994年美国国家科学基金会等部门正式施行的“数字图书馆创始方案”首次提出数字图书馆这一概念。同年9月，美国国家科学基金会、美国国防部高级研究计划署、美国国家航空与太空总署联合发起了“数字图书馆创始工程（Digital Library Initiative，DLI）”。1995年初，美国IBM公司又发起全球数字图书馆研究的倡议，并成立了数字图书馆学会，“数字图书馆”一词广为流传。1997年美国国家科学基金会参与主办的专题讨论会得出结论：“数字图书馆”这一概念不只是具有信息管理工具、数字收藏等价值的性质，数字图书馆或更像是一种环境，把收藏、服务以及人们连在一起，支撑着数据、信息甚至是知识的整个过程，其中包含了从创建、发布、利用到保存等环节。自从美国对数字图书馆进行研究以来，英国，法国，日本等全球多个国家都在着手数字图书馆项目的规划与建设，如英国图书馆电子贝奥武夫工程（BL）的建立，日本国会图书馆所进行的“关西图书馆计划”等都是与数字图书馆相关的研究与试验。

数字图书馆研究人员把数字图书馆定义划分为两种类型：一种意见从

技术、数字存储空间等方面界定数字图书馆，该意见认为数字图书馆应更加强调“库”这一概念，也就是数字图书馆作为数字化信息资源库，在国家信息基础设施建设中提供了关键性信息管理技术，还提供了主要信息源以及资源库数字化仓储空间。对这类观点具有代表性的阐述如下：①数字图书馆属于分布式信息环境，它所涉及的技术使创建、发布、加工、储存、集成、使用等方面的难度大大降低。②美国研究图书馆协会（ARL）对数字图书馆的界定为：数字图书馆并不是单一实体；数字图书馆就是将很多场所的资源联系起来的一种科技；大量数字图书馆与信息服务之间的联系，对于最终用户来说应该是透明的；数字图书馆旨在使广大用户能够在最大程度上接受信息、获得信息服务；数字图书馆收藏不能仅限于原件的代用品，应该包括那些不能以印刷方式展示和传输的实物，并对它们进行数字化处理。③美国“数字图书馆创始方案”认为：数字图书馆不只是一个数字馆藏与管理工具集，它还应该包含信息、数据与知识的建立、分发、使用、储存等全生命周期的全部活动。④数字图书馆也就是把分散在各种载体和各个地理位置上的信息资源数字化地保存下来的数字化信息系统，并通过网络相互连接，最终提供即时利用，以达到资源共享。

第二类视角把焦点集中在“图书馆”上，即数字图书馆是利用当代信息技术收集、整理与存储数字信息资源的图书馆，并且服务于所有与网络连接的使用者，服务于某种社会政治和经济的文化教育机构。具有代表性的定义包括：①数字图书馆就是利用现代高新技术支撑起来的数字信息系统和新一代因特网信息资源管理模式，改变因特网由于其巨大载体而不方便利用的状况。这表明，数字图书馆具有超大规模、分布式、使用方便、不受时空限制和智能检索等特点，成为知识中心。②数字图书馆就是利用计算机技术、网络技术、通信技术、数据库技术以及多媒体技术的各种信息技术及其装备，将各种形式文献信息资源收集、筛选并规范化，以数字化、多媒体形式储存于其中，建立分布式馆藏信息资源库与虚拟馆藏信息资源库，同时通过各类局域网、广域网为全球范围内与因特网相连的所有用户提供数字化、网络化信息服务的信息系统。第二类定义在图书馆界较为公认。

在数字图书馆类型方面，加利福尼亚大学信息管理和信息系统学校

Peter－Lyman 把数字图书馆划分为四种类型：①数字图书馆，包括各种具有媒体介质特征的数字化馆藏，由图书馆员负责组织和管理。这里的数字化馆藏，是由数字化形式的印本资源、各类型数据库组成。②纯数字图书馆，自成立之初就用数字形式创建并储存各种文献。③数据图书馆，不仅储存着图书馆自身生成的各种资料，也就是用户、图书馆员以及图书馆专业设备等生成的资料，而且还储存着图书馆外生成的资料，如各种传感器、气象卫星和智能化设备以及经济活动和科学研究活动生成的资料。④数据通信，包括环球网、电子邮件和用户组等一组数字通信的电子文件，还包括数字电视、网络视频、数字电话和数字广播。

数字图书馆所面临的挑战是多方面的。具体来看，这种多方面的挑战既有技术方面的，又有外部有关机构方面的。例如，当前我国学术数字资源建设呈现出飞速发展的趋势，例如，中国知网的资源建设已经从中国期刊的论文逐渐扩展至国内外期刊的论文、会议论文和学位论文等。从图书资源上看，数字图书馆同样包含了海量书籍，在提供年鉴和工具书查询服务的基础上，近期又搭建了教辅平台。另一个重要的学术资源服务平台——万方数据知识服务平台，同样会提供国内期刊论文、学位论文、会议论文、专利、标准、地方志、法规文献、科技成果、图书、行业机构、专家学者等学术资源。当然，维普期刊服务平台和其他资源建设商在学术资源建设上同样也取得不少成果。目前，这些资源建设商掌握的非图书资源为我国绝大部分图书馆所不及。国内多数高校图书馆都已无法脱离这些资源建设商的学术资源服务。以数字化图书资源为主的超星图书馆，其涵盖了文学、经济、计算机等 50 多个门类，电子图书达上百万种，已达到大型图书馆收藏规模的标准。假以时日，它将比现在国内大多数图书馆收藏数量还要多。另外，百度、Google 等搜索引擎也纷纷建立学术搜索体系，开始介入学术出版领域，这些都给数字图书馆带来了不同程度的冲击。

从技术上看，大数据技术、云计算技术、语义技术、数据挖掘技术、无线射频识别（Radio Frequency Identification，RFID）技术、跨平台检索技术等，均给数字图书馆带来一定程度的消极影响，而用户的需求又在新技术发展下逐步提高，许多用户已经不再满足于过去的信息获取方式，他们更倾向于获得泛在化、个性化和智能化的信息服务，这逐步成为图书馆服务优劣的重要评价指标。当然，信息技术对数字图书馆来说既是挑战，又为其提供发展契机，数字图书馆能够将这些技术运用于工作和服务中。综合而言，数字图书馆面临的问题及其得到的契机也预示了数字图书馆整体结构及工作、服务模式势必将发生改变，这为智慧图书馆的出现与发展奠定了基础性前提。

（四）智慧图书馆

智慧图书馆以网络图书馆、虚拟图书馆和数字图书馆为依托而获得发展。比尔·盖茨于1995年在《未来之路》中首次提出物物相联概念雏形。1999年物联网这一概念被正式提出，并且很快在世界范围内推广开来。而基于物物相联智能技术信息的智慧城市，正是20世纪末尤其是21世纪初在世界范围内开展的一种全新的城市发展理念与实践，是未来城市发展的重要组成部分。

在物联网技术不断发展的今天，智慧交通、智慧政府、智慧商业、智慧工业等，在许多城市都呈现出不断发展和壮大的趋势。智慧图书馆，不仅作为主体部分（如多数图书馆都设在城市中，学校图书馆从属于校园部分）而存在，而且还是一个单独的单元与个体，“智慧地球”的理念提出以后，在图书馆学者们的广泛建议下，智慧图书馆获得不断丰富与完善。

智慧图书馆，属于智能化建筑形式。智慧图书馆建设过程会运用各种智能技术，通过将智能建筑与高度自动化管理的数字图书馆有机结合起来，创新图书馆形式。在图书馆研究人员看来，技术视角、建设视角、服务视角及综合发展视角，共同构成智慧图书馆的研究视角。首先是从技术视角分析，智慧图书馆形成的关键因素是现代信息技术的发展，在电子计算机和图书馆信息系统的支撑下，智慧图书馆不但能为用户提供灵活的信息交互服务，而且还能使自身达到智慧化图文信息管理和多元化服务的目的，具备时效性和多目标性特征；而从建设视角分析，智慧图书馆引入物联网、数字图书馆将智能化技术融入当前的图书馆服务体系。[①]

智慧图书馆能够使用户深刻感知各种馆藏信息资源，并且不受时空条

① 蒋萌，武群辉．“互联网＋”环境下图书馆空间再造模式内涵与结构研究［J］．图书馆学刊，2016（1）：19－23．

件的约束，在广泛的互联互通基础上，为图书馆及用户提供智慧化的管理和服务。智慧图书馆可以系统归纳整理各种知识资源，用户在使用过程中能够享受贴心化、个性化的服务。未来，智慧图书馆会成为图书馆的发展方向，其追求的绿色方式和数字化手段将会用于服务读者阅读过程，推动馆藏信息资源互联共享。智慧图书馆本质上是为读者提供一种智慧服务，这种智慧服务具有实时增值的特征，即在互联共享知识信息资源时，知识服务内涵会得到延伸。

相较于一般性质的图书馆，智慧图书馆具备的功能更加全面广泛。除了要保证能够利用已有的信息技术整合信息资源，还要保证信息资源传递过程的安全性、准确性，甚至更要对外部信息进行加工处理。从这一点来看，智慧图书馆建设过程需要重视智能化处理技术和要求。

第二节　智慧图书馆的现状与功能

一、国外智慧图书馆现状

（一）国外智慧图书馆的构建情况分析

1. 美国智慧图书馆

20 世纪 90 年代末，在美国纽约麦迪逊大街和 34 街交叉口，坐落着拥有“21 世纪超前型电子图书馆”称号的图书馆。该图书馆的建立是图书馆历史发展变革的产物，具有划时代的意义。相较于传统图书馆内部规模庞大的书架和目录柜，该图书馆配有各种新式电脑，这些电脑成为负责管理馆藏图书信息资源的主体。在本地和远程终端操作系统的支持下，图书馆内的电脑可以与外部网络相连接，而用户则可以通过图书馆内部配置的电脑进行检索查询，或者是在其他地方利用互联网检索查询各种形式的资源，如图书、报刊或各类电子文献等。用户想要打印已检索查询的文献资料，图书馆会为其提供相应的设备。由此可见，电脑服务成为该图书馆的一大特征。

随着图书馆建设与信息技术的发展，美国智慧图书馆逐渐呈现出新的变化。2019 年美国发布了图书馆状况的报告，美国图书馆协会（ALA）图书馆未来中心（Center for the Future of Libraries）在该报告中指出，图书馆能够证明自身适应新角色和新环境，这主要得益于人工智能（AI）

和智慧社区的发展。

首先是人工智能，它能够有效拓宽图书馆信息获取范围，有效引导读者产生阅读兴趣心理，从而促进社区知识生产。图书馆建设与人工智能技术相结合，使更多图书馆专业人员对包括深度学习、机器学习和自然语言处理在内的知识感兴趣。部分图书馆正着手将人工智能技术用于图书馆服务工作中，一个典型的例子是，2018 年罗德岛大学（University of Rhode Island）开设的第一个 AI 实验室，该实验室就是位于大学图书馆内。实验室内的设施涵盖各学科范围，所有学生、教职员工和罗德岛社区居民都可以参与其中，从中探索学习新兴技术。位于加利福尼亚州的斯坦福大学也在图书馆引进人工智能，旨在通过开放人工智能应用程序（如机器感知、机器学习、机器推理和语言识别等），帮助读者和用户进行识别和试用馆藏资源。马萨诸塞州的剑桥公共图书馆与哈佛大学 MetaLAB 实验室、麻省理工学院的海登图书馆合作，共同创建“Laughing Room”会议室，在该会议室内，参与人员可以通过讲述有趣内容，将人工智能算法生成的笑声播放出来。

此外，在美国西雅图公共图书馆内，同样包含智慧图书馆的建设。西雅图公共图书馆对传统图书馆楼层分割概念加以重构，通过设计工作区、会议室、书库和功能区等来定义图书馆空间。重新定义后的图书馆空间是独立存在的，同时具有专门管理图书和信息存储的功能。对于图书馆内部各种形式的资源，用户均能检索查询，这就表明图书馆成为具有开放性质的阅读场所。

如果按照建筑主体和技术层面来分析，美国西雅图公共图书馆则更能体现智慧理念。第一，在建筑结构上，该图书馆使用双层保温的镀膜玻璃与三角钢结构，建造巨大的凹斜采光玻璃顶棚，它可以使整栋建筑有效减少日照变化产生斑驳的光影面积。此外，该图书馆室内还有与外部通道相连的绿化，设有雨水采集装置和循环灌溉系统。第二，在建筑材料选择方面，该图书馆对约 75％的码头地区消耗材料和部分损坏材料进行二次加工使用，只有小于 20％的建筑材料是在本地采集的。该图书馆严格按照美国 LEED 节能环保条例进行设计和建造。第三，该图书馆是通过色彩划分馆内空间区域的，如黄绿色荧光灯代表的是馆内设置的纵向电梯；橘红色区域代表星巴克青年中心；红色区域代表图书馆步梯空间；粉色区域代表儿童学习中心，主要为5岁以下幼童提供服务；黄色区域则代表5岁以上的学前儿童学习中心，并提供“泡芙”座椅。

技术层面主要是指图书馆使用的技术。美国西雅图公共图书馆设有全自动图书分类系统，读者自动归还的图书会被放置在传输带上，电脑会对传输带上的图书进行扫描，按照书籍条码进行自动分类。此外，位于该图书馆内的混合功能区，设有6个LED屏幕，它可以为用户提供实时借阅数据，使馆藏图书资源更加可视化，借阅数据更新时间会持续1～6分钟。并且，屏幕中显示的数据是水平或垂直流动的，用户或读者可根据编码颜色进行区分。例如，在水平浮动的标题中，用户可看到红色的书籍标题。由此可知，西雅图公共图书馆建设与运行更加坚持环境友好、智能惠民的理念。

2. 澳大利亚智慧图书馆

2012年，由澳大利亚阿兰娜和玛德琳基金会、澳大利亚Telstra公司基金会共同出资，向当地1 500个社区增设基于智慧图书馆模式的新型服务。该机构在面向430个社区开放的公共图书馆中，建设具有智慧服务性质的图书馆。该智慧图书馆拥有智慧图书馆员的功能，可以通过跨地域空间、跨时间为用户或读者提供服务。例如，该智慧图书馆可以通过移动终端或固定终端与电子馆藏人员取得联系，并获取馆内各类服务资源。另外，该智慧图书馆还拥有硬件防火墙相关功能，可以自动检测过滤类似安全隐患信息。总之，该智慧图书馆拥有强大的智能中央系统，这是对馆藏图书资源进行管理和控制的核心。

3. 芬兰智慧图书馆

作为率先系统提出智慧图书馆概念的国家，芬兰拥有较为成熟的智慧图书馆建设经验。在芬兰，人均教育水平、人均图书馆占有量、人均图书馆服务支出都居于世界各国前列。系统研究芬兰智慧图书馆建设情况及经验，可以帮助我们更好地构建智慧图书馆理论体系。中国台湾学者叶建良馆长撰写《芬兰公共图书馆考察报告》详细描述了芬兰智慧图书馆建设经验。芬兰图书馆建设坚持为国民提供“基本服务”的原则，即每个芬兰人都能获得和国民教育同等的、免费的图书服务。

当前，芬兰图书馆正在朝着智慧化方向迈进。在相关研究资料中发现，芬兰公共图书馆资源类型丰富多样，非纸本资源（以音乐、影片等视听资料为主）占总体馆藏资源的10.43%。芬兰各地图书馆都会收录漫画、图文小说、电玩等在内的资源。此外，针对年轻群体阅读喜好和需求，各图书馆会设置 KuMuKi（即“图像、音乐、书籍”的缩写）专区。各地公共图书馆都有用于自助借还书籍的机器设备，在一些规模较大的图书馆内部，自主借还书机器后端是与自动分拣机相连的，实现实时分类，节省借阅整理时间。而传统的服务柜台，则成为馆员的个人工作站，这些个人工作站并非固定的，而是根据弹性需求进行灵活配置，用以全方位满足读者或用户需求。总体来看，芬兰图书馆空间配置具有弹性，轻隔间占据主要部分，在馆藏书架上方会放置灯具、下方会装有轮子，这样可以随时调整图书馆内部区域空间。

芬兰各地公共图书馆是具有跨区合作关系的，相邻的两个城市的公共图书馆会使用同类型自动化系统，甚至两个城市的读者或用户可以相互借阅图书。芬兰各地大学及公共图书馆自动化系统通用性程度较高。芬兰各地大学会统一使用 1 套自动化系统，各地公共图书馆则有 8 套自动化系统。以芬兰赫尔辛基都会区为例，该区的 4 个城市图书馆会共同使用一套 Helmet 系统。虽然芬兰各地图书馆已普遍应用自动化系统，但它们仍会坚持践行“以人为本”的理念，图书馆员会考虑少部分群体（如独居老人）借阅需求，采用人工业务办理方式提供服务。另外，各图书馆会考虑语言使用差异情况，从而向各语言人群提供多元语言服务。

芬兰图书馆事业发展获得新突破，是以赫尔辛基颂歌（Oodi）中央图书馆正式对外开放为代表的。该图书馆在 2018 年 12 月 5 日面向芬兰市民开放，并展示智慧图书馆理念。在设计该图书馆之前，设计人员就向市民征求意见想法，这样可以保证所建设的图书馆符合市民借阅需求。从内部构造来看，该图书馆共包括三层，每层馆体都具有鲜明特征。在第一层馆体中，设有供市民活动的公共设施和场所，如电影院、多功能厅和游乐园等。此外，市民还可在这一层办理借阅图书服务，同时还能享受餐饮。在第二层馆体中，市民可自行参与体验馆藏服务，并与他人进行互动。该层馆体主要设有录音室、工作室、游戏室、城市车间、会议室和小组工作设施。其中，在城市车间内，市民可体验 3D 扫描仪、激光切割机、不干胶打印机、热压机、缝纫机等多种设备提供的服务，并自行制作物品。而在游戏室内，则拥有能够满足市民需求的游戏设备。在第三层馆体中，主要设有观景台和 book heaven（书本天堂），市民可查阅近 20 种语言的书籍，并浏览丰富多元的漫画馆藏资源、棋盘游戏等。此外，该层区域还配置了自动引导车，辅助市民完成图书或工具设备借阅归还操作。整体来看，该图书馆在坚持“以人为本”设计理念的基础上，具备智慧图书馆（高效节能）的特征。

4. 马来西亚智慧图书馆

2014 年底，位于马来西亚玻璃市国家图书馆内的第二座国家三星智慧图书馆正式开放，该馆由马来西亚国家图书馆与马来西亚三星电子私人有限公司共同合作完成。在设计建造之初，该馆就是为支持国家发展通信技术及海量信息事务服务的，旨在扩大优秀读者、创作者人才比例。因此，不难看出三星智慧图书馆的建设，可以有效满足用户日益增长的先进交互式资源需求，该馆为创设优良的学习环境和实现信息资源共享提供基础保障。

该智慧图书馆整体是由三个区域构成的，分为是交互区、阅览区和专供区（即专门供儿童阅读的区域）。馆内区域空间设有超过 35 台的电子设备，包括平板电脑、大屏显示器和触屏智能标牌等。具体来看，交互区可为用户提供电子杂志、电子报纸和视听交互网页，用户可以与馆员、志愿者或学者共同交流学习阅读的知识、经验，从中获得有益指导；阅览区由 4 300 种英语、马来语和中文的电子书组成。馆内区域层次设置分明，可以有效提高馆内资源使用效率。

5. 新加坡智慧图书馆

新加坡智慧图书馆在东南亚乃至亚洲地区都是较早建设的。这是由于，新加坡在 1992 年提出成立“图书馆 2000 年审议委员会”（Library 2000 Review Committee），此后在 1994 年又出版《Library 2000》报告，主要针对 21 世纪的资讯科技时代，分别从引进科技资讯、提供市场导向服务和结合社区与企业界建议等，提出新加坡图书馆发展路径，从而达到提高国民知识素养、实现国家竞争力的目标。

1998 年，新加坡公共图书馆使用 3M 自动借书机与 24 小时还书箱，而后又使用 RFID 系统。2003 年 8 月，德国首都柏林举办第 69 届 IFLA（国际图书馆协会联合会）年会，新加坡国家图书馆委员会执行主席助理发表名为《没有服务台的完全自助型图书馆——新加坡经验》的会议文章，重点阐述如何用 RFID 技术解决读者借还书的问题，使得智慧图书馆开始进入理论探讨层面①。

2005年，新加坡启用国家图书馆新馆，这是东南亚规模最大、设施最先进的图书馆。馆体共有16层，四面是以玻璃帷幕为主的绿色建筑结构。此外，该馆还设有开放空间、空中花园，整体采用节能设计。内部馆藏资源大多可通过BookSG应用进行查询。在新加坡国家图书馆加大开发新设备力度的情况下，2015年，新加坡国家图书馆与新加坡科技研究局共同合作研发出AuRoSS系统（autonomous robotic shelf scanning system），也就是自主式机器人书架扫描系统。该系统能够对各图书馆格局和书架位置进行记忆，当图书馆闭馆后，该系统会对书架上放置的书籍编码进行扫描（RFID技术），完成扫描后会立即生成报告，并将此报告发送至馆员手中，辅助馆员整理书籍编码，直至重新上架。

新加坡国家图书馆委员会（NLB）负责指导新加坡智慧图书馆建设计划，该计划是对服务项目进行集中建设，分为长期和短期两类（表2-1）。

表2-1　新加坡智慧图书馆建设项目情况

长期项目	one search搜索引擎（图2-1）和NLB mobile App（图2-2）
	新加坡国家图书馆参考和信息服务整合
	Singapore Memory计划
	口述历史访谈
	其他（新加坡报业集团、新加坡信息媒体集团、MusicSG的相关资源）
短期项目	Read! Singapore
	数字扫盲教学方案

其中，短期项目中的数字扫盲教学方案，是新加坡智慧图书馆代表性建设项目。

2018年6月，新加坡发布《数字政府蓝图》。该报告指出：到2023年，要将九成以上的政府事务通过数字化方式来完成。政府数字化能够体现新加坡建设智慧国家的愿景，但是这一目标和愿景需要得到新加坡公民的支持，即新加坡公民应具备使用政府数字服务的必要技能，提前做好准备，并拥有全面参与社会数字化转型的机会。基于此，新加坡国家图书馆委员

① Choh N L. A totally do-it-yourself library without a library customer service desk: the Singapore experience [J]. IFLA journal, 2003, 29 (4): 298-300.

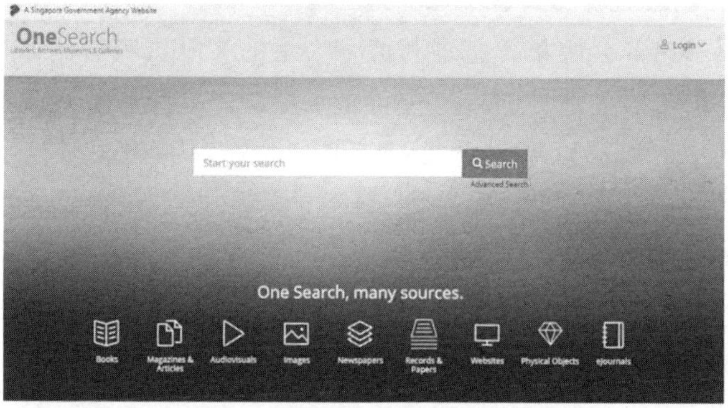

图 2－1　one search 一体化检索系统页面

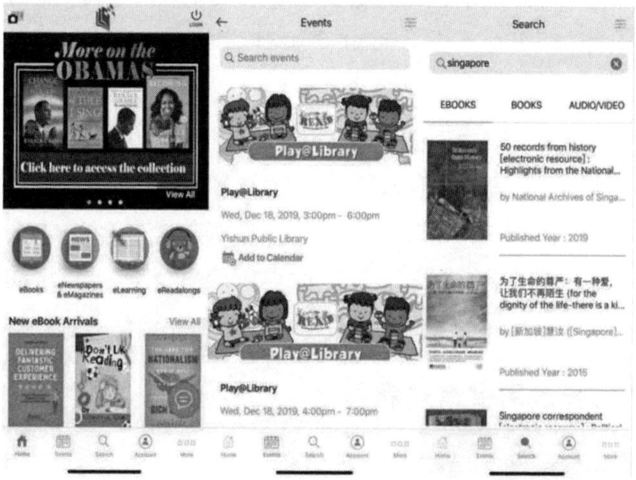

图 2－2　NLB Mobile App 界面

会（NLB）才推出数字扫盲教学方案。具体来说，该方案主要包含四方面内容：信息管理与交流、线上购物、获取政务服务、网络安全措施。

（二）国外智慧图书馆总体特点

1. 馆舍智能化程度较高

所谓馆舍智能化，是指图书馆建筑设施的智能化，具体是由楼宇自动化、通信自动化、办公自动化及布线综合化构成。以图书馆自动化系统为支撑，图书馆建筑机电装置、能源设备装置可实现高度自动化，馆员可对其进行智能化集中管理，保证图书馆达到最佳运营状态。

2. 有着丰富的馆藏资源

智慧图书馆都会收集、整理和留存大量的文献资料。例如，美国国会图书馆对记录美国创造性的文献进行重点保护，并集中管理蕴涵全人类知识精华的信息资源。可见，智慧图书馆馆藏资源涵盖领域与专题具有广泛性。

3. 文献资源共享的覆盖面较广

智慧图书馆涉及众多种类的文献资源，其他图书馆可以通过利用智慧图书馆建立文献信息资源共享平台。各图书馆形成基于相互关联的平台合作模式，将图书资源、期刊资源、报纸资源、专利、标准、会议论文、学位论文和教学视频等内容加以收集整理，构建数据化的文献资源共享检索平台。在国外智慧图书馆文献资源共享建设过程中，各图书馆可以通过调度链接相互共享资源库，并利用电子邮件等媒介工具实现馆藏资源传递互通。

4. 法律保障体系较为完善

国外智慧图书馆建设都有较为完善的法律保障体系，如美国、澳大利亚等国家都拥有对应的图书馆法。因此，在法律条约的保障下，政府、基金会及其他公益性组织会为图书馆建设提供经费支持，以此推动智慧图书馆的发展。

二、国内智慧图书馆现状

（一）国内智慧图书馆构建情况分析

1. 大陆智慧图书馆

随着智慧图书馆理念在我国的传播，无论是我国的公共图书馆，还是高校图书馆也都紧紧跟随时代发展的脚步，将智慧图书馆的理念融入图书馆建设之中，进而开启了我国智慧图书馆发展模式。接下来我们针对我国几个比较典型的公共图书馆和高校图书馆的智慧化发展模式进行深入的论述。

（1）国家图书馆。国家图书馆是一个公共图书馆，其空间主要包含三部分：一是总馆南区，二是总馆北区，三是典籍博物馆。整个图书馆的阅读空间设计也十分巧妙，其主要采用了高举架和环绕书架的方式，从而给读者创造一个良好的阅读空间。从图书馆服务层面上来看，总馆南区主要是以中心书库为主，并在此基础上设置了12个文献阅览室，读者可以在这里查阅外文、港澳台等文献资料。总馆南区也为读者提供了文献借阅以及典藏博物馆展示等方面的服务，还设有一些闭架图书阅览室，虽然这些阅览室的规模比较小，但是这里面有很多专业性的馆员。总馆北区是后来扩建的，这一区域为读者提供的服务主要有：①开架阅览服务，其主要针对的是三年以内的中文图书；②闭架阅览服务，其主要针对的是部分附带光碟的图书；③数字资源检索。在管理上，总馆北区主要采用的是RFID，借助这一技术可以帮助读者快速锁定图书位置。另外，图书的归架整理工作主要委托给了外包公司，其主要采用中图分类法和粗分的方式，并在此基础上借助RFID对图书进行定位，然后再利用WiFi将书架上的图书信息上传至网页系统，以此来及时更新信息内容。此外，总馆北区还为读者提供了很多的智能电子设备，如自助办证机、自助借还机、虚拟导航服务等，这些设备大大节约了读者时间，增加其阅读体验，同时也在一定程度上提升了图书馆的工作效率。在图书馆阅览室的桌子上均配有插座，从而方便读者使用电脑。在阅览室的四周还贴有二维码，读者通过扫描二维码可以进行检索、查询自己的借还信息、观看视频等。

（2）上海图书馆。上海图书馆于2005年开通了手机图书馆，这也是我国第一个手机图书馆，从某程度上来讲，手机图书馆的开设在无形中拉近了人和图书之间的距离，让人和书之间有了更加紧密的联系。上海图书馆所开设的手机图书馆主要为读者设计了五大功能板块：一是我的图书馆，二是上图讲座，三是分馆引导，四是上图电子书，五是电子期刊（试用）。手机图书馆为读者提供的这些功能版块，在极大程度上为读者提供了方便，使他们可以随时随地了解上图的最新信息，也可以通过手机预约上图讲座和借阅图书。此外，通过手机图书馆，读者也可以实现在线阅读，并对所阅读的书刊进行相应的阅读操作，如书签、笔记等。除此之外，通过手机图书馆，读者可以在线上实现全市馆藏联合检索，访问一部分有开放权限的期刊资料。

（3）天津市中新友好图书馆。天津市中新友好图书馆是由德国GMP建筑事务所设计的，该图书馆包含多个功能区域，其中有新加坡主题馆、生态儿童馆、视障阅读室、24小时自助借阅室、多媒体服务区以及档案服务大厅等。从主体结构上来看，天津市中新友好图书馆主要由两部分组成：一是图书馆，二是档案馆。从其构成上来看，图书馆和档案馆共同使用一个中庭，也正是在这个中庭的作用下，使二者既呈现出独立的空间形态，又体现出相互交融的空间形态。中新友好图书馆在设计时秉承智能、科技的理念，力图将其打造成一个现代化的智慧图书馆。该图书馆主要采用了挑空的设计方式，因此图书馆内的采光好，另外，在图书馆的大厅内放置了很多智能设备，如移动零售机器人、智慧墙面板等。此外，在图书馆的大厅内还配备了一些智能机器人，这些机器人主要负责与读者沟通，并为读者提供各种咨询服务，同时图书馆内还有一些智能导航机为读者提供导航服务。天津中新友好图书馆只有少量的馆员，其主要是通过智能机器人为读者服务，这也是该图书馆的一大亮点。

天津市中新友好图书馆也为读者提供了智能化的借还方式，读者不仅可以在生态图书档案馆 App 中进行借还图书操作，同时也可以通过常用的社交软件，如微信、支付宝的扫码功能进行借还图书操作，抑或是通过刷脸来借还图书。与此同时，中新友好图书馆还采用了“四位一体”的书标，也就是将色标、索书号、条形码、馆名集合在一起，通过这种方式可以缩短读者找书的时间，大大降低了加工经费，在一定程度上提升了图书的加工、上架的效率。另外，在馆外还为读者设计了汽车穿梭还书系统，这样读者在不下车的情况下也可以实现还书。该图书馆充分借助了大数据的优势，它收集整理读者的个人阅读偏好数据，从而为读者提供个性化的阅读服务。

(4) 清华大学图书馆。清华大学图书馆的发展目标是将图书馆建成现代化的图书馆，同时将其打造成一个研究型、数字化以及开放文明的图书馆。2016 年建成的李文正图书馆就极具代表性，该馆的外观主要使用了大量的玻璃，因此采光好，同时从空间设计上也给人一种通透、现代化的感觉，在馆内配置了许多智能化的设备。2017 年 5 月，李文正图书馆也建成了互动创新体验区。清华大学图书馆的读者较多，因此一些新书、热门书都要提前预约，有时候还需要排队等候才能借阅到，为了解决这一问题，该图书馆技术部门的老师将图书馆内的新书、热门书制作成电子版，这样一来，读者便可以在互动创新体验区的电子书墙上扫描图书的专属二维码，获得该图书的电子版，并在移动端上进行阅览，而且电子版的图书并没有借阅数量的限制，这样可以方便更多的人同时阅览同一本书。另外，在互动创新体验区内还设置了一个“清华印记”的互动游戏，读者可以在这个游戏中与清华大学的老建筑、名人合影，合影之后的照片会留在投影墙上，当然读者也可以扫描二维码将照片存储在自己的手机上。此外，图书馆还采用了3D打印技术将一些珍藏的文物做成复制品，进行展示。

（5）北京外国语大学图书馆。2013年6月，北外新图书馆建成，并正式投入使用，该图书馆主要采用了一门式、藏阅一体化、全面开放服务的管理模式。北外新图书馆中所有的藏书均设置为开架，这样在极大程度上实现了查阅、借阅、自习、咨询等方面的一体化服务。另外，北外新图书馆中有很多语言种类的藏书，并按照语言种类的不同，分不同的楼层进行摆放，这样读者便可以根据楼层快速锁定所要找的语言种类的图书，同时图书馆也配置了24小时自动还书机，方便读者还书。北外新图书馆的馆藏标注位置也与众不同，其全部标注在地面，而且标注的十分清晰，读者可以根据标注快速找到对应的位置。图书馆阅览室的桌子上均配置了台灯，为读者提供良好的阅读环境。另外，该图书馆还采用了以色列Aleph自动化的管理系统。

（6）南京大学图书馆。2012年5月，南京大学正式开通了智慧服务的功能，而后又经过两年的扩建，逐渐形成了比较完善的智慧图书馆系统。南京大学图书馆主要采用了NLSP图书馆管理系统，在这个系统的作用下南京大学图书馆逐渐实现了各类图书资源的统一化管理，并借助云服务为读者提供了更加简单直接的检索服务，这样读者便可以用最短的时间，找到自己想要的图书资源。具体来讲，NLSP图书馆管理系统主要包含六大核心模块：一是纸质资源的采访，二是编目，三是典藏，四是读者服务，五是分析决策，六是系统管理。另外，智慧盘点机器人——图客也是南京大学图书馆的一大亮点，它融合了RFID感知、计算机视觉、智能机器人三大技术，并在此基础上通过对RFID芯片的识别来判断图书信息，当发现问题时，它便会以最快的速度定位出错的书架的位置，从而实现图书自动化盘点。除此之外，南京大学图书馆还为读者设计了智慧问答系统——图宝在线，该系统实现了对图书馆无序语料信息的有序化、科学化的整理，同时还在此基础上建立了知识分类模型，目前该系统可以实现多种形式问题的智能回答。

2. 香港智慧图书馆

香港智慧图书馆系统由很多部分组成，而且这些组成部分十分复杂，分布在香港的各个区域，它不仅有固定的图书馆，还有流动的图书馆，同时各个图书馆的规模也各不相同。在自动化系统的作用下，香港的这些图书馆由一个个分散的个体，逐渐变成一个联系紧密的统一体，它们为香港市民提供着人性化的阅读服务。香港公共图书馆的联机检索功能为读者提供了很多的便利，读者可以利用该功能获得任何一个图书馆的服务，例如读者可以通过打电话的方式来完成借还书操作，读者可以在网页上检索香港任何一家图书馆的馆藏书目，了解任何一家图书馆的活动时间安排，也可以通过 E-mail 的方式向图书馆索取文献资料或提出意见等。除此之外，在香港智慧图书馆中，读者可以在系统内的任何一家图书馆完成借还书的操作。

香港中央图书馆在香港公共图书馆中占据十分重要的地位，同时它也是智慧型建筑的代表之一。在香港中央图书馆内，每一个书桌上都配置了电源插座，并在馆内覆盖了 WiFi，因此读者在馆内可以使用自己的笔记本电脑检索资料。另外，香港中央图书馆也设置了互联网数码站，这样读者不仅可以使用互联网，同时也可以使用各种类型的多媒体光碟。

3. 澳门智慧图书馆

2015 年 4 月，澳门文化局下面所管辖的图书馆逐渐开始引进 RFID 技术，其中氹仔图书馆是澳门图书馆的第一个试点，经过不断的尝试，澳门文化局所管辖的所有图书馆都已经引入了 RFID 技术，绝大部分图书馆实现了自助借还书，读者可以用自助借还书机实现快速借还书。目前澳门公共图书馆中有很多智能化设备，如自助借还机、图书扫描机、自助影像机、自助还书箱、手机应用程序 BookMyne。澳门图书馆界在大力发展智慧图书馆的同时，也展开了智慧图书馆理论研究。澳门文化局公共图书馆馆讯《城与书》于 2019 年第 17 期发表了《智慧用于刀刃间——浅谈智慧图书馆的智能与人工平衡化》，这篇文章主要针对智能与人工之间的平衡问题进行深入的探讨，作者强调要充分结合智能和人工两者的优势，不断优化图书馆的服务，从而为读者营造一个良好的阅读环境。此外，文章也指出智慧图书馆应当是以数字化、网络化以及智能化的信息技术为技术支撑，阐明了智慧图书馆的特征和本质。具体而言，智慧图书馆的特征是互联、高效和便利。而智慧图书馆的本质是实现绿色发展与数字惠民，这也是现代图书馆发展的要求。从某种意义上来讲，澳门智慧图书馆主要建立在科技的基础上，并以此为读者提供主动式服务。智慧图书馆的建设减少了一线工作人员的重复性工作，也在很大程度上提升了他们的管理质量。

4. 台湾智慧图书馆

20 世纪末期，我国台湾地区便开始探索智慧图书馆的建设，林文睿于 1999 年发表了《超智慧性大楼设备整合系统》（IFMS）。深入分析了 IFMS 系统在图书馆中应用的可行性。在我国台湾地区的学者看来，智慧图书馆就是自助图书馆。例如，台北市立图书馆认为智慧图书馆主要指的是在特定的地点，借助自动化设备为读者提供自助服务。也就是图书馆交由门禁和监视系统进行管理，读者凭出入证进出图书馆，并在图书馆通过一系列简单的操作实现借还书。即智慧图书馆是一个融合自助借还书系统、监视设备和门禁系统、RFID 技术等于一体的图书馆，同时其现场服务也往往是无人服务的模式。截至 2020 年年底，台北市建成了 8 家智慧图书馆，还建成了 10 个 Fast Book 全自动借书站。

（二）国内智慧图书馆发展存在的问题

从宏观角度来讲，我国智慧图书馆的发展取得了一定的成绩，但是我们也要看到其在发展过程中存在的问题，我国智慧图书馆发展过程中主要存在以下几个方面的问题。

1. 经费不足

在智慧图书馆建设过程中的每个环节都涉及资金问题，小到标签采购，大到馆舍建设。众所周知，大部分图书馆的馆藏十分丰富，为此即便是每一个电子标签的成本价仅有 1 元，那么整个图书馆的馆藏标签成本加起来也是一个不小的数目。

我们以中型的图书馆为例，其在进行智慧图书馆建设时，仅电子标签的投入都需要上百万元，甚至是上千万元。此外，我们应知道图书馆的基本功能是阅读，智慧图书馆的阅读方式主要有两种：第一，纸质阅读；第二，数字阅读。其中数字阅读是智慧图书馆的主要阅读方式，也是其发展的主要方向，因此智慧阅读平台建设、数字化图书资源建设等方面都需要有充足的资金支持。另外，对智慧图书馆馆舍的重建、改造，采购与之配套的硬件设施以及资源库，这些都离不开资金的支持。智慧图书馆在建成之后，还需要定期进行系统维护与更新，只要系统中出现任何问题，都要及时修复，而这些也都需要有充足的维护资金。智慧图书馆建成之后也需要聘请一些高素质的管理人员，这些管理人员不仅要懂得图书管理方面的知识，也要具有较高的科技服务与电脑操作水平，同时还要定期对这些人员进行培训，这期间势必会产生高昂的培训费用。

从某种意义上来讲，资金决定了一个图书馆的现在与将来，因此筹措资金是保障一个图书馆持续发展的前提。从当前我国图书馆的经费来源来看，政府财政拨款是其主要来源，虽然这在一定程度上解决了图书馆的资金困难问题，但是我们要认识到政府财政拨款存在严重的分配不平衡问题，有的图书馆每年可以从政府获得上亿元的资金，而有的图书馆每年只能获得几十万元的资金，资金少不仅没有办法解决图书馆购买文献资料的问题，更别提建设智慧图书馆了，这在无形中限制了图书馆的可持续发展。

从整体上来看，现阶段我国大部分的图书馆都处于资金匮乏的状态，同时大部分的图书馆也没有较好的筹资渠道，导致这一现象的原因有很多。这里不再赘述。

2. 人力资源素质较低

现阶段，我国图书馆馆员的素质水平与智慧图书馆的发展水平不相符，即馆员素质水平成长远远落后于智慧图书馆的发展水平，这也是影响我国图书馆发展的原因之一。

馆员在智慧图书馆中具有十分重要的地位和作用，在上述的分析中我们了解到智慧图书馆建设的目的是为读者提供精准化、个性化的服务，而想要实现这一目的，图书馆不仅要充分发挥智能设备的作用，同时更要发挥馆员的作用。在过去，人们对图书馆馆员的认知是这样的：馆员就是一个看门的人。然而在进入 21 世纪之后，图书馆馆员的角色定位发生了天翻地覆的变化，他们不仅仅是一个信息资源保存者，更多的是具有图书情报专业知识的高素质人才，他们不仅可以借助大数据收集、挖掘读者的需求，同时也具有较好的服务意识，及时、准确地为读者推送相关信息，为读者提供个性化的服务。

从以上的论述中我们不难发现，智慧馆员对于智慧图书馆的建设具有十分重要的作用，但是现阶段我国在建设智慧图书馆过程中，将工作重点放在了智能设备、智能馆舍、数字资源等方面，而忽视了智慧馆员队伍建设，从而影响了我国智慧图书馆的智慧化程度。我国智慧馆员主要存在以下几个方面的问题。

（1）馆员准入机制缺乏。当前我国并没有形成有关图书馆行业的准入机制，就目前我国图书馆馆员队伍专业构成上来看，只有一小部分人员是图书情报学专业；就我国图书馆馆员学历构成来看，其缺乏高学历、高素质的人才。就拿我国高校图书馆为例，虽然我国高校图书馆已经关注了人员学历方面的问题，并颁发实施了《普通高等学校图书馆规程》，在规程中明确指出高校图书馆馆员中要有一半以上的专业馆员，但是受历史因素的影响，我国大部分高校图书馆馆员的学历水平较低，同时也他们也缺乏完善的图书馆学系统教育与培训。

（2）馆员知识结构单一。我国图书馆馆员的知识结构也比较单一，具体表现为图书情报学专业的馆员缺乏其他学科的知识，而具有其他学科知识的馆员又不具备图书情报学专业知识。此外，现在的图书馆馆员的外语水平和计算机水平并不是很高，这也导致他们缺乏大数据、互联网、云计算、物联网等方面的知识，影响了他们信息资源获取、信息数据分析、挖掘、提炼以及评价等方面的能力提升。除此之外，馆员平时忙于工作，缺乏相应的培训，很难跟上时代发展的步伐。

（3）馆员职业认可感缺失。图书馆馆员在我国的地位并不是很高，人们对馆员这一职业依然有一定的偏见。加之，我国图书馆馆员的待遇低，进而加剧了馆员队伍素质水平偏低的问题。在高校中，图书馆馆员无论是在评定职称，还是评选先进等方面都不具备优势，长此以往图书馆馆员便产生了工作倦怠的现象，进而导致其业务能力难以提升，停滞不前。

3. 技术环境尚不成熟

智能技术应用环境同样是当前我国智慧图书馆建设中面临的重要问题之一，就当前我国的实际情况来看，其技术环境尚不够成熟。在智慧图书馆建设过程中涉及很多技术方面的协同发展，如通信技术、存储、命令响应技术等。然而，现阶段全球的智慧图书馆建设并没有形成统一的技术标准。不同的商家所采用的产品会有所不同，而这些产品之间也互不兼容，这也为后面系统升级工作带来了不少的麻烦，在一定程度上导致产品的创新不足、成本增加。

4. 硬件及软件设施尚不完善

从某种程度上来讲，智慧图书馆的建设不仅需要相应的硬件设施，如图书馆馆舍、维持其运转的物理设备，同时还要具有一定的软件设施，如信息服务系统、信息管理系统等。

首先，硬件设施方面。从当前我国大部分图书馆中所配置的硬件设施情况来看，现有的硬件设施与智慧图书馆的要求还有很大的差距，图书馆急切需要解决这一问题。其次，软件设施。目前我国大部分图书馆中的软件设施，如信息服务系统、信息管理系统与智慧图书馆对软件设施的要求之间存在一定的差距，我国关于智慧图书馆软件设施方面的研究多处于理论阶段，全国范围内统一使用的图书馆智慧化支撑平台有待深入研究与开发。

5. 数字信息资源相关问题

就当前我国图书馆资源检索、存储格式等方面来看，这些并未在全国范围内形成统一的标准，也正是由于这方面的原因，从而导致图书馆信息管理机制的作用无法得到有效发挥。另外，无论是国家级的图书馆，还是区域图书馆，它们都存在资源配置不合理的问题，也很难实现有效的共享。我国智慧图书馆在建设过程中，数字信息资源问题是一个关键性的问题，需要尽快解决。

6. 知识产权与隐私问题未能妥善处理

在智慧图书馆建设的过程中，如果想要实现全方位、立体感知体系的建设，势必会牵扯到大量的数据交换，这是不可避免的。而在信息交换过程中，我们需要深入考虑两个问题：一是选择什么样的标准和规范，二是在信息交换过程中如何保证信息的安全。在智慧图书馆信息交换过程中，无论是文献资料信息，还是读者信息，都会涉及很多的知识产权问题和读者隐私问题，例如读者兴趣爱好、阅读偏好等，都需要对这些进行特殊的处理与管理。从某种意义上来讲，读者隐私以及图书馆资源安全问题直接影响到智慧图书馆的可持续发展。

7. 政策法规尚不健全

政策法规对于一个新技术和新产业而言具有十分重要的作用，政策法规是推动新技术、新产业健康发展的前提。如果一个新技术、新产业在没有完善的法律法规环境下，它们的发展将会举步维艰，甚至出现夭折。物联网技术的快速发展与普及，在无形中推动了我国智慧图书馆的发展进程，但是如果想要使我国智慧图书馆处于一个正常的发展环境之中，我们势必要制定并完善与物联网技术有关的政策法规。然而目前我国在物联网技术方面的技术法规并不完善，这在无形中限制了我国智慧图书馆的发展。

一般情况下，一个好的政策具有一定的引导作用，它可以很好地激发原有机制的活力，反之如果没有一个好的政策，那么智慧图书馆的实践工作将会很难推行下去。从当前我国的实际情况来看，其问题主要体现在两个方面：一方面，我国图书馆事业属于事业单位性质，受传统因素的影响，在图书馆工作的人员普遍认为只要做好日常的公益性工作就好，没必要接受前卫的思想理念，在这种传统思想观念的影响下，导致一些前沿信息很难应用于图书馆发展之中。另一方面，现阶段我国图书馆缺乏相应的激励机制，在无激励制度的环境下，馆员创新的积极性很难被激发，同时在工作上也缺乏主动性，即便是一些馆员有一些创新的想法，但是缺少政策的支持，也只好放弃，长此以往馆员的积极性将会被浇灭，我国智慧图书馆的建设也将被搁浅。

8. 读者使用智慧图书馆的效果问题

首先，读者在使用智慧图书馆中的智能化设备时，可能会在不同程度上出现各种各样的问题，而这些问题的出现也在无形中影响了读者的使用体验，进而影响智慧服务的效果。在这样的情况下，个人的需求问题自然无法得到解决。图书馆应当把用户的真实需求放在重要的位置，并积极帮助用户实现真实的需求，而这也对我国图书馆的服务提出了更高的要求。

其次，受资金等方面因素的影响，我国还有很多地方的图书馆在使用人工服务的方式，这样的服务方式不仅降低了读者的体验，同时其服务效果也并不理想。此外，馆员也存在工作效率低下、工作热情难以激发等问题。我国部分地方图书馆在发展过程中，不仅受资金问题的影响，同时也受到地域条件、发展定位等问题的影响。如高校图书馆的服务对象主要是大学生和教师，而校外的人员很难享受高校图书馆的服务，另外城市图书馆也只对本地区服务，因此其服务空间和方式有极大的限制。

9. 理论研究欠缺

虽然近年来我国关于智慧图书馆的理论研究有了突飞猛进的发展，但是其依然存在一些问题，如研究视角狭窄，具体表现在以下几个方面：第一，关于图书智慧服务的研究领域涉及面比较窄，其主要集中在图书情报学领域，而计算机领域、管理领域等方面的研究内容很少。第二，与国外智慧图书馆研究相比，我国理论研究的实践性要远远低于国外水平。第三，我国学者在研究智慧服务过程中，忽视了“人”这一要素。

三、智慧图书馆的功能

智慧图书馆的功能，主要分为以下几个方面：一是图书馆管理的功能，智慧图书馆能提供一种全新的智慧化的管理模式；二是图书馆的服务功能，智慧图书馆的服务模式是智能化、泛在化和个性化的；三是图书馆的空间智慧化，智慧化的馆舍空间为智慧图书馆提供了必要的物理承载。

（一）智慧图书馆的智慧管理功能

1. 对人的智慧管理

包括对图书馆馆员的管理和对用户的管理，对人员的管理主要是通过身份识别技术来管理。例如，图书馆馆员和用户均需要办理一张存有个人信息的一卡通卡片（卡片也可以内置到手机中）。此卡集多种功能于一体，如图书馆借阅及占座，校园消费、教学楼和宿舍门禁系统等。图书馆在门禁处安装感应器或接收器，此装置与校园卡管理系统和图书馆管理系统相连接，馆员、用户需要将一卡通放在门禁感应器的位置进行感应识别，当识别成功之后，门就会自动打开，同时馆员、用户的个人信息就会上传至图书管理系统。另外，图书管理系统会根据门禁系统上传的信息生成人员的信息报表，从而统计出每个人每天来图书馆的详细信息，如来图书馆的次数、时间等。除此之外，由于在图书馆内安装了足够多的接收器，所以我们也可以收集、统计图书馆内人员的具体流动情况。由此可以看出，这个系统可以帮助图书馆人员进行管理，并为图书馆人员提供足够精准的数据信息。

2. 对图书的智慧管理

对图书的智慧管理主要依靠植入芯片技术和 RFID（无线射频识别技术）来实现。例如，以往图书都是依据图书馆分类法，依靠人工来进行分类排架、查找等管理工作，由于高校师生人数较多，用户借阅图书量大，所以图书馆员每天或很低的频次就需要对书架进行整理，这对图书借阅部门的馆员来说是一项比较重的负担，同时也使得图书流通效率降低。而依靠芯片技术和RFID技术，图书馆馆员可以将来自不同出版社的图书的基本信息植入到芯片中，通过此芯片可以进行智能化管理。同时此项技术可以带来很大便利：第一，植入芯片可以实现图书自助借还，大大减少了馆员的工作量；第二，清点图书也变得非常简单，只需要用扫描设备在书架上依次扫过，所有书目信息一目了然，通过此项技术，以往需要相当长时间的清点工作现在只需很短时间就能完成；第三，帮助读者尽快查找到他们所需要的图书。之前，读者在找寻自己所需要的图书时，首先要检索这本书的索书号，然后再根据找到的索书号去找对应的书架，最后在书架上找寻自己想要找的书。我们将RFID技术应用在图书馆之中，便可以借助该项技术的优势寻找图书，读者可以利用扫描设备快速找到自己所需要的书；第四，不管是图书馆馆员，还是读者都可以充分利用RFID技术进行多元化的操作，如了解图书的基本信息、借阅数据、图书所在的书架位置等；第五，协助馆员整理书架。一般情况下，开放式借阅模式往往会导致书架上的书籍出现摆放混乱的情况，这就需要馆员定期对书架上的书进行整理。在智慧图书馆中，馆员只需要将需要检查的号码段或书名输入到阅读器中，然后再用扫描器在书架上进行扫描，当发现错误时，扫描器会自动报警，此时馆员便可以将其放回正确的位置，这一技术大大提高了馆员整理书架的效率。①

3. 对图书馆资产的智能管理

众所周知，图书馆的资产数量十分庞大，同时其门类也比较多，因此在以往经常出现资产丢失的问题。智慧图书馆中，我们可以为资产植入芯片，同时在图书馆门禁处设置电子识别器，通过这样的方式将会大大减少图书馆资产流失现象的发生。图书馆再配置上监控系统，这样就可以大大提高资产的安全性。

（二）智慧图书馆的智慧服务功能

智慧图书馆的智慧服务又分为一般性服务和深度服务。一般性服务是指图书馆的基础服务，如借还书服务、空间服务（教师和学生利用图书馆空间来学习和研讨等）等；深度服务是指图书馆馆员利用所学的专业知

① 季拥政．基于物联网技术的图书馆管理［J］．河南图书馆学刊，2011（4）：78-80.

识，结合用户的需求提供的更深层次服务，一般包括知识服务、高级参考咨询服务和情报服务等。智慧图书馆的深度服务功能将会在下面的章节详细描述，在此仅探讨智慧图书馆的一般性服务功能。

智慧服务的一般性服务一般包括借还书服务和空间服务。

1. 借还书服务

在传统的图书馆中，无论是读者借书，还是还书都是通过人工操作完成的，也就是说读者必须到借阅室才能完成借书、还书操作。但是在智慧图书馆中，我们可以实现自助借还书的操作。具体来讲，读者可以通过智慧图书馆的自助借还系统完成借书：读者将自己的借阅证以及所要借阅的图书放在相应的感应区上，然后通过一系列的操作便可完成借书。还书和借书的流程基本相似，读者按照自助借还系统的提示将要归还的图书放在相应的感应器上，当还书成功之后打印还书凭条，此时图书馆管理系统将会自动生成馆藏信息，并对图书信息、读者信息进行及时更新。此外，读者还可以利用自助借还机完成多本图书同时借还操作。自助借还机可以提供 24 小时的服务，这在无形中为读者提供了方便，也加快了图书的流通率。

2. 空间服务

空间服务主要集中于图书馆的阅览室和部分图书馆设有的自习室，对于图书馆空间的管理主要依靠引入智能座位管理系统。例如，某智能座位管理系统的操作过程：读者只需要将自己的智能卡放在感应区，此时屏幕中就会出现相应的选项，即“常坐座位”“本次选座”，读者可以结合自己的喜好进行选择，当选好座位之后，屏幕上会出现是否打印凭条的提示，如果需要读者点击打印即可，凭条上会显示如下信息：①座位代码；②所在位置；③学生卡卡号。当读者在离开图书馆时，需要再次刷卡，此时系统就会提示读者是否离开，系统也为读者提供了“暂离”的选项，如果读者选择了暂离，那么系统就会为读者继续保留座位 45 分钟，当然这个时间是可以设定的；如果选“本次离开”，系统将自动释放该座位。近两年来，随着 4G 网络的发展，图书馆座位管理系统也可以实现手机操作功能，用户利用手机可以实现在终端机上的所有操作，足不出户便可以实现选座功能，同时，此系统还可以自行设置规则，防止出现漏洞或其他不符合规范的行为。在方便了图书馆管理的同时又最大程度地便利了用户使用图书馆空间。

（三）智慧图书馆的空间智慧化

智慧化空间就是图书馆利用技术手段和设备来管理空间，以达到空间利用最优效果。通常情况下，智慧图书馆的智慧化空间主要体现在以下几个方面：第一，利用网络视频监控的方式来实现对图书馆空间的智慧化管理；第二，借助声光电控制系统和温度湿度控制系统，同时设置与之相匹配的传感器、行程开关、光电控制等，时刻检测设备的工作状态，然后将检测的数据传送至机房的中心计算机上，并由中心计算机对这些数据进行分析，从而实现对图书馆温度、湿度、声音、光、电等方面的调控；第三，实现图书馆大门自动开启与关闭；第四，通过合理的线路布置，将网络覆盖至图书馆的每一个角落；第五，智慧化消防，该功能具有火灾自动报警系统，同时还配备了自动灭火控制柜等，有效预防火灾的发生。

第三节　国内外智慧图书馆的研究概况

一、国外智慧图书馆的研究概况

来自芬兰的 Aittola 首先提出了智慧图书馆的定义。定义出现后，世界各国从不同方面对智慧图书馆展开了深入分析，例如，关于智慧图书馆的本质属性、智慧图书馆的信息技术应用、智慧图书馆的智能服务等。

（一）智慧图书馆的内涵研究

自“智慧地球”概念被提出后，人们越来越关注智慧城市建设。智慧图书馆是智慧城市建设的重要组成部分。K. Wheaton 是美国一位州图书馆协会会长，认为智慧图书馆应该像有知识的经济人一样存在，能解决特定问题；智慧图书馆是整个智慧城市建设的大脑，把城市中的人联系在一起，能实现经济的可持续发展。对于这种观点，作者并不是很赞同。智慧图书馆即使再重要也不可能发挥城市的中枢作用，不能承担起如此重任。图书馆的使命是传承历史文化，职责是最大限度地做好读者服务工作。城市的中枢可将所有人联系起来，这不是图书馆的职能。美国北得克萨斯州大学的 Z. Tara 等认为智慧图书馆的定义是动态发展的，随着技术的变化而变化，它跨越了时空障碍，由有形的纸质图书服务向无形的信息服务转变。这种转变是不可逆的，但并不意味着传统的有形的纸质图书服务不重要，只不过是提供了更为高级的服务而已。俄罗斯西伯利亚联邦大学的Baryshev等认为智慧图书馆的主要功能是服务，而不是片面强调设备、人员与资源等要素，这也是智慧图书馆建设的出发点。马库斯·艾托拉对智慧图书馆的理解相对简单，认为智慧图书馆能够实现不受时空限制的图书资源分享机制即可，主要通过移动互联网技术来完成。同时，他还指出智慧图书馆是一种基于移动互联网技术实现的图书资源分享机制，其中隐含了智慧图书馆不受空间、时间约束的必要条件。Mark Millar认为智慧图书馆是现代软件质量工程、计算机科学、互联网技术等在传统图书馆领域的创新成果。有效避免图书管理工作者的工作错误，适应众多的个性化需求，提升图书馆服务质量，是智慧图书馆的意义所在。有相关学者提出，智慧图书馆为适应读者的多样化的个性需求，将提供一种量身定制的图书馆服务，将智能技术（特别是感官技术）与图书馆工作者的日常教育以及读者的培养相结合，发展自适应能力。

（二）智慧图书馆的信息技术应用研究

随着信息技术的高速发展，物联网、大数据、云计算、人工智能等新兴技术与图书馆的融合推动了智慧场所、智慧馆藏和智慧服务的发展。在图书馆中首次使用RFID技术的是新加坡国家图书馆。之后，许多国家的图书馆开始使用RFID技术。这些国家大多经济相对发达，RFID技术相对成熟，如荷兰、美国和德国等。由于RFID技术消耗的经费较多，并且需要一定的技术支持，所以只有经济实力和技术水平雄厚的国家的图书馆，才能较早地使用RFID技术，如美国的杰弗逊图书馆、圣安东尼奥图书馆等。

定位系统是智慧图书馆的重要组成部分。意大利米兰理工大学与西班牙海梅一世大学分别研发了基于小组讨论的定位系统与地理信息系统，以帮助学生更好地发布定位与寻找藏书。地理信息系统已经在智慧图书馆中广泛使用，主要起到帮助读者根据自己的定位查询所需图书位置的作用，以可视化的方式指引读者找到图书，从而大大降低了读者找书的难度，节省了读者的时间。

智能代理技术在智慧图书馆的建设中也经常使用。有国外学者认为智能代理技术能自动收集信息并提供服务，根据收集到的检索信息智慧化地向读者推荐相关的主题，为读者提供个性化服务。

大数据分析也被应用到智慧图书馆的服务中。对海量的读者信息通过大数据分析、数据仓库等技术与方法，可了解读者画像；对读者的网络个人行为，如借阅信息等进行分析，可为读者提供智慧化的信息服务。

在上述研究中，学者主要探讨了 RFID 技术，定位系统、地理信息系统、智能代理技术和大数据分析等技术在智慧图书馆中的应用。这些是智慧图书馆建设中所用到的具体技术，实际上，智慧图书馆建设所涉及的技术远不止这些。随着技术的发展，更先进的技术也将被应用于图书馆中。因此，图书馆技术应用研究是一个永不停止、持续更新的研究主题，值得科研人员持续关注。可以说，先进的技术推动了智慧图书馆的发展，也为智慧化服务提供了保障。

（三）智慧图书馆的智慧服务研究

智慧服务是智慧图书馆建设的核心，即智慧图书馆建设的目的是为读者提供智慧化服务。随着信息技术的介入，传统的馆员与读者之间的关系发生了变化，馆员应更加主动地为读者提供服务。有学者认为个性化服务等让图书馆服务变得更为智能。也有学者提出利用智慧图书馆平台对多源数据进行异构处理，这些数据包括图书馆自身拥有的读者大数据，以及教育机构信息系统的数据，通过对这些数据的分析处理，为读者提供精确的个性化服务。美国的华盛顿大学将智慧图书馆服务嵌入科研和教学中，让其支持学校的教学与科研工作，实现资源共享。

有关智慧化服务的研究，不管是基于什么理论，其最终目的都是为读者提供个性化的推荐服务。相关的研究有很多；一是如何准确挖掘与预判读者的信息需求；二是如何让这些需求精确地与理想的服务相匹配；三是如何将这些服务以合适的方式呈现给读者，以便让读者更好地接收信息。只有真正做好以上这几点，才能真正体现智慧图书馆的意义和价值。

二、我国智慧图书馆的研究概况

智慧图书馆同智慧社会、智慧城市的概念有着密切的联系，国家政策对人工智能技术的支持提供了智慧图书馆产生、发展的条件。2016 年的《国家“十三五”规划纲要》和 2017 年的《政府工作报告》都明确表示将支持关注人工智能技术的发展。2017 年，习近平总书记在党的十九大会议上提出：现阶段，中国已经进入数字信息发展的新时代，构建健康文明、生态和谐的智慧社会是新时代社会发展的新方向。在智慧社会的建设过程中，全国各大高校信息化和“十四五”规划都将智慧校园的发展提上重要议程，智慧图书馆自然成为构建智慧校园的重要组成部分。在上述背景下，图书馆界学者都密切关注着智慧图书馆的研究发展。

（一）智慧图书馆的内涵研究

广大学者们从不同方面对智慧图书馆的相关概念，做出了定义。谢珍和陆溯提出，智慧图书馆是以用户为中心，应用物联网、云计算和各种智能设备，整合馆内资源，实现深度感知、广泛互联的管理和服务①。李玉海、金喆认为，智慧图书馆是利用物联网、大数据和区块链等技术，将图书馆的管理与智能感知和计算相结合，为用户提供更为精准、有效的服务②。一些学者也同意智慧图书馆是在物联网、云计算相关信息技术的基础上，搜集、保存和管理各类数据，提供给用户不受时间、空间限制的智慧服务。智慧图书馆的概念具体有资源、技术和服务等领域，资源作为后续各项服务的出发点，具体包括文献资源与空间资源。技术作为智慧图书馆正常运行的工具，分别有人工智能、大数据、云计算等全新的技术形式，而且技术贯穿图书馆发展的方方面面，技术支撑着图书馆的正常运营。图书馆服务是图书馆发挥作用的主要形式，智慧服务作为核心，将智能技术应用于图书馆建设中，更新了传统的服务方式和工具，提供了新的服务内容。

（二）智慧服务研究

用户服务作为发挥图书馆自身价值与作用的基础，图书馆具有适应读者个性化需求的多种服务形式。阅览服务、学科服务、外借服务、阅读推广、参考咨询、馆际互借、文献检阅、文献传递、读者培训等形式都是图书馆的基础性服务。在时代快速发展的环境下，图书馆也在与时俱进，不断完善服务内容，改进服务方式。智慧服务作为智慧图书馆的核心，是在图书馆建设的过程中逐渐出现的一种新的服务形式，其服务内容与服务模式上的变化与传统服务形式有着本质上的不同。相关学者提出，智慧服务是以大数据为基础的“互联网＋物联网”的服务，是基于海量的信息资

---

① 谢珍，陆溯．智慧图书馆视域下用户数据应用与隐私保护平衡研究［J］．国家图书馆学刊，2020（2）：49－59．

② 李玉海，等．我国智慧图书馆建设面临的五大问题［J］．中国图书馆学报，2020（2）：17－26．

源，实现人与物、物与物的数据交流与传输，适时地为读者提供符合其个性化需求的服务[①]。智慧服务的内容不仅包括智能技术应用对传统服务的升级，而且包括服务模式与形式的创新。

（三）智慧服务建设框架研究

学者们从各个领域设计出智慧服务的框架体系，从宏观方面对智慧服务给出了理论支持，包括理论框架体系和技术框架体系。孙守强从协同理论的角度出发，构建了智慧服务框架，包括资源整合层、网络连接层、信息交互层和智慧服务层几个方面[②]。也有相关学者在分层理论的基础上，将智慧图书馆知识服务框架体系划分为物理设备层、数据层、网络层、平台层、应用层及知识门户层。技术层面框架的理论体系分别有用户画像、情境感知技术、AI、5G、知识图谱、边缘计算等。韩业江、董颖等依托情感感知、云计算以及物联网技术，组建完成了情境感知智慧服务系统，包括情境感知层、网络传输层、情境处理层以及智慧服务层，能够及时为用户提供个性化检索与服务。

（四）智慧馆员队伍建设研究

一批可以熟练操作多种类型设备，拥有一定信息素养和数据素养的专业人员，是智慧图书馆运营服务的基本保障。图书馆工作人员应该提高学习意识，发展自身的业务工作能力，来满足智慧图书馆环境下的个性化需求。智慧馆员不仅需要拥有传统的业务能力，而且要熟练掌握新兴技术的使用、数据分析和管理知识。既要做到自己熟悉平台的操作流程，适应开展各项业务的需要，又要成为用户的向导，帮助没有及时掌握新技术的用户解答问题。图书馆员作为新技术的创新者，更是新技术的培训者与传播者。而且提供人文关怀及情感交流将成为智慧馆员的重要服务部分。杨林霞指出，开发馆员智慧，促进普通馆员向智慧馆员的转变是加快智慧图书馆建设的重要方面[③]。建设智慧馆员需要综合考虑两大方面：第一，全面提升馆员素养，开展相关业务技能学习培训，如举办讲座、参观、委托培养等多种方式；第二，完善相关学科背景的专业学习。

---

① 只莹莹．5G＋区块链技术在图书馆智慧服务中的应用研究［J］．图书馆工作与研究，2020（10）：12－17.

② 孙守强．多元协同视角下智慧图书馆泛在智慧服务研究［J］．图书馆，2019（11）：52－57.

③ 杨林霞．哲学视野下馆员智慧开发模式研究［J］．图书馆工作与研究，2019（5）：25－30.

（五）服务创新研究

在智慧图书馆的环境下，运用各种智能技术促进了传统服务模式的转型升级，在图书馆服务过程中运用各种新兴技术，又促进了服务模式的改进升级。例如，借助智能环境，传统阅读推广活动找到了新的发展方向。赵发珍和杨新涯认为，大数据和人工智能技术的应用可以深入挖掘读者的潜在阅读需求，从而提供更有针对性和个性化的阅读推广服务[①]。一些学者也讨论了智慧阅读服务的相关概念，提出智慧阅读服务是在传统阅读服务的基础上，加入新兴智能技术元素，来适应不同用户的个性化需求，进而提升服务质量。

在智慧图书馆的背景下，不少学者对智慧学科展开了深入研究，智慧学科也取得了新的发展。刘研、王天泥分析了国内外学科服务的典型案例，构建了智慧化学科服务模式，包括基础支撑、核心服务和用户需求3个部分[②]。有些学者在调研多所双一流高校图书馆的学科服务平台建设的基础上，将新兴技术进行结合，设计出平台的功能模板，具体有学科导航门户、定制推荐服务、交互研讨空间和学科资源管理等。除此之外，图书馆运用各种新的智能技术，促进了新型服务方式的出现。相关的智能技术和设备在图书馆的服务中心普及推广，比如使用智能机器人提供咨询、检索等服务，图书馆智慧信息大屏能够实时显示馆内大数据，即读者入馆数量、借阅排行等信息。

① 赵发珍，等．智慧图书馆系统支撑下的阅读推广模式与实践［J］．大学图书馆学报，2019（1）：75-81.

② 刘妍，王天泥．“双一流”背景下高校图书馆智慧化学科服务研究［J］．图书馆工作与研究，2019（10）：5-10.

第三章 智慧图书馆的理论基础

本章的主要内容为智慧图书馆的理论基础。具体包括三个方面的内容，分别是智慧图书馆的基本概念、智慧图书馆的基本特征，以及智慧图书馆的构成要素。

第一节 智慧图书馆的基本概念

作为图书馆新的发展形式，智慧图书馆区别于其他形式的图书馆，拥有全新的服务理念，且同时具有创新发展、可持续发展的特征等。随着社会信息化程度不断提高，人们对于知识和信息的需求越来越迫切，而传统图书馆已经无法满足这一需求，智慧图书馆应运而生。近年来，我国兴起了一股智慧图书馆相关理论的研究热潮，其中有关定义、概念的研究不断涌现，但是，智慧图书馆到底是什么，至今仍未得出一致结论，不同的学者从自己的视角出发，提出了一些个人的认识。

早期对智慧图书馆进行界定的是芬兰奥卢大学图书馆的艾托拉(Aitola)。2003 年，艾托拉用“一个不受空间限制，且可被感知的移动图书馆”来定义智慧图书馆。他认为：智慧图书馆是基于位置感知的，能够帮助用户查找所需文献、资料，是一种移动图书馆服务。[①] 与国外相比，国内对智慧图书馆理念的相关研究起步较晚。随着信息技术的不断发展和应用普及，越来越多学者开始关注智慧图书馆这一话题。在感知计算方面，华侨大学的严栋认为，智慧图书馆正是借助了物联网技术、云计算技术、智能装备，以达到图书馆智慧化运行。关于智慧图书馆，上海社科院信息研究所的王世伟，在 2011 年中国图书馆年会上，发表了《智慧图书

① Aittola M，Ryhanen，Ojala T. Smart Library：Location - Aware Mobile Library Service [J]. International Symposiumon Human Computer Interaction with Mobile Devices and Services，2003 (5)：411 - 415.

馆初探》的讲话，目前已经有了比较多的研究。他认为，数字化、网络化、智能化是智慧图书馆的信息技术基础；人与物的互通互联，是智慧图书馆的核心要素；而以人为本、绿色发展、方便读者，则是智慧图书馆的灵魂与精髓。从智能建筑的角度，平顶山学院的陈鸿鹄表示，智慧城市下的图书馆，是智能技术在建筑中的应用，从而实现建筑智能化、管理高度自动化的数字图书馆。[①] 从人文学视角，梧州学院的李凯旋将智慧图书馆定义为：依托智能感知技术，以及具备专业技能、高文化素养的馆员，通过智能化的物理设施，充分利用可获得的资源，为读者提供优质服务，并强调智慧馆员重要性的新型图书馆。[②] 从服务用户的角度，董晓霞等人认为，数字图书馆引进智能技术，从而为用户提供更智慧化的服务，这种服务基于数字图书馆的服务，却又优于数字化的服务。[③]

第二节　智慧图书馆的基本特征

智慧图书馆的三大特征是互联、高效和便利[④]。互联就是通过综合感知、立体互联、深度协同等，把智慧技术纳入图书馆服务和管理各领域，实现图书馆科学发展创新转型。智慧图书馆就是利用信息技术把图书馆所有要素融合成一个有机整体，以提高其综合服务水平，提升服务质量。所谓高效，就是把智慧管理纳入图书馆一线服务、二线保障中，把资源节约型、环境友好型的可持续发展理念引入图书馆前台与后台、硬件与软件中，以人人相联、人书相联、书书相联为基础，节省读者宝贵时间，更方便、更快捷地办理各种事务，最大限度地发挥智慧图书馆各种资源所带来的效率最高化、效能最优化。互联集成则是基于云计算技术的新一代信息技术应用于图书馆的新型模式。所谓便利，就是以综合立体感知为前提的无线泛在环境，任何读者均可随时随地方便地获得所需的知识信息，实现相应的信息互联共享，让图书馆的服务做到不受时间和空间的限制，互联集成技术使得本来独立和繁杂的服务集合变成了一个简单的一体化方案，

① 陈鸿鹄．智能图书馆设计思想及结构初探［J］．现代情报，2006（1）116－118.

② 李凯旋．人文视角下“智慧图书馆”定义的再思考［J］．图书馆界，2013（6）：14－16.

③ 董晓霞，等．智慧图书馆的定义、设计以及实现［J］．现代图书情报技术，2011（2）：76－80.

④ 王世伟．论智慧图书馆的三大特点［J］．中国图书馆学报，2012，38（6）：22－28.

并且形成虚与实、内与外以及人与人之间的相互作用，这也恰恰是智慧图书馆以人为本思想的一种表现。

智慧图书馆互联、高效与便捷这三个主要特征相互联系，互相影响。在互联网时代，信息传播渠道更加多元化，人们对信息需求日益个性化，这就要求智慧图书馆具有更高的效率和便捷度。互联为智慧图书馆建设奠定了基础，是高效与便捷特征的技术支持，更是智慧图书馆同数字图书馆、复合型图书馆相区别的主要体现。便捷则是智慧图书馆的根本宗旨，是互联、高效率特点的集中体现，更是智慧图书馆以人为本理念在科学发展中的本质体现。智慧图书馆是以信息为纽带，以用户需求为导向，实现人与知识互动交流的一种新型图书馆形态。应当指出，智慧图书馆三个主要特征和由此引申出来的许多概念，有些在过去就已存在，但在全新的发展大环境中，通过智慧图书馆，这些思想得以融合和升华，它以智能技术为支撑，被赋予了新生命、新内涵。

如果智慧城市能带来更多的优质生活、更有竞争力的商务环境和更大的投资吸引力，则智慧图书馆能够带来更加高质量、更加个性化的服务、更吸引人的学习休闲环境和更优质的经营管理，能够培育更加聪明的大众。智慧图书馆作为一种新型的社会文化现象和信息组织形式，这一新型发展模式能够提升图书馆读者与馆员的学习自由度与工作自由度，并且能够极大提高资源利用效率，还会促进图书馆在信息技术快速发展的大环境中，实现创新驱动，转型发展。

一、智慧图书馆具有互联性

作为智慧图书馆的基础，数字化、网络化、智能化技术构成了智慧图书馆外部特征，它具体体现为对图书馆人、事、物的整体感知，基于感知，实现跨时空立体互联，以及基于信息共享的深度协同等内容。

（一）全面感知的图书馆

所谓全面感知，就是对信息感知全面覆盖，将各独立文献中的资料与读者、馆员的信息结合连成片，把碎片化信息串接在一起，形成互联化网状，由此达到读者和馆员、前台后台的智能连接。目前，国外许多著名高校都在积极地推进图书馆智能化建设工作，并取得一定成效。美国芝加哥大学曼索托图书馆年增加图书 15 万余册，馆藏丰富，馆内采用智能技术，搭建机器人堆叠书库管理系统，充分感知馆藏全部图书，这一新的堆叠管理技术，跳出传统图书馆广泛使用的杜威十进制书籍分类法，它是按照书的名称，大小来划分，用此法分类占地面积仅为常规书库的七分之一，可称“智慧的分类法”。[①] 在数字化时代，人类已进入一个万物互联、人人皆可参与学习的大数据时代，而图书馆作为人们获取知识最便捷的地方，也面临着新的机遇和挑战。不仅仅是图书馆中的文献信息要被感知，社会各方面都需要感知。随着互联网时代的到来，图书馆的发展也进入到新阶段——数字化、网络化，而这一切都离不开读者的参与。2012 年 5 月的图书馆服务宣传周活动中，上海图书馆和盛大文学联手，将网络文学引入公共图书馆，为读者提供数字化网络阅读服务。美国华盛顿州西雅图市图书馆基于多媒体文献综合感知，对读者服务进行实时数据展示管理，在大屏幕上分类展示清晰明了。同时，还利用先进的数据库技术、多媒体技术和网络通信等手段为广大市民提供丰富多样的数字化资源。

（二）立体互联的图书馆

立体互联意味着图书馆的跨部门、跨行业、跨区域，甚至跨国界，全方位立体互联，是图书情报资源在不同时空上的互通和共享。不仅指图书馆物理空间中各楼层间、屏幕间相互联接；也是把图书馆文献书书相联，网网相联；既是图书馆馆员间的相互联接，更是读者的相互联接；既是馆员和读者之间相互联接，还可以实现人机交互联接。以图书馆信息立体互联安全保障系统为实例，对馆内馆外实行全天候实时信息监测，防火、防水、防盗、防止各类突发安全事故的发生，实现图书馆不同空间建筑的统一安全监测，通过无线传输网络实现远程控制管理；对入馆者所带物品实施安全检查；对工作人员出入馆内情况以及图书进出库房情况进行检测；检查借阅、复制及其他文献的情况等；实现图书馆内外部区域的身份感应，建立不同感应门禁，赋予不同人不同的权限，对进入善本书库、机房和其他重地人员执行进出信息识别等。通过对信息的立体感知，实施严格有效的安全防范措施，保障数字图书馆的网络安全。

（三）共享协同的图书馆

相互连接的图书馆，要求信息共享必须建立在环境共享之上，要冲破

① 王馨立，地下机器人图书馆［N］．文汇报，2012－05－23（16）．

体制、机制等方面的藩篱，实现基于信息互联共享的深度协同等。智慧图书馆就是基于互联网技术，通过构建智慧化服务体系来提升服务质量与水平，促进知识交流与资源共享。这一共享协同创新的做法，对图书馆的服务和管理能够大有作为。智慧图书馆建设是一种全新的模式，它要求以互联网技术、物联网技术、云计算技术等为支撑，整合各类资源，通过网络构建一个统一的知识平台来促进整个社会信息化发展。如果图书馆之间可以建立个人诚信信息系统，各馆读者诚信记录可联网共享，这就要求在智慧图书馆建设中应用协同理念，以信息技术为支撑，打造图书馆诚信协同机制，逐步构建图书馆读者诚信网等。通过对图书馆诚信体系的研究，构建一个由政府、高校、公共文化机构、企业等共同参与的诚信服务体系，形成一种全新的服务模式，促进社会和谐发展。图书馆对各个地区的服务和管理，可借鉴社会网格管理的思想与方法，把图书馆服务空间分成多个服务管理网格，把共享协同管理落实到具体网格空间上，及时为广大读者提供全方位、一体化服务，节省读者宝贵时间，让服务更方便、更快捷，管理更积极到位。

二、智慧图书馆具有高效性

一个高效图书馆，就是一个绿色低碳、简捷方便的图书馆。智慧图书馆作为一种新型的图书馆形态，具有信息资源建设共享、智能决策、个性化服务等特征。智慧图书馆表面上谈及数字化、网络化、智能化等技术难题，但是，通过深层次的观察，智慧图书馆面临的其实就是服务的问题、管理的问题与环境的问题，是关系到图书馆发展的战略性问题。

（一）节能低碳的图书馆

绿色发展，是现今全球的发展趋势与聚焦点，更是智慧图书馆之魂，而节能高效恰恰是实现绿色发展最重要的途径与手段。智慧图书馆建设应以节约能源为前提，以减少能源消耗和提高资源利用效率为目标，将低碳技术应用到图书馆建设中去，实现可持续发展。节能高效的图书馆和智慧图书馆息息相关，它从多方面要求读者和馆员改变读书和工作的方式，深刻认识绿色发展这一概念，并将其落到实处，从周围的一切开始，从小事情抓起。

2011 年 12 月，上海交通大学图书馆与美国国家仪器公司 NI

(National Instruments)合作，鉴于传统中央空调时冷时热，动员大学生联合设计全国第一家高校图书馆的室内“环境监测与节能系统”，本系统通过即时感应空气温度，可进行温度调控，反映了智慧图书馆节能发展的理念与实践创新。例如，2010年由上海援建四川省都江堰市图书馆，该馆由旧厂房重建，全楼以三层平面铺设，既便于读者通过，也能节省图书馆电梯能源消耗。由于建筑物内部设置空调系统，所以需要考虑如何实现制冷和制热的平衡。台北市图书馆北投分馆就是用绿色环保的设计理念，突出管理与服务并重的思想。这个博物馆位于居民区旁的一片树林里，全楼大部分为木结构，冬暖夏凉，在建筑物的上方设置太阳能装置，为人们提供清洁能源。该馆还设有专门的绿化系统，不仅使建筑物更加美观，也提高了整体环境的生态环保性。

图书馆作为用纸大户，积极提倡读者利用数字网络进行文献保存和传递，可有效地降低纸张消耗，节能潜力大。我国每年都有大量的报纸、书籍、杂志、图书需要进行处理和保管，如果这些纸类物品得不到妥善保管，将会对环境造成严重污染。图书馆节约用纸，无形中能对绿色发展起到很大的推动作用。

（二）灵敏便捷的图书馆

智慧图书馆能及时、合理达成图书馆服务和管理诸要素之间整合转型，使得图书馆这个复杂系统，面对变化多端的动态发展，能“耳聪目明”，迅速作出反应；借助智能技术，实现了图书馆应急管理第一时间被察觉、第一时间处理，提高图书馆管理效率。

在各大图书馆建筑拔地而起的同时，图书馆电梯不断增加，对应电梯故障频发。为了保证读者和工作人员在使用图书馆电梯时不发生意外伤害，需要对电梯进行智能化管理。借助智能技术，能够对电梯的运行状况进行实时监测，使电梯本身变成“安全员”，使得电梯在运行过程中的故障能够得到及时发现和解决。同时，在发生事故后还能启动自动报警和远程救援等功能，大大减轻了管理人员的工作强度。由于建设“同城一卡通等”服务系统，使得图书馆的信息系统负荷不断增加，系统故障是不能完全避免的。在此背景下，图书馆的信息化建设必须考虑如何提高系统整体性能、降低能耗和成本的问题。而且信息量大的系统，在遇到“短路”故障时，将对整个系统总分馆服务产生重大影响，它要求利用信息应急系统解除系统中可能发生的突发故障，从而处变不惊。

（三）整合集成的图书馆

智慧图书馆将实现跨系统应用整合、跨部门信息共享、跨网络融合互通等，形成可操作、可监督、可共享的互联平台等，其中有馆藏特色文献平台、全媒体数据库平台、读者服务数据统计平台和法规制度政策平台，等等，对读者及业界进行一体化、全方位的管理及服务，这也是智慧图书馆寻求整合集成管理最理想的形式。

"同城一卡通等"就是图书馆整合集成中的一个典型例子。这种打破行政区划，在城市实行分级财政，跨地区的全城一卡通用，使图书馆公共文化服务体系发生了质的跨越，还使原来一个个孤立、分散的图书馆资源整合成集成共享图书馆，由此实现图书馆设施资源、文献资源和人力资源的功效朝着最优化方向发展。

三、智慧图书馆具有便利性

智慧图书馆会对读者、馆员学习、工作产生重大影响，通过以信息技术为先导、改变图书馆管理方式、提高读者信息素养，智慧图书馆会为读者提供便捷服务，变成一个无线泛在的图书馆、就近一体的图书馆、个性互动的图书馆。

（一）无线泛在的图书馆

韩国首尔于 2001 年推出泛在城市计划，旨在建设一个在城市中随时随地进行网络接入与服务访问的城市信息环境。美国费城市政府于 2004 年在世界上率先提出"无线费城"计划，实现全城宽带无线网络的覆盖。泛在城市、无线城市等规划，为无线泛在图书馆营造了有利的信息环境。无线泛在图书馆建设正面临着前所未有的机遇与挑战。移动互联网已经渗透到了电子商务、生活娱乐等各个领域，图书馆服务也不例外。信息服务和媒体传播几乎在社会生活的各个领域都存在，无线数字图书馆正日益成为图书馆服务的一种手段。无线泛在图书馆具有覆盖面广、容量大、速度快、成本低的优势。有线宽带城域网、无线宽带城域网、移动多媒体网、移动数字电视网等多网融合的立体型基础网络架构，在一些城市逐步形成，并且会相继在文化服务和其他方面得到运用。随着无线网络技术的日臻成熟与完善，无线数字图书馆的业务需求必将更加旺盛。图书馆继续优化“图书馆一直在我的周围”学习阅读环境，使广大读者能够通过手机、多媒体等载体，达到一个随时随地都能阅读的学习、休闲环境，同时利用新技术提高了图书馆服务能力与质量。多数读者能熟练应用信息技术，开展文献查询，信息咨询等，开展自主学习、探讨研究和解决读书中存在的一些问题。因此，智慧图书馆成为图书馆发展的新趋势。

（二）就近一体的图书馆

智慧图书馆将以人为本作为理念，以数字惠民为核心，使读者能就近在同一个空间内进行一体化阅读学习，彰显智慧图书馆的便民、利民之要义。

移动图书馆或掌上图书馆成为就近一体图书馆的生动体现。国内各高校图书馆都纷纷开展手机图书馆建设工作，并取得一定成效。上海图书馆从2003年起筹划建设手机图书馆，2004年进行了试点并在2005年启动，2007年、2012年相继进行功能提升，实现了“上图信息、书目检索、读者服务、微博分享、移动阅读、你问我答和分馆导航”等多项功能的整合。重庆图书馆的手机图书馆也包含着丰富内容，例如，入馆指南、书目查询、重图新闻、读者互动、阅读通、讲座预告、使用说明、重图电子书、我的图书馆等。中国国家图书馆“掌上国图”以其特有的信息丰富性，形成服务特色。目前国内已有不少图书馆开通了自己的手机图书馆小程序，并取得了一定效果。图书馆广泛使用移动通信，使得21世纪初“我的图书馆”这一创新理念真正得以贯彻。

通过信息技术重组，全球部分大学图书馆在相同的阅览空间内达成了数字阅读、电子传输、印本阅读、数字下载、按需印制和其他一体化的服务方案，让读者节省了不少的时间；智慧图书馆将图书从一个物理场所转移到虚拟环境中去，使图书馆成为学生和教师进行知识创新和交流合作的重要基地；它使读者跨越传统的私人研究工作空间和图书馆阅读学习空间之间的隔绝，能够更加自主地使用图书馆。

（三）个性互动的图书馆

智慧图书馆对服务质量要求比较高，这一优质服务品质，表现为更加智能化的个性化服务、读者的参与交互以及自主式服务和管理方面。目前，国内许多公共图书馆都建立起智能借阅管理系统，为用户提供方便快捷的阅读和检索功能。2010年上海世博会举办期间，上海图书馆与普陀区图书馆合作，世博园区内建有图书自助漂流亭，漂流亭可实现网上信息查询、参考咨询、文献传递等功能，还可实现图书的24小时自助式借还。馆内设立专门的借阅区域和书籍分类展示区域，方便读者查阅相关资料。也有许多图书馆推出“讲座队的信通”，也就是读者在图书馆预约讲座时只要给出手机号码，就可以访问网上排队系统，并且通过短信的方式及时通知读者预约成功与否。另外，一些图书馆还开通了微博分享功能，让更多的人参与到图书馆的文化建设中来。图书馆微博分享、你来我往、电话预约、网上知识竞赛、在线联合知识导航站等，无不体现个性互动服务。一些公共图书馆开始尝试建立个性化的网站来吸引更多的读者参与到数字阅读中来。

发展智慧图书馆，需要体现以人为本的原则：开发智慧图书馆，就是为读者服务；图书馆创新转型，就是要让读者受益；图书馆改善服务品质，应由读者参与，共同进步，智慧图书馆开发成果供读者分享。智慧图书馆是一个开放包容的平台，它以“人”为中心，通过知识的交流和创造来实现人类社会可持续发展。

第三节　智慧图书馆的构成要素

按照智慧图书馆的概念、性质和功能，构成智慧图书馆的核心要素有馆员、资源、服务、技术和建筑。

一、馆员

智慧图书馆的工作人员即图书馆员。作为智慧图书馆服务的主体，他们是一切图书馆活动的主要执行者。图书馆内的资源建设、参考咨询、流通阅览、学科服务、技术保障等工作环节都需要依靠馆员来完成，馆员在智慧图书馆中处于中心环节。

二、资源

资源作为图书馆的最主要的内容，是图书馆进行服务活动的基础。智慧图书馆的资源不仅包含传统图书馆的各种资源，如图书、期刊、报纸等，还应包括各种数字化资源、多媒体资源、数据资源等。

三、服务

服务是图书馆工作的主要部分，是图书馆存在的根本价值，为用户提供服务是智慧图书馆最重要的工作。智慧图书馆的服务具体包括：借阅服务、参考咨询服务、用户驱动的获取与服务、学科化服务和情报研究服务等。

四、技术

技术是智慧图书馆运行的基础，是支撑智慧图书馆各个系统的“灵魂”。智慧图书馆的技术主要包括：物联网技术、互联网技术、云计算技术、大数据技术，社交网络技术，移动通信技术等。

五、建筑

建筑是智慧图书馆的物理载体，它为智慧图书馆馆员提供工作场所，为智慧图书馆资源提供馆藏空间，为智慧图书馆服务提供服务场地，为智慧图书馆系统和技术提供物理设备存放地。没有建筑，智慧图书馆就如同“无源之水”“无本之木”。

第四章　智慧图书馆的建设要点

本章为智慧图书馆的建设要点，主要介绍六个方面的内容，分别是智慧图书馆建设的内容与原则、智慧图书馆建设的技术支撑、图书馆智慧化系统平台建设、智慧图书馆的建筑建设、智慧图书馆的资源建设、智慧图书馆的馆员队伍建设。

第一节　智慧图书馆建设的内容与原则

一、智慧图书馆建设的内容

在社会数字化和信息化不断发展的今天，种种挑战扑面而来，图书馆面对是否要转型和怎样转型这些问题，始终承受着来自各方面的巨大压力。社会的不断向前发展给图书馆带来了空前的挑战和发展的机遇，其中馆舍、资源建设、服务创新、合作共享、阅读推广、数字平台建设等都是图书馆全新建设的成就。移动互联网、物联网的产生和发展，以智能手机、笔记本电脑、平板电脑和可穿戴设备为载体的使用，让用户在信息获取方式上也发生了翻天覆地的变化。现在已经不是过去单纯地获取文献资源信息的时代了，我们在这个数字时代能够随时随地直接获得知识，享受到智慧服务，而与之相伴随的图书馆服务模式也需要与时俱进。

（一）图书智能分拣、盘点系统

RFID 设备与 RFID 标签在使用上的配合，使以往传统的图书馆工作流程被打破，而采编、分拣、盘点和借阅构成了当下图书馆管理数据的业务流程。图书资源入馆后首先需要经过分类编目和贴标签等操作，再通过智能分拣系统配送上架，供读者阅读和借出。当读者利用自助借还设备还书时，分拣系统能够将已经还回的书籍进行整理并配送上架。此外，因为每本书均带有专属 RFID 标签，所以书籍盘点起来要简单得多，书籍可以由 RFID 读写装置自动清点，并且对书籍存放位置进行实时更新，对书籍在架情况进行明确定位。目前深圳市远望谷信息技术股份有限公司在我国的图书管理系统的研究上比较成熟，公司有多种不同功能的 RFID 设备，已在国内三百余家图书馆投入使用。

（二）图书馆自助系统

1. 自助借还一体机

RFID 技术包括了自助借还一体机这项技术。它是利用自助借还系统，帮助读者在图书馆的服务台之外依旧可以办理图书借还业务。读者在拥有了图书馆智能卡以后，在借书时只需要在自助设备感应区内放下智能卡片和待借图书，通过自动扫描识别，自助设备便会获得读者的个人信息和借阅的书籍信息，然后读者核对信息无误后按下确认便可完成借阅流程。读者自助还书流程比借书流程更简单、更迅速，只要在自助设备显示屏上点开“还书”键，再将待还书放置在感应区进行信息确认和还书操作，而无需拿出借书卡。此外，自助借还系统还可以提供 24 小时全天候的服务。自助借还设备在使用过程中，既能够使读者获得便利，减轻馆内工作人员的工作负担，又能使书籍流通利用率和图书馆服务品质得到提升。

2. 座位预约系统

RFID 技术中还有一项座位预约系统的技术。这项技术能够帮助图书馆用户和设备之间实现互联互通。座位预约系统把重量传感器放入每把椅子内，每把椅子是否在闲置状态便可通过馆内无线网络发出，控制中心又对全部消息进行汇总并以影像方式显示于大屏幕上。读者可以到馆或在手持终端上通过“我的图书馆”进行预订。座位自助预订系统充分体现了当下图书馆的智能化、人性化，用户可以按照自己的喜好进行预订。而图书馆对恶意预约用户则会采取限制预约权限和降低借阅数量的处罚方式进行惩戒。

图书馆还拥有多媒体终端机等其他馆内自助系统供读者自助操作，帮助读者实现查找图书馆导航、书目检索、文献资源阅览、自助打印等功能。读者如需要打印复印服务，则可以通过自助打印复印一体机实现自助打印复印，或将所需纸质图书资源自助扫描至私人邮箱再通过网络实现异地打印。此外，图书馆中还配置有多个触摸屏阅报机，用于读者读报、读刊，还可以对读者提供图书馆 3D 全景地图导航等。

（三）智能管理和安全系统

1. 综合能耗管理系统

在智慧城市背景下，智慧图书馆建筑主体必须符合相应的节能环保标准，这就需要用到综合能耗管理系统。综合能耗管理系统是将传感器嵌入图书馆相关设备中，对图书馆内部环境进行实时监控，其中包括对温度、湿度、照明以及水源供应和排放的监控。在保证读者人身安全的前提下，给读者创造一个舒适的阅读环境。可以依据图书馆所处地理环境选用合适的绿色环保材料，并充分利用气候因素来达到智慧图书馆安全、节能和环保的设想，通过对馆内设备的在线实时监测，可以保证图书馆处于最佳运行状态和实现最小的能源消耗。

2. 图书安全防盗系统

图书安全防盗系统主要由 RFID 技术与磁条双重防盗系统组成。读者借阅的图书需要符合下面三个条件才属于合法借阅：EAS 防盗位、EPC 编码字段标签类型以及消磁。已经联网的书籍，图书馆可以对其进行实时监控，若不能满足上述 3 个条件中的任何一个，系统就会发出声光报警。北京超讯科技公司研制的 EM－2005 型电磁波防盗系统适合在各大图书馆和书店使用，该系统有灵敏度高、盲点少、功耗小、寿命长的特点，同时可以实现多信道联机，各个信道间可以做到分别报警。本系统应用全数字调制技术，该技术与微电脑控制技术相配合，抗干扰能力强。

3. 智能门禁系统

智能门禁系统通常由门禁读卡器、门禁控制器、门禁管理软件、电控锁、开门按钮及门磁与管理电脑组成。具有联网功能的智能门禁系统既可整合安保系统又可整合报警系统。图书馆内部如果发生异常情况而出现火警警报后，安全出口的消防门会在门禁系统控制下自动开启，消防门上电控锁的设置，可以在发生火灾的情况下自动断电，给馆内的人员提供逃生途径。

（四）移动服务建设

在互联网与信息技术不断发展的背景下，移动服务方式也由短信服务向网站服务、移动 App 服务等方向不断演进；服务载体由普通手机转变为智能手机、电子阅读器以及平板电脑，使用者可在任何时间，任何地点进入图书馆智慧化服务系统。从整体上看，移动服务为图书馆事业带来了一场移动革命。

智能图书馆可以实现手机、阅读器、IPTV（互联网协议电视技术）等的无缝连接，这与智能图书馆互联互通的特点不无关系。手机和电子阅读器作为移动设备，其承载的“掌上图书馆”服务可实现无线上网的双向信息传播。读者可利用手机实现书目检索、图书预约续借与到期查询，了解图书馆公告信息与讲座预告信息。借助数字图书馆和数字电视之间的技术互动，并将两者相互连接，用户就可以在家中的电视上实现预约和续借书籍、对借阅信息的查询、对馆藏电子书刊的阅读、对视频公开课资源的观摩等功能。

（五）智慧空间重构

互联网时代，图书馆再以阅览室为主要结构已经不能满足现在用户的需求。信息的开放共享推动着图书馆管理和服务要作出变革，于是信息共享空间（Information Commons，IC）应运而生。世界各国以信息共享空间为先导掀起图书馆空间再造高潮。1992 年，美国的艾奥瓦大学将视听室、电脑室和阅览室首次结合，以讨论和交流为主要功能的信息共享空间首次出现。随后多种形式的信息共享空间迅速兴起，例如学习空间、创客空间以及联合办公室等。

作为一种创新服务模式，信息共享空间旨在推动图书馆用户的沟通、学习、合作、研究和培养用户的信息素养。美国北卡罗来纳大学图书馆信息共享空间唐纳德·比格尔（Donald Beagle）对此进行了解释说明。①信息共享空间作为在线环境的一种形式，具有其独特性。在这种环境中，通过网络工作站的搜索引擎，用户可以对馆藏数字资源信息进行检索，通过接口获取各种数字服务。②信息共享空间作为新的物理设施与空间，是一种新型信息环境，既可作为图书馆某一个部门，也可作为某一个单独的物理设施，还可以对数字环境中的工作空间进行管理和服务。浙江大学图书馆信息共享空间构建较为成熟，2012 年 9 月正式对外开放，它是以原电子阅览室为依托改建而成的，主要由八个功能区组成，分别是多媒体空间、学习空间、研究空间、知识空间、文化空间、创新空间、社交空间和系统体验空间。

（六）泛在智慧服务建设

图书馆文献服务主要通过文献载体来进行；图书馆信息服务主要通过

信息传播来实现；图书馆智慧服务主要体现在知识传播上。与其他两种服务相比，图书馆智慧服务则聚焦于用户智慧产生过程，旨在通过智慧创造来培养用户对知识的应用与创新，针对用户需求喜好、心理认知等，让用户享受到个性化服务。比如图书馆的用户在检索资源的时候，图书馆智慧服务系统既可以将原始信息反馈出来，又可以迅速地对检索结果加以分析，并形成研究报告提供给用户查阅和利用，并且能够以用户所需的格式输出到各种形式的用户终端上。

在泛在网络环境中，图书馆突破传统服务模式限制，服务范围得到了扩大，实现了信息资源检索率和信息资源利用率的显著提高。读者无论是想要学习、休闲还是科研，均可以在智慧图书馆获得相应的服务。

1. 情景感知服务

在移动环境下，图书馆可以利用 RFID、蓝牙、GPS 等移动传感技术，使用智能设备终端获取读者原始情景信息；还可以对读者账号登录的所在地理位置、借阅记录及阅读喜好等动态信息进行感知与抓取，对读者所登录账号进行归类与筛选处理。

2. 订制服务

定制服务是基于 RSS 即信息聚合技术开发的个性化服务。RSS 在过滤信息、聚合信息以及推送信息等用途上有着强大的功能，其在图书馆中的工作中主要承担了包括新书通告、电子期刊 RSS 服务以及读者个性化信息定制等服务。

3. 推送服务

从用户的信息需求出发，利用数据挖掘和其他分析技术主动推送信息。以图书馆泛在云平台为基础，利用语义关联技术并以用户历史访问记录为根据，对用户关注的领域进行记录，然后对用户喜好特征进行推算，构建用户的需求预测模型，并将动态科研信息以电子邮件、RSS 等方式推送给用户。

4. 预约服务

纸质资源和数字化资源的预约包含在图书馆的预约服务中，自习座位、研讨室等空间的使用预约以及其他自助移动设备的预约也都是在预约服务的范畴之内。

（七）智慧机器人

图书馆智慧机器人按照系统功能的不同大致可分为以下五种①。

1. 自助图书馆

它的智能化程度不高，首先出现于美国，属于迷你型的图书馆，可以提供全天候的图书借还，但是它只能对少数的读者提供服务。近几年服务方便、快捷的自助图书馆在我国范围内也应运而生。

2. 机器人与立体仓库结合应用系统

这项技术对大型图书馆的自动化处理能力的提升有着很大的优势，如自动存取中心（Automated Retrieval Center，ARC）系统、机器人堆栈书库管理系统等，主要用于完成图书的存取任务。ARC系统在工作效率及自动化程度上都有着巨大的优势，但是它自身尚存在一定的缺陷而且成本较高，所以普及程度还不是很高。

3. 图书搬运机器人系统（AGV）

德国洪堡大学图书馆的AGV系统是比较有代表性的。图书的分拣、上架都可以通过这项技术实现，但其成本很高。在日本有一款价格低廉、工作效率高的AGV图书馆机器人。它位于大阪市立图书馆，但其功能不够强大，只能进行一些简单的重复性工作，比如图书的搬运、放置等。

4. 全自主智能图书存取机器人系统

本系统能自动完成图书搬运、存取、上下架以及整理等一系列作业，具有程度较高的智能化、自动化的特点，现仍在研究和探索中。

5. 智能参考咨询机器人

这种机器人大体上可以分为数字参考咨询软件，IM（即时通信）软件以及用户定制软件。如清华大学图书馆的智能“小图”、上海交通大学图书馆的“小交”都属于IM软件的一种。这种软件由于成本低、交流方便、用户基础广等特点，一经推出就大受欢迎。

二、智慧图书馆建设原则

（一）规范化原则

在逐渐智慧化的环境中，网络成为图书馆实现信息收集、处理、传播

① 方建军，张晔．图书馆图书自动存取机器人的研究与应用［J］．图书馆建设，2012（7）：79-83.

与使用的基础。互联网的“无处不在”对图书馆建设带来了巨大的便利性，但是如果想在全国乃至全球形成图书馆事业体系的话，就需要统一建设规范。从一定意义上讲，智慧化建设能否顺利进行将受到规范化建设的直接影响。比如国际通用数据格式标准和规范、统一网络通信协议以及满足行业标准规范要求的设备等，这些都会给智慧图书馆的建设带来影响。在数字资源系统构建、技术平台搭建和信息服务系统研制的过程中，实施统一的标准、规范、协议，是非常重要的，这对图书馆系统与其他系统建立互联互访的智慧化建设起着无可取代的作用。也就是说智慧图书馆未来的构建以及功能服务的较好实现都必须以统一规范为前提。

（二）集成性原则

智慧图书馆基于云计算技术和物联网技术实现了各文献信息机构间以及不同种类文献间跨系统的应用整合、跨部门信息共享、跨媒体深度融合、文献感知服务和集群管理等。比如上海市图书馆推行了“同城一卡通”服务，读者可以凭借一卡通实现跨时空、跨地域服务，并在237个总分馆实现与各单一集群系统的跨空间互通互联。通过共建整合知识信息、无障碍转换和跨时空传递，使文献资源的集约显示和方便访问成为现实。与此同时，智慧图书馆在构建过程中，要想实现知识资源的研究视角扩展，就要依托集群化综合服务平台，由此实现条线之间沟通、块面之间连接、区域之间交互以及智慧化的运作。

（三）共建共享原则

在全国范围内构建智慧图书馆体系，并非仅仅依靠构建一个或者多个智慧图书馆就能够实现的。个体的图书馆实力终究是有限的，在短期内完成智慧资源的建设也是十分困难的。而如果在多座图书馆之间建立信息共享，就可以在很短的时间内通过分享人力和物力，来丰富馆藏资源并最大限度地满足用户的要求。作为个体的图书馆必然需要与其他图书馆合作，通过共建共享，不仅向其他馆的建设贡献了自己力量，同时也从其他馆获得了更多的馆藏资源。为实现信息资源共建共享，图书馆个体可以相互联盟，如国际上的联机计算机图书馆中心（Online Computer Library Center，OCLC），以及中国高等教育文献保障系统（China Academic Library&Information System，CALIS）等，一方面，当某一地区的图书馆组成了一个统一体，通过联盟方式购买书籍、数据库等，就能够在书商和服务商取得更低廉的购买价格，这样既节约资源又能扩大资源利用率；另一方面，当技术、平台资源等实现共享，各图书馆就能够避免在数字化建设中的资源重复开发，实现成本的节省，也能为读者提供了更多的图书资源，有利于推动图书馆智慧化建设。

（四）泛在化原则

1. 服务时间和服务空间

无线网络技术的不断发展和更智能化的自动化服务系统不断涌现，人们可以在任何网络覆盖的范围内享受图书馆的服务，而且基本上是7×24小时的不间断服务。也就是说，读者可以通过终端设备享受到数字资源、服务而不受任何时间和场所的限制。

2. 服务对象和服务模式

随着移动通信技术快速发展，图书馆服务模式也必然随之变化，智慧图书馆应积极向所有接入网络用户进行资源、服务推送，它已不局限于到馆用户，而是人人都可以公平获得自己需要的资源与服务，从而真正拓宽了图书馆的服务范围。

3. 服务内容及服务手段

泛在环境中，图书馆用户在共建共享的背景下可以获取的资源服务将不再局限于某一家图书馆的馆藏，也可以获取来自不同平台的（例如共享资源中心、互联网以及开放知识库）资源。同时智慧图书馆提供给用户的信息之前要首先进行归纳整理、去伪存真，比如通过网站、WAP平台扩大数字化资源利用率等。由此可以看出，时代背景与技术环境都在改变，图书馆建设与发展必须遵循泛在化原则，才能够真正彰显其社会价值。

（五）以人为本原则

人类已有的知识体量在现代信息技术持续更新升级的背景下，其体量获得了极大的拓展，人类再学习周期也变得越来越短。人们如果想要和高速发展的信息社会保持同频，就要不断地把已知的信息及时转化为自己能够理解和利用的知识，对已经过时的信息和知识还要不断地剔除。与此相对应的是，智慧图书馆需要做的就是努力帮助每个用户都具备这样的能力。如果把图书馆用户按照其信息素养进行分类，可以分为学习者群体和研究者群体。学习者群体对现代信息技术只有简单的了解或者不了解，对知识学习具有一定要求的用户群体。研究者群体则是对现代信息技术理论比较熟悉并能够熟练应用到日常科研中，对一个或多个知识领域有着深度知识需求的群体。

智慧图书馆面对上面两种用户群体时，应坚持以人为本的方针。也就是要使图书馆使用价值从传统存储、借阅等维度中跳出来，使图书馆对数据进行分析，找出潜在问题，分清共性与个性需要。就共性需求而言，面向学习者，图书馆可将帮助其熟练运用信息工具和提高信息素养作为基本目标，并培养学习者自主发现问题和解决问题的能力；研究者的基本目的是获得更为丰富且精确的信息资源，并提供高效和简明的信息工具来帮助他们进行研究。从个性需求上看，可根据定期收集到的用户数据、统计资料等，针对不同类型用户，提供有定制化、人性化的资源。

（六）功能性原则

在互联网语境下与许多新的信息媒介展开竞争时，图书馆在诸多方面处于劣势。而图书馆在版权资源、权威性资源、历史性资源等方面有着独特的优势。但是现在用户对资源需求层次比较多的情况下，常常会转向如百度、Google等网络检索工具，使互联网数据库逐渐成为公众获取资讯和知识的主要途径。那么，如何缩短使用者和资源、使用者和使用者间的距离以及如何将图书馆打造成一个低门槛的功能性场所，则成为关键。对此，遵循功能性原则并强调其实用功能，使大多数用户能够享受智慧图书馆提供的各项服务，满足其需求，便成为智慧图书馆在构建过程中必须关注的焦点。

（七）“智慧共同体”原则

智慧图书馆作为一个个体并非孤立存在的，而是在“智慧城市”概念下发展起来的，在未来智慧格局中占有举足轻重的地位。因此，智慧图书馆建设要思考体系问题，不应该对个体的作用过分强调，而忽略其在智慧体系整体布局中所处的位置。智慧图书馆作为连接用户的资源媒介，其资源体量、权威性等始终具有单个图书馆无法比拟的优越性，因此智慧图书馆应有效地利用这一优势。图书馆应该在“智慧城市”的大环境下给用户尽可能多的知识获取方式，切实指导人们在获取、利用知识时具备更高的效率，从而应对智慧时代日新月异的社会变迁。同时智慧图书馆还为用户创造了一个学习、交流与创新的空间，发展了他们的创新能力。智慧图书馆是智慧城市中另一个重要的教育场所，它可以全天候、无门槛与学校教育进行对接与互补。智慧图书馆在建设中除了加强自身功能之外，还应促进图书馆和博物馆为主的文化系统与教育系统共同发挥作用，有效借鉴智慧图书馆的实践经验，共同形成智慧发散性、交流创新性、共享包容性的“智慧共同体”，促使用户群体逐步向“智慧公民”迈进。

第二节　智慧图书馆建设的技术支撑

印度图书馆学之父阮冈纳赞曾说过，“图书馆是生长着的有机体”。图书馆在发展过程中，无时无刻不受到科技的驱动与影响，而科技的革新又会受到图书馆的要求与发展的影响。图书馆发展的历史可以说就是技术不断发展和运用的历史。

一、感知识别层技术

（一）传感器技术

用于建设智慧图书馆的传感器技术，其主要用于自然环境或者图书馆工作领域中，通过接收信号或者刺激来转换并输出待检测的物理量和化学量。在物联网环境中，对于“物”与机器之间的感知，多使用传感器来完成。当前主要存在以下几种传感器：能够充当视觉的光敏传感器、能够充当听觉的声敏传感器、能够充当嗅觉的气敏传感器、能够充当味觉的化学传感器及能够充当触觉的压敏和温敏传感器等。它们像感官系统一样，利用这些传感器就能从外部获得信息。传感器技术已经被广泛地运用到各行各业中，如环境保护、远洋探测、医学监护等领域。

（二）RFID 技术

射频识别（Radio Frequency Identification，RFID）技术能够利用射频信号在空间上相互耦合和传输的特点来实现对物体的自动识别。现在该技术多以芯片方式出现。比如通过将 RFID 芯片植入到馆内的书籍、器材中，就能够减少人工干预，并对图书馆内部工作进行实时监督。该技术还可以基于实时反馈的数据信息进行高效节省的自动化管理。例如自助借还服务、图书定位和自动盘点等。也可将读者信息嵌入到芯片内，将这些个人信息作为读者享受馆内服务和唯一的身份认证标识，例如借阅情况、学习记录等均可通过该标志得到证实，从而给读者带来智能服务。同时图书馆也可依据每一位读者标识信息开发个性化信息资源服务。

RFID 技术为图书馆智慧化提供了关键技术依据，被广泛应用于智慧图书馆建设中，例如照明采光、防火通风及安全认证等。但植入读者信息标签涉及读者隐私保护，所以它将成为 RFID 应用的最大阻碍，还需后续的技术持续改进。政府也要制定和颁布相关法律、政策以维护读者权益，杜绝读者隐私泄露等问题。

在传感器技术、RFID 技术之外，GPS 技术、红外技术、激光技术和扫描技术也属于物联网信息采集技术，这些技术均可以支持自动识别和物物通信功能。

（三）iBeacon 技术

iBeacon 是苹果公司开发的一套开放协议，iBeacon 基站发射信号，建立信号区域，在使用该移动设备的用户访问此区域后，可以通过具有 iBeacon 特性的装置和应用与对方通信。读者搭载有蓝牙功能的移动设备可以实现信号采集与数据汇总、计算出当前坐标位置，根据指纹信息库定位读者位置，再发出请求到服务器获得位置服务等。所以，iBeacon 技术工作流程，可以大致划分为三个阶段：连接阶段、数据采集阶段以及定位阶段。它在智慧图书馆中具体运用实现了以下功能：室内定位、室内导航。在这一技术基础上，图书馆能够向读者提供个性化位置服务功能，即定位读者，根据读者目前所处的位置，提供信息推送、图书智能检索和寻求工作人员帮助的服务，准确范围可以达到 0.5 米，定位导航能力较 GPS 更加准确。图书馆员工可以利用 Unity3D 引擎软件建立图书馆虚拟场景并实时采集读者信息、馆区信息并进行全境动态智能监管。

当前绝大多数 iPhone、Android 手机，既可用作 iBeacon 接收器，也可用作发射器，大大方便了智慧图书馆中用户的沟通，尽管图书馆内大量运用 iBeacon 的构想在短期内尚无法充分实现，但是作者认为 iBeacon 时代即将到来。

（四）智能卡技术

智能卡一般为内置微芯片。当智能卡嵌入 RFID 芯片后，无需与读写器进行物理接触就可以对持卡人的信息进行识别。智能卡内部集成电路主要由中央处理器、可编程只读存储器、随机存储器和固化在只读存储器内部的卡内操作系统组成。以此，智能卡可以处理海量数据信息而不影响主机运行，并且对错误数据进行滤除从而使主机负担降低。智能卡通常应用于端口数目多且对通信速度要求高的场合。

当前，在智慧图书馆中所应用到的智能一卡通采用的技术大部分是智能卡技术。图书馆借助计算机技术、通信技术来实现图书馆内部各种智能设施间的互联，从而形成一个井然有序的系统。用户只要拥有一张智能一卡通，就能实现最为简便的考勤功能、繁杂的资金结算功能，并且可以按照现实需要对各个局部系统及终端进行实时监管，实现信息的自动收集、归纳整理，实现图书馆系统的查询、总结、管理与决策服务。智能卡在互联网环境中，既能够实现功能上的独立管理，又能够确保管理上的一致性和整体性。比如在城市公共图书馆之间，利用智能一卡通对书籍进行通借通还，真正为读者带来了方便。

二、数据汇集层技术

（一）数据汇集技术

智慧图书馆感知层微型传感器能够以自组织方式构成无线传感网络。利用无线传感网络，该传感器能够对馆内监测对象进行实时监测感知并获取相关数据，继而将相应的智慧服务提供给用户。但由于无线传感器网络的局限性，例如能量和计算资源的有限性，必须采用数据汇聚技术来消除数据冗余，从而降低能量消耗并实现有用信息流的增加和网络寿命的延长。

在数据汇聚技术中，主流技术就是以数据为基础的路由协议。基于被监控的原始数据的特点、表现形式以及将来应用的差异，对不同协议层上的数据含义进行理解和聚合，这样通常会导致很多信息的损失。例如信息协商传感协议，主要通过传感器节点间的协商来实现，以保证数据的高效与高质量的传输。各节点间通过发送元数据来进行沟通、协商，避免了对资源的盲目利用，而传输元数据与传输采集到的数据相比，又大大减少了能量消耗。

（二）Ad－hoc 技术

Ad－hoc 技术采用点对点的连接方式，即 P2P 连接，与直线双绞线相似。Ad-hoc这种无线移动网络协议十分特殊，其网络中每个结点的地位是相同的，没有中心控制结点，继而形成对等式的网络，每一个结点都可以报文转发，并具备一般移动终端所具备的特性。同时，由于所有结点都能自由地加入或者脱离网络，因此当某个结点出现问题时，全网依然能正常工作，抗毁能力较强。Ad-hoc网络没有对任何预设设施的依赖性，它以分层协议为基础，采用分布式算法，每个结点都对自己的行为进行协调，当结点启动时，一个独立的网络将自动形成。此外，当它没有在相同覆盖范围结点通信时，仅需一般中间结点进行多跳转发，而无需专用的路由设备。

在传感器网络、个人局域网领域中，Ad-hoc技术得到广泛应用。在智慧图书馆传感器网络中，大多采用无线通信技术。但是由于体积、节能等条件所限，传感器发射功率普遍比较低，不能实现与控制中心的通讯，但以散布在各个角落的传感器作为节点，就可构成Ad-hoc网络进而进行多跳通信。Ad-hoc技术在个人局域网上的运用，可使用户平板电脑、手机等互相通讯，也能像蓝牙技术的超网一样使个人局域网实现多跳通信。

（三）传感器中间件技术

中间件是指处于底层通信协议、各种分布式应用程序中间的软件层。它的主要功能为：将一种互操作机制在软件模块间建立起来，屏蔽了下层复杂、异构的分布式环境，并提供了上层应用软件的操作开发环境。传感器中间件根据感知识别层的应用特点，提供一种开发平台，主要用于物理网络与上层应用的隔离。图书馆中的设备由于制造商的不同而在通信协议及数据格式上存在差异，此时可通过传感器中间件技术来提供数据处理、网络监视及服务传送等方面的统一接口。在图书馆感知识别层结构复杂且需要进行大规模应用开发的情况下，中间件技术可以提供通用视图及开发接口，有利于开发流程的简化，促进工作效率的提高。

建设智慧图书馆时，要以物联网为基础进行大规模网络构建，兼顾发展需求与传感器特性是各类型图书馆应用开发时应当关注的重点。图书馆内部传感器中间件技术在物联网网关支持下，能够对不同感知设备进行功能调整和分布式应用的配置。此外，由于节点具有可编程性和对任务的重新调度，使得节点侧与网关侧之间相互联系，传感器中间件可以用服务方式来满足该需求。所以，传感器中间件技术对于智慧图书馆的建设，具有承前启后的重要作用。

三、网络传输层技术

（一）移动通信技术

现如今科技发展得越来越快，越来越多的人开始使用便携的设备，这种设备往往属于个人，并且具有通信的功能。这样一来，图书馆用户就要求各项技术更加符合人们的需要，包括蓝牙技术、WiFi 技术等。人们希望通过这些技术不同的特点来使其发挥应有的效用，从而帮助人们在具体的场合满足人们的需求。也就是说，如果图书馆要想更加智慧化就必须要深深根植于无线网络技术中。

WiFi 技术具有很多优点，并且其优势是得天独厚的，这项技术已经得到了广泛的应用。在图书馆中，这项技术同样也得到了应用。几乎大多数图书馆都已经实现了 WiFi 全覆盖，人们只需要通过各种移动设备对其进行连接即可，这样人们就可以通过自己的手机、个人电脑等获得相应的信息。UWB 技术是一项与传统无线技术有所区别的技术，其最主要的特点就是抗干扰，并且在传输文件等各项信息的时候较为快速，其系统容量相对来说也是非常大的，能够满足人们获取信息的要求。ZigBee 技术同样也是一项无线技术，其主要功能也是传输，并且具有较低的成本，传输的过程比较安全，功耗也并不高。电子设备进行数据传输，往往要求功耗低，反应时间短，在实际的应用中，ZigBee 技术往往是应用比较多的一项技术。在智慧图书馆中，ZigBee 技术也得到了较多的应用。

现如今我们可以说大部分的图书馆都已经将 WiFi 全覆盖这一理想实现了，图书馆用户只需要登录就可以对图书馆中的一些功能进行使用，人们往往只需要在自己的设备上登录自己的账号，进入图书馆的主页，选取自己想要的服务功能，就可以实现对图书馆服务的使用。为了适应社会的发展，各大高校也纷纷对图书馆服务进行了改良。微阅读不仅在社会上得到了推广，在高校中同样也获得了关注，各种类似于“手机图书馆”的服务应运而生，这些服务对于满足用户的需要起到了非常重要的作用。读者非常喜爱的图书馆服务包括网络广播方面的服务、App 服务等，这使得人们可以更加方便地对图书馆的资源加以利用。例如，“掌上国图”这一项服务得到了很多人的喜爱，通过掌上国图，人们可以随时随地了解各种消息，知道各种新闻，对图书馆中的资源进行有效利用。而随着社会的不断发展，随着科学技术的不断进步，图书馆在未来的建设当中会更加智能，更加完善，更加符合人们的需求。

（二）异构网融合技术

“异构网融合”就是通过技术来对发展中的互联网、数字电视等进行改造，从而使得不同网络之间互相连接，使得网络系统功能更加统一，业务范围更加一致，实现异网之间的资源共享。在智慧图书馆中，泛在网发挥了非常重要的作用，无论是物联，还是协同，都使得图书馆的服务更加完善。泛在网实现了物联，主要体现在人、场馆、书、设备等各方的连接，通过数据使得各参与方都能得到服务，使得数据交换得到满足。异构网融合使得图书馆的服务更加智慧，人们可以随时随地查询资料，信息资源的利用达到了相当高的水平。

异构网融合这一技术在不断的发展中逐渐得到了更广泛的使用。在杭州市图书馆中，异构网融合已经得到了相当成功的应用，其名称叫做“文澜在线”。通过“文澜在线”，用户可以摆脱空间的束缚，可以运用任何终端对资源进行查询，数字资源可以在多种设备上进行呈现，资源的利用率大大提升。除此之外，不同的业务部门可以相互合作，使得资源实现共享。

（三）虚拟专用网络技术

虚拟专用网络技术（Virtual Private Network，VPN）顾名思义，这是一项虚拟的专门的网络技术，其利用的隧道技术，主要通过 ISP 和 NSP，也就是 Internet Service Provider（互联网服务提供商）和 Network Services Provider（网络服务提供商），在遵循相应的隧道协议的基础上建立网络，这种网络通常建立在公网中，但这种网络是私有的，是专用的。换句话说，很多机构处于不同的位置，在被因特网连接起来之后，机构之间建立了一条专用的线路，并且这个线路是保密的，从而实现机构之间的通信。而对于我们的智慧图书馆来说，就是通过 VPN 技术来建立了一条专门的虚拟线路，从而使得资源可以得到共享，安全可以得到保障。

和公用网络有所不同，虚拟专用网络是实施加密通讯的。在这样一个信息技术高速发展的时代，知识情报成为人们非常关注的关键要素。在很多企业中，他们都会使用 VPN 技术来对数据进行相应的处理。VPN 技术不仅成本低，而且使用起来也相当容易。

（四）数据管理与存储技术

智慧图书馆中存在海量的数据，这些数据往往增长非常快，并且是完全开放的，其良好的开放性就直接对数据的状态造成了影响。为了满足人们的需求，数据必须要在每时每刻展现出就绪的状态，也正是因为这种开放性，使得图书馆需要一种安全的机制来进行管理，从而更安全、更快捷地为用户提供服务。而数据库关联就是一项非常重要的手段，来自不同领域的数据可以在数据库中得到有效管理、存储。

语义网是一种管理数据的方式，通过语义网可以使得数据资源得到更加智慧化的处理。语义网可以对词语进行处理，从而对词语的语义以及不同词语之间的关系进行检查。不仅如此，语义网还能对用户的喜好进行了解，使得交流更有价值，更符合用户的需求。而且面对真实性不高的信息，语义网也能进行自动过滤，从而使得信息的交流更加可靠，从而赢得用户的信任。

语义网还包括元数据检索技术，这一项技术是对资源的分块管理，从而形成一定的数据块，然后进行分散存储，在利用这些数据的时候，可以直接从节点中将其提取出来，然后进行整合，对其进行加工，使之可以在元数据库中得以保存。

四、应用服务层技术

（一）云计算技术

云计算是一项新兴的技术，它是一种超级计算模式，在数据中心、服务器、电脑等连接后形成电脑云，可以对资源进行动态的分配。云计算是更加安全的方式，可以实现 IT 的低成本的服务。无论是国外还是国内，很多公司都成立了云计算中心，从而更好地为企业提供服务。

云计算是虚拟的，同时它也可以更安全地对信息进行整合。我们几乎每天都面临着海量的数据，面对这些数据，怎样进行安全的处理和整合成为了一个非常重大的问题，而云计算的出现则较好地解决了这一问题。智慧图书馆中，我们同样面对着海量的信息，而云计算则可以对这些信息进行非常好的处理。通过云计算，用户可以非常方便地使用各种资源。云计算还可以对各种资源进行整合，这就使得数据资源不会形成一个孤岛，用户在经过整合的资源池中检索信息，可以得到各种有用资源，从而使得信息之间不会形成壁垒。对于智慧图书馆来说，其储存了大量的数据，而云计算则使得这些数据得到更好地整合、处理和储存，使得服务更加智能。

智慧图书馆中有很多云计算的相关服务。有些图书馆会构建一个平台，这个平台是和云计算服务相关联的。还有一些图书馆会对云计算服务进行租用，租用的方式不仅可以节省成本的投入，还能使得图书馆更加高效地运行。

（二）数据挖掘技术

数据挖掘就是从海量的数据中找出更加有价值的数据。这里的海量数据是随机的、不确定的、模糊的，而数据挖掘就是从这些数据中寻找出潜在的有价值的数据。由此就可以看出，数据挖掘并不是一个简单的过程。我们将这个过程分为了三个阶段：数据准备、数据挖掘和结果分析。我们进行数据挖掘可以采用多种方式，一种方式的数据挖掘也可能有很多算法。数据挖掘的使用是非常灵活的，面对不同的情况要采取不同的方法。在这个知识爆炸的时代，对于任何机构、任何组织来说，数据挖掘都是非常重要的工具。

图书馆中本身就储存了大量的信息，在智慧图书馆中，不仅各种信息资源包含在其中，还包含了很多的用户信息，我们将包括用户身份信息、图书的借阅记录、浏览记录等信息称为结构化的信息，而其他的包括用户使用了什么样的检索方式，采用了什么样的存储行为等信息属于半结构信息或非结构的信息。无论是哪种方式的信息都是静态的，都属于一种资源，那么必须通过数据挖掘对这些信息的价值进行发现，从而更好地对信息资源加以利用。通过数据挖掘还可为用户提供相关群体的信息，使得资源在群体之间实现共享。图书馆可以利用数据挖掘技术对用户群进行相应的研究，从而使得变化的趋势得到及时的发现，这对于图书馆做出决策也是相当有利的。

（三）主动推送技术

信息推送是一项针对性很强的服务，其中心是用户，在遵循协议或者标准的基础上，通过个性化的设置，为用户提供相应的服务，使得个性化的信息得到推送。

Web信息传送的基础是传统邮递服务，然后对其加入“订阅”选项，用户可以通过订阅来获取相应的信息。信息推送的构成主要包括三个方面：第一，对用户的需求进行管理的数据库，根据用户的不同信息需求，建立一个信息需求表，通过服务器对其进行分析，从而将一个完善的数据库建立起来；第二，信息的数据库，这一数据库中都是从Web上收集的和用户需求密切相关的信息，并且在这个数据库中对这些信息进行分类处理；第三，服务器进行相应的信息推送。信息推送不仅可以将相应的个性化的信息推送给用户，更符合用户的需求，还能对信息过载这一问题进行有效的缓解。

智慧图书馆和传统图书馆之间存在着相当大的区别，一个是主动服务，一个是被动服务。而智慧图书馆之所以能够进行主动服务，主要归功于信息推送技术。

（四）机器人技术

机器人属于人工智能，机器人技术能够进行自主的控制和任务的执行。

随着各行各业的不断发展，人们对于机器人的需求也越来越大，很多机器人已经具备了多种功能，可以为各行各业提供相应的帮助，促使其工作效率提升。在图书馆的管理中，同样可以将机器人技术加入其中，从而对图书馆实施更好地管理，使得图书馆更加智慧化。机器人可以在迎宾、保安、保洁等方面提供相应的帮助，促进效率的提升。但是在将机器人技术引入图书馆时，也要注意可能带来的经济上的问题，提前制订预案，以便更好地应对一些突发情况。

第三节　图书馆智慧化系统平台建设

南京大学沈奎林在介绍南京大学智慧图书馆建设动态时提出了智慧图书馆系统架构（表4-1）。智慧化系统平台包括下一代图书馆管理系统、学科服务系统、电子书服务系统、物联网蓝牙服务系统、个性化推荐系统。本节将对下一代图书馆管理系统、学科服务系统作简要介绍。

表 4-1 智慧图书馆系统架构

应用层	H5、APP，WEB、智能机器人
平台层	下一代图书馆管理系统、学科服务系统、电子书服务系统、物联网蓝牙服务系统、个性化推荐系统
数据层	大数据中心，云计算、云存储
网络层	WSM、Internet
感知层	RFID、iBeacon/Sensor/IPCAM/GPS/Zigbee

一、下一代图书馆管理系统

下一代图书馆管理系统是为了解决图书馆数据共享和全媒体资源管理等问题而提出的，并不是指单一的智慧管理平台。国外比较知名的下一代图书馆管理系统有 Alma、FOLIO、WM、Sierra 等。国内使用下一代图书馆管理系统的情况如下：北京师范大学图书馆使用的是 Alma，华中科技大学图书馆使用的是 Sierra。国内也有些图书馆独立开发或与外部机构联合开发下一代图书馆管理系统，如深圳大学图书馆的 CLSP 系统、南京大学与外部机构联合开发的 NLSP 系统。南京大学图书馆的 NLSP 系统对原有系统进行了重新设计，对图书馆的全媒体资源进行重构和统一管理，并对相应的工作流程进行改革。在资源管理上，NLSP 系统用全球知识库代替分布分散的本地资源库，用云服务部署系统，通过 API 整合多种服务，以帮助读者快速找到所需的资源。

（一）图书馆系统架构对比分析

智慧图书馆的 NLSP 系统与传统图书馆系统相比具有很大的优势。第一，NLSP 系统采取的是微服务架构，而不是传统的 C/S 架构，也不是 B/S 单体架构，其能够同时服务不同角色的用户。第二，NLSP 系统提供基于 Sleuth 日志分析服务，通过日志有助于读者分析数据，而传统图书馆系统是没有日志分析功能的。第三，NLSP 系统采取多级缓存技术，避免了传统图书馆系统的并发瓶颈，让读者能够流畅地使用系统。第四，NLSP 系统不需要用户进行系统维护，而传统图书馆系统维护要求用户具备一定的技术能力。NLSP 系统在这方面更简单便捷，无须用户进行操作升级，系统会自行更新，而传统图书馆系统更新需要重新安装系统，从而影响读者使用系统。第五，NLSP 系统相对稳定，安全级别达到了金融安全标准，而传统图书馆系统既不稳定，也不安全，存在较大的运行隐患。第六，NLSP 系统采取云部署的订阅模式，无须安装、更新和升级，即可进行使用。第七，NLSP 系统与传统图书馆系统相比更为智能，拥有人脸识别、智能采选、自动收割等功能。

（二）服务对象扩大化

在传统图书馆服务中，读者是图书馆服务的唯一对象，但在 NLSP 下一代图书馆管理系统中，其服务对象则不限于读者，还包括其他图书馆、资源商、第三方服务平台等。面向读者，NLSP 系统可利用大数据、云计算、物联网、人工智能等多种技术提供区域借阅、文献传递及各种教育休闲服务等；面向图书馆，NLSP 系统可为其提供多租户的订阅型服务；面向资源商，NLSP 系统可为书商、电子资源供应商及出版社等提供集采、数据分析服务等；面向第三方服务平台，NLSP 系统可为其提供开放的开发者平台，进行沙箱测试，并提供可订阅的应用商城服务等。

二、学科服务系统

学科服务系统是智慧图书馆专门为高校重点学科推出的有针对性的一整套服务内容，不同学校的学科服务系统内容有所不同。如武汉大学图书馆采用美国 Lib Guides 内容管理与知识共享平台，已为 31 个学科提供专门的服务。武汉大学图书馆信息管理学科服务平台整合了信息管理相关学科资源与图书馆服务，支持学科用户与学科馆员之间的互动交流。该服务平台的主要服务模块包括首页、文献资源、学术机构、资源荐购、学习社区、期刊导航和学术资源可视化等。

首页模块包括信息管理领域知名人士的博客、E 线图情的最新资讯、学院信息、相关链接等。

文献资源模块支持对馆藏书目进行检索，同时提供相应的电子图书数据库、全文期刊数据库和分析评价数据库等。

学术机构模块包含国内外信息管理领域知名的研究机构、研究基地、高校院系、研究会或协会等，能帮助信息管理专业学生及科研工作者以最快速度获取国内外该领域有关机构的门户信息。

资源荐购模块有中文图书荐购系统和海外图书采选系统 PSOP，能向读者展示国内外信息管理领域最新的图书信息，读者在了解这些图书信息之后可向图书馆申请采购。

学习社区模块为读者提供了最新的培训讲座信息，以及网络课程和信息资源管理的核心书目信息，同时还为读者提供信息管理专业的学习软件，以帮助读者提升信息管理专业知识水平。

期刊导航模块为读者提供了信息管理领域相关的核心期刊目录，读者能通过链接访问全文文献。

学术资源可视化模块为读者动态展现“信息管理学院特色课程导航”“学科领域研究现况可视化展现”“信管及相关中外文期刊发文可视化分析”“机构研究现况可视化展现”“国家级教育部级资助项目成果可视化展现”五方面的内容。

南京大学图书馆的学科服务系统与武汉大学图书馆有所不同。以南京大学 A 类学科图书情报与档案管理专业为例，南京大学图书馆专门提供了图书馆、情报与档案管理服务平台，其服务内容涵盖信息检索、学科头条、学科资源推荐、学科服务等。

在信息检索模块中，读者可在同一搜索框中一键搜索到馆藏所有资源，如期刊、图书、博硕论文、会议、报纸和外文文献等，从而能够方便、快捷地获取服务。学科头条模块包含与图书馆、情报与档案管理相关的最新资讯，还有相关的征文和学术活动等。学科资源推荐模块包含该学科相关的中外文高水平期刊和图书、重要数据库和在线课程中心等。该模块的资源都是图书馆、情报与档案管理领域最为尖端的资源，对提升专业素养和开展科研具有非常重要的作用。学科服务模块包含学科相关机构、学科专家、论文写作、学科关键词动态展示、学科资源统计、学科中外文发文趋势图等。

作者认为武汉大学图书馆和南京大学图书馆的学科服务系统都是较为全面的，涵盖了读者及科研人员对该学科可能关心的几乎所有内容，对高校的学科发展必然会起到重要的推动作用。

第四节　智慧图书馆的建筑建设

一、智慧图书馆建筑的特征

从不同的角度和领域来对智慧图书馆进行阐述的话，会有不同的侧重点。在图书馆学者看来，他们更愿意对智慧图书馆中的电子化流程等进行相应的阐述，而对于建筑、馆舍等则较少有文章涉及。在建筑学者看来，他们更愿意对图书馆相应的空间进行阐述，大量的文章描述的都是建筑艺术的相关方面。

在20世纪末，一些人对图书馆未来是否还会有建筑存在感到悲观，但是在作者看来，图书馆馆舍建筑不仅会继续存在，还会发展，只是在空间等的分配上可能会发生一些变化，但是这种变化肯定是积极的。

对于智慧图书馆建筑，我们对其特征进行了总结，其主要包括以下几点。

（一）兼有纸质版图书和电子版图书

智慧图书馆中不仅包含纸质图书，还有很多电子图书，这就会导致图书馆中实体书的比例有所下降，同时机房的面积会大大增加。纸质图书的借阅越来越少，通过这一情况我们可以看出其在藏阅合一这方面的需求会大大降低，这就需要图书馆对新的藏阅的方法和方式进行摸索，可以按照借阅率对图书馆的纸质图书进行更细致的划分。

智慧图书馆中存在一个独立的空间，其专门是用来对纸质图书进行存储的，成为一个和其他空间有着联系的书库，而这种联系可以由自动化机械通道建立起来，而且在这一空间中，消防、机电等各方面都和其他空间有所区别。

智慧图书馆对于空间的运用更加灵活，并且在荷载、层高等方面都更加经济、实用，合理地划分空间和区域，使得各个空间具备自己的功能。

（二）图书馆员同时负责远程服务与现场工作

智慧图书馆可以对相应的信息进行传递，是一个非常重要的连接点。从当下的情况来看，信息传递的功能还需要加强。图书馆中的馆员会参与信息传递的过程中，他们需要对现场的工作进行合理的安排。不仅如此，他们还需要对一些纸质的图书进行电子化管理，主要是通过录入的方式，使得图书得到更规范的管理，使得图书馆的空间得到更加合理的利用。这就要求图书馆中的机电系统要能够负荷电子设备的频繁使用。还有一些图书馆员进行远程服务，这就使得图书馆可以在办公空间上有所节约，但是，机房的面积会相应地扩大。虽然图书馆员实际的办公空间得到了缩小，但是网络辅助办公室却要增加面积，从而更好地做好网络工作。

（三）读者可从网络或图书馆现场获得服务

智慧图书馆使得图书馆的服务方式发生了重大的变革，促进了馆舍建筑的无墙化发展，尤其是在疫情时代，图书馆提供服务的方式变得更快，远程提供服务是非常重要的手段。现如今很多行业都通过线上的方式来进行相应的操作，这就说明很多障碍已经不存在了。智慧图书馆要采取主动服务的方式，这就要求图书馆进行更多地展示，增加相应的展示空间。

（四）交往的需求成为图书馆的新功能

在一些传统的图书馆中就已经出现了以读者为中心的交往，因为这种交往是对相应的信息进行传递，使得图书馆成为一个重要的节点。现在的智慧图书馆也同样具备交往功能，并且这种功能是融入建筑实体中的。

智慧图书馆可以提供单向的交往，像演播厅、新书区等都是单向的交往；智慧图书馆也可以提供双向的交往，像研讨室、会议室等都是双向的交往；智慧图书馆也可以提供物质的交往，像咖啡厅等。这些交往又对建筑的空间提出了要求，无墙化在这种交往中是不被许可的。

（五）绿色环保成为图书馆的新要求

“绿色”同样应当成为智慧图书馆的底色。在设计智慧图书馆建筑时，要坚持绿色节能理念，一方面能够更好地保护环境，另一方面也能够在图书馆投入使用后，节约更多资源，减少能源损耗。

二、智慧图书馆建筑的具体建设

建筑节能就是对建筑进行规划和改造，从而使得建筑可以更好地在冬季保温，在夏季隔热，在取暖和空调的利用率上更加有效率，使得建筑更加节能。

（一）图书馆地址的选择

图书馆选择什么地址来修建，对于建筑的节能是非常有影响的，对于使用者也会产生一定的影响。建筑的周边环境如何，直接影响到室内和室外，影响能耗。

对于图书馆来说，一定要选择一个合适的地址，只有地址选择好了，在后期开展各方面工作的时候才会更加便捷、合理，使得图书馆的各项功能得到更好地发挥。

图书馆选址通常都要选择一个比较适中的位置，并且对读者来说要非常方便。通常情况下，如果图书馆要选择建于一个通风较为良好的地势较高的地点。图书馆周围如果有植物的话，那么有利于对噪声的吸收，同时还能对温度和湿度进行相应的调节。

在建设公共图书馆时，我们考虑让其和周围的其他景观相融合，从而使得其外形看起来美观的同时，还能对周围的其他景观起到锦上添花的作用。比如广东省的省立中山图书馆，就对现有的条件进行了充分的利用，使得图书馆与周围的景观实现了完美的融合，而且图书馆更加绿色环保，满足了可持续发展的需求，使得资源等都得到了节约，再加上图书馆周围有很多历史悠久的文物，使得图书馆更加具有人文色彩，充分展现了岭南的风貌。

周边环境如何是图书馆选址需要重点考虑的因素，如果图书馆周边非常嘈杂，或者是污染严重，那么这个选址就是相当失败的，这会对图书馆后续的使用造成严重的影响。而如果选择一个绿色、清新的地方，图书馆就会让读者感觉到温馨，放松人们的心情，同时还能达到节能的效果。

图书馆在进行选址的时候，一定要从读者的角度进行考虑，如果图书馆非常温馨的话，那么读者就会产生一种归属感。人们更加希望图书馆选择建立在交通方便的地区，污染尽量要小，这样可以使得图书馆更好地进行相应的服务，读者也能得到更好地满足。唐山在经历了大地震之后建立了新的图书馆，而这一图书馆的位置就是在市区的中心，其周围不仅有居民生活的小区，还有公园等，并且图书馆内有一条长廊，用来科普相关的科技文化知识，使得图书馆的文化氛围更加浓厚。

图书馆在进行选址的时候，必须坚持因地制宜的原则，必须考虑到当地的文化，还要考虑到周围的环境，不能照搬照抄，要对图书馆所在城市的实际情况进行考量。在公共图书馆选址的过程中，我们发现了一个非常重要的问题，就是图书馆与城市规划之间往往容易出现矛盾。虽然目前我国城市规划多是中长期规划，其时间的长度可以达到10～20年，但是图书馆的建设和这个规划并不是同步的，这就会导致在经过新一轮的城市规划之后，图书馆反而变成了一个交通不便或者其他方面不便利的地点，很多功能都无法得到充分的发挥。正是由于这种情况，国际图联就规定了公共图书馆选址原则：对于小城市来说，图书馆应该建立在有较大的人流量的街上；如果是中等城市，图书馆就应该建立在市中心区域。这主要是对客流量进行的考虑，因为只有图书馆吸引了更多的读者，才能使得其各项功能得到充分的发挥。

和公共图书馆有明显的不同，那就是高校中的图书馆，它们的选址范围相对要小了很多，其只能在空间有限的校园内挑选合适的位置。图书馆的选址首先要考虑的就是读者，只有对于读者来说图书馆方便进出，才能使得其相应的功能得到充分的发挥。高校图书馆不仅要和教学楼、科研楼等接近，还要和师生的宿舍和生活区接近，只有这样才能更加方便师生在图书馆内进行活动。

图书馆周围要安静，还要干净，因为大学里会进行一些化学实验，这样就会带来一些气味，这就要求图书馆要尽量避免这个气味，以免对读者造成影响。持此之外，图书馆周围还要留下相应的绿化的场所。关于绿化，图书馆周围可以栽种一些树木，还可以设置一些花坛，用假山、假石等进行一些景观的布置，从而让周围的环境变得更好。

高校每年都要补充大量的书籍进入图书馆，随着招生规模的扩大，图书馆也有了越来越多的业务，再加上越来越多的现代化设备，图书馆要对这些不断扩大的方面进行妥善的处理，否则就容易留下隐患。我们就拿上海师范大学的图书馆为例，该校的图书馆修建于1953年，其经历了两次扩建，但是空间仍旧不够使用，由于没有空间再供图书馆进行扩建，其只能另选地址进行重建，这样一来，直接造成了文献资料的分散，读者需要两头跑才能查到自己所需要的资料。这不仅是对读者时间的浪费，还是对图书馆资源的浪费。

（二）图书馆的建筑结构

在对图书馆进行设计的时候，必须考虑其建筑的形体，只有这样才能对馆外的微环境进行利用，从而对馆内的环境进行改善，使得空间结构设计更加合理。

我国位于北半球，夏季通常刮的是偏南风，所以图书馆要对这一因素进行考虑，南北开窗，自然通风，尽量减少空调的使用，这样不仅可以节约能源，对于人体来说也是有好处的。

现代建筑的窗户大多数采用的是中间转轴开启式，这就使得自然通风受到很大的影响，只能依靠空调进行换风。为了尽量避免这一情况，图书馆的窗户可以采用两用开启式，使得窗户可以实现内平开和内倒开，让通风更加流畅，减少空调机械换风的使用。不仅如此，如果图书馆采用的是“大进深”模式，还可以在建筑设计的过程中加入天井和中庭，使得自然通风得以实现。

图书馆在公共建筑的类别中属于甲类，所以必须遵守《公共建筑节能设计标准》进行设计。

围护结构可以分为两种：一种是透明的，这种围护结构往往有天窗、窗户、阳台门等部分；还有一种是不透明的，这种围护结构往往有楼板、墙等部分。

由于围护结构在建筑物中的位置不同，我们可以将其分为内围护结构和外围护结构。

外围护结构主要是包括屋顶、外门、外墙等部分，其主要是用来遮风挡雨、减少太阳辐射，其性能主要包括隔热、防水、防潮、保温等。

内围护结构主要是包括内门窗、隔墙等部分，其主要性能包括隔视线、隔声音等方面。

我们以湖北省图书馆的新馆作为例子。新馆是一个高层建筑，其总建筑结构是相当复杂的。新馆结构采用了混合框架，钢筋混凝土是其主要结构，采用的是楼盖的形式，在大空间的地方采用了混合框架结构。框架梁是宽扁截面的形式，中庭呈现出斜平的状态，采用了南高北低的椭圆状钢结构屋盖。采用了较多的结构转换，在节点类型方面也比较多，楼板开洞比较大，结构上的跨度也比较大。

新馆的地下设置了书库、设备用房、车库；新馆的地上部分设置了办公场所、藏书用房、展览厅、阅览室等，并且设有一个报告厅。这个报告厅空间相当大，可以容纳600人；建筑的西南角是一个大悬臂结构，在一层和二层做了抽柱设计；中部是三个中庭，从一层直接通向顶层；南面是主入门，其开口达到了56.7米长，高28米；建筑的东西立面，由北向南、由下到上呈阶梯状。

新馆的不同区域有着不同的功能，正是因为这一特点，楼盖形式采用了多种，包括现浇厚板、钢筋桁架楼层板组合楼盖等。报告厅位于一层，为了使报告厅的空间更大，对结构柱进行了结构转换，而没有使其直接落在基础上。结构转换应用的是抬轿的原理，使得结构转换体系得以形成。

新馆在节能这一方面做得非常好，对雨水进行了回收利用，还对太阳能进行了充分的利用，在绿化中使用了微喷灌，节约了水资源。通过各项技术的使用，新馆的节能效果在综合水平上达到较好的程度。

（三）图书馆的建筑材料

图书馆除了考虑建筑结构，还需要考虑建筑材料的内容。如果采用高新技术，可以使得图书馆更加节能，消耗较少的能源。比如，我们可以用新型保温材料来对管道进行包裹，使得热资源得到最大化的利用。

建筑的围护结构是非常重要的，其会对建筑的能耗造成影响，也会对室内空气质量造成影响，而其中屋顶、门窗、外墙是能量损失最主要的地方，如果可以采用新型的隔热、保温的材料，建筑的性能就会得到大大的提升。

对于墙体来说，如果可以采用复合材料符合当下环保和节能的需求，而传统的墙体最大的缺点就是墙体厚度增加，并且反复使用单一材料，这不仅做不到节能和环保，而且在保温效果方面，也未必更好。复合墙体一般是将承重的结构和保温的、隔热的新型材料相结合，在建筑墙体中常用的保温隔热的材料主要包括以下几种：矿渣棉、岩棉、膨胀珍珠岩、玻璃棉等。这些材料的制作往往都会采用特殊的设备和特殊的技法，传统的技术是无法将这些特殊的材料制作出来的。

门窗的主要作用是通风、采光，同时还起到了围护的作用，所以需要对门窗进行艺术的处理，这在建筑中也是非常重要的部分。在现代建筑中，人们往往非常重视采光，重视表现建筑的个性，这就使得门窗的面积逐渐增大，甚至出现了玻璃幕墙，所以在围护结构方面，往往对外部围护有着更高的要求，也就是说不仅要节能，还要保持足够的采光、通风面积。

为了使得门窗保持节能，就需要对材料和门窗设计进行改善。市场中使用较多的产品是 UPVC 塑料型材，这种材料是无污染的材料，只需要较小的能耗就能将其生产出来。这种材料之所以有着很强的保温、隔热性能，主要是因为其导热系数相对较低，并且具有很好的密封性，在欧洲得到了广泛的使用。

建筑中如果采用了大面积的玻璃，那就非常容易造成能量的损耗。为了解决这一问题，人们生产出了一种智能玻璃。这种玻璃可以对外界的光进行相应的感知，从而做出相应的反应。一种玻璃是由光导致变色的，还有一种是由电导致变色的。由光导致变色的玻璃会对光线进行识别，如果有太阳光照射，那么玻璃就会变暗，使得光线不容易透过玻璃；如果没有光照射，也就是天阴下来，那么玻璃就会让光线穿过。由电导致变色的玻璃是对电压进行调节，从而使得玻璃对射入室内的太阳光进行相应的调整，但是这种玻璃在生产成本上比较高，目前并没有投入实际生活中。

围护结构要想节能，必须要对屋顶进行相应的处理，因为屋顶的保温、隔热对于建筑来说是相当重要的。如果所在地区炎热，那么屋顶就需要设置隔热层，最好还能降温，这样可以使得室内相对凉爽；如果所在地区寒冷，那么屋顶就需要进行保温；如果所在地区夏热冬冷，就需要将屋顶设置得冬夏兼顾，不仅要保温，还要隔热。

综上所述，我们知道很多不同的方法都可以对屋顶进行节能处理，但是智能技术和生态技术往往是最受人们推崇的，这两种技术不仅节能环保，还能满足屋顶的隔热、保温的要求。

第五节　智慧图书馆的资源建设

图书馆的信息资源建设，一般来说主要包括三个方面，即印本资源建设、数字资源建设和开放信息资源建设。

一、印本资源建设

（一）实现图书馆采访工作的智慧化

图书馆是搜集、整理、收藏图书资料以供人阅览、参考的机构，所以，对于一所图书馆来说，馆藏就是维持其生存和发展的重要基础，这体现了图书馆馆藏建设的重要性。而图书馆馆藏建设的重要因素就是文献采访、采购水准的高低，将直接影响图书馆运作的效率。因此，图书馆的文献采访、采购工作不能脱离读者，要积极征询读者的意见。

传统图书馆的文献采购工作所采取的基本是自上而下的方式，在这一过程中，利用的是读者处于资源建设最末端的弱势地位。但是，作为图书馆工作人员，必须认识到，图书馆的服务对象是读者，如果没有读者，那么图书馆也就失去了存在的意义。所以，无论图书馆开发出哪一种服务，都必须以读者为中心，只有这样，才能符合智慧图书馆“以人为本”的建设原则，才能保证图书馆持续、稳定地运转。

在智慧理念这一背景下，图书馆馆藏资源的采购不能局限于少数采购馆员的研究领域和个人观点，而是要尽可能地秉持开放化、个性化和大众化原则。对于现代图书馆建设来说，图书馆馆藏资源采购最理想的状况就是，凡是在本馆享受服务的读者，都可根据自己的兴趣、需求提出对文献采购建议，而图书馆的采购人员，在采购工作中，也要尽可能地考虑广大读者的诉求。总之，图书馆文献资源采购要全面考虑读者的文献需求，具体可以通过读者决策采购、图书馆荐购系统等方式来落实这一理念。

例如，南京大学图书馆主页的“智慧图书馆服务”在 2012 年 5 月正式上线，其中有“荐购绿色通道”，用户可以利用这一平台向图书馆传达自己的需求。资源采集重点从原来的“图书馆内部采购馆员的决策”转移到“读者需求”，这种转变，有效提升了文献资源的利用率，同时也将那些相关性低、利用率低的书籍排除出去。图书馆搭建供读者传达个人需求信息的平台，一方面能够适当减少采购馆员的工作量，给采购工作指出明确的方向，提升工作效率；另一方面，也能利用有限的图书馆经费，最大限度地满足读者的文献需求，促进读者和图书馆的交流互动，保证图书馆稳定、持续发展。

（二）实现图书馆馆藏管理的智慧化

要想实现纸质资源的智慧化管理，RFID 管理系统是非常有效的工具。智慧图书馆要加强对物联网技术的有效应用，利用物联网技术的独特优势，优化图书馆采编、排架、流通等业务流程，提高馆员的工作效率，提升图书馆文献资源的利用率。当前来看，很多图书馆的书籍都配备了独一无二的电子标签。

（三）实现图书馆馆藏存储的智慧化

图书馆馆藏的智慧化存储，是图书馆馆藏建设的发展趋势，而要想实现这一目标，图书馆首先要实行纸本文献的远程合作存储。一直以来，各个图书馆在发展建设的过程中，都存在一个不可忽视的矛盾，那就是图书馆致力于对实体馆藏的维护，但是图书馆的物理空间却十分紧张。而随着科学技术以及图书馆建设理念的发展，远程存储成为调解这一矛盾的重要工具。通过远程合作存储，各图书馆可以共同构建异地的、高密度的、可长期保存纸质文献的存储设备，各分馆拥有本馆所存放文献的所有权，也可以选择资源共享或者转让所有权。无论是哪一个分馆的读者，他们都可以访问本馆远程存储的资源。

在智慧化这一时代背景下，作为图书馆的建设者、发展者，必须明确图书馆所承担的社会责任以及重要使命，并据此来制定图书馆馆藏的发展方向和发展理念。比如，有的图书馆其主要职能是给读者提供近期的学术资源，而有的图书馆其主要职能是保存利用率比较低的文献资源。作为图书馆的管理者及其他工作人员，要明确图书馆的职能和作用，发展自身馆藏，根据本馆特征做好印本建设工作。

二、数字资源建设

近些年来，我国智慧图书馆的发展走上一个新的台阶，其中引进的数字资源几乎涵盖了所有数据库类型，在各种文献类型中，引进最多的当属数字期刊、电子图书。

（一）智慧图书馆数字资源建设存在的问题

（1）有一些图书馆，受各种条件的限制引进的数据库数量相对较少，无法满足智慧化环境下图书馆发展的要求。

（2）有一些图书馆，由于在数据库建设方面尚不成熟，导致数据库重复建设现象比较严重。一方面，图书馆购买的数据库重复。对中国学术期刊全文数据库和中文科技期刊全文数据库进行比较就可以发现，这两个数据库所包含的期刊都有 8 000 多种。其中，中国学术期刊全文数据库收录的主要是社会科学领域的期刊，同时还收录一些科技领域的期刊；而中文科技期刊全文数据库主要收录的是科技方面的期刊，同时还收录一些社会学领域的期刊。由于期刊收录方向有重合，所以，这两个数据库所收录的期刊存在大面积重复，但在期刊收录方面，它们有各自的侧重点。而图书馆在文献采购时，如果同时购买了这两个数据库，就会造成部分数据的重复购买，从而导致资源的浪费。

另一方面，一些图书馆也存在自建数据库重复建设问题。在此，我们以高校图书馆为例进行分析。高校图书馆在数字资源建设过程中，会将学科导航库建设作为重点内容，然而，在学科导航库建设方面，存在多个高校图书馆同时建设同一学科的情况。我国有 54 所高校图书馆参与了 CALIS 重点学科网络资源导航库的建设，完成了 217 个重点学科的导航库建设，这217个重点学科几乎包含了我国高校的主要重点学科。但是，有些高校图书馆将CALIS重点学科导航库里的资源复制，建立自己的学科导航库，这样就导致重复建设，造成了资源的浪费。

（3）数据库建设没有一个统一的标准。智慧图书馆数字资源的建设，要做到两点：第一，是实现信息资源的共建共享，第二，就是实现文献信息检索自动化。但是，要想实现这两个目标，首先就要保证数据库建设的标准化和规范化。数据库建设的标准化主要在两个方面得以体现：第一，数据库管理系统的标准化；第二，数据库数据著录的标准化。在我国，并没有统一的信息资源建设管理机构，各个图书馆或者数据库开发商，各行其是，并不注重数据库建设的标准化和规范化，导致数据库建设十分混乱。在数据库管理系统的标准化方面，具体表现在基于数据库管理系统的标引系统、检索系统和操作系统等多种多样，数据库格式、字段不统一；数据的标引、分编、检索点选取没有统一的标准，这些问题直接导致数据库的兼容性和互操作性较差，导致原始数据处理不准确、不规范，从而严重影响了数据库的共享，使得数据库作用的发挥受到极大限制。

（4）自建的数据库数量较少，并且自建数据库的质量不甚理想。在我国图书馆自建的特色数据库中，普遍存在的问题就是全文型数据库的数量较少，而且数据库建设工作进步缓慢，很多还停留在扫描已有的文献上，对文献进行深层次加工的特色数据库数量极少。很多高校图书馆，对于已经建立起来的数据库，在使用方面加以各种限制，只有本校的师生才能使用本校图书馆的数据库。图书馆特色数据库建立的初衷是实现资源共享，可见图书馆的这种做法违背了数据库建设的初衷，并导致数据库利用率较低，在一定程度上造成了资源的浪费。

（5）数据库容量较小。出于各种原因，我国的很多图书馆都存在数据库容量较小的问题。我国图书馆数据库的规模跟其他国家特别是发达国祥相比较，有着很大的差距。

（6）我国的很多智慧图书馆，在发展建设的过程中，并没有实现数字资源的整合检索。近些年来，一些智慧图书馆大力加强馆藏数字资源的建设，在数字资源整合方面也进行了很多尝试。但是，各个图书馆在技术、资金等方面存在各种各样的短板，受其限制，导致一些图书馆在资源整合方面并没有取得令人满意的成绩。

(二)数字资源建设策略

1. 明确数字资源建设的规划与原则

在进行图书馆资源建设的过程中，一定要以资源建设规划为主要依据。因为资源建设规划，结合图书馆的特征、职能以及未来发展方向，对资源建设的目标、任务、方法和步骤等内容都做出了明确的规定。所以，在开展图书馆数字资源建设工作之前，要首先根据图书馆的实际情况来制定资源建设规划，只有做好规划，才能给数字资源建设工作提供标准和规范，保证该项工作的顺利进行。

智慧图书馆在资源建设过程中，要根据所在地区、学校以及图书馆自身的特征、职能和发展方向，并在充分考虑购书经费、馆员管理水平的基础上，合理制定数字资源的建设规划。智慧图书馆数字资源的建设规划应该包含以下内容，即数字资源建设的目标、方针、模式、建设重点、建设时间安排等。

另外，智慧图书馆在建设数字资源的过程中应该严格遵循以下原则。

(1)需求原则。图书馆建设一方面是为了保存人类的文化成果，另一方面是给为了给读者提供更好的服务，所以，在智慧图书馆的数据库建设中，一定要充分考虑用户的实际需求，特别是高校图书馆，在数据库建设方面，一定要考虑到教学和科研的实际需求，注意保证数据库的使用价值。具体来说，智慧图书馆的数据库建设一方面要立足于读者自身需求，如果不考虑读者需求，那么数据库的建设也就失去了其最本质的意义；另一方面，智慧图书馆的数据库建设要与学科的发展相适应，要突出重点学科和专业特色。

(2)特色原则。随着网络技术的不断进步以及智慧图书馆的发展，不难看出，在未来，智慧图书馆将成为互联网的重要组成部分。在这种形势下，特色将成为数字资源开发和利用的生命，如果没有特色，那么在庞大的互联网上，数字资源也就不再具有竞争力。所以，在智慧图书馆的数字资源建设中，要致力于构建特色数据库，并且在内容选择上，要凸显出鲜明的资源特色，比如地方特色、民族特色、学科特色等，从而使用户对特色文献信息的需求得到有效满足。另外需要强调的一点是，在建立特色数据库的同时，要充分考虑本数据库的特色是否具有权威性，如果没有，就很容易被其他综合型数据库所取代。

（3）标准化与规范化原则。在智慧图书馆的数字资源建设过程中，必须遵循一定的标准和规范，只有这样，才能保证资源建设工作的顺利进行，同时能够实现数字资源的长期存储、相互操作和数据交换，进而达成资源共建共享的目标。所以，在构建技术平台以及网络信息服务系统的过程中，要选择统一、通用标准、可兼容的应用性软硬件。

（4）共建性与共享化原则。在网络信息时代，各种信息资源爆炸性增长，任何一个智慧图书馆，即便其功能十分强大，也无法做到将所有的信息资源都收集齐全，然而，尽可能多地收集信息，也是网络信息时代智慧图书馆的重要发展方向。目前来看，读者的文献信息需求日益增长，大部分智慧图书馆仅仅依靠自身的信息资源和人力资源所展开的信息服务，是很难满足广大读者需求的，这是智慧图书馆发展过程中普遍存在的问题，这一问题在中小型图书馆的表现更为明显。所以，中小型图书馆要积极参与到全国性、地区性的共建共享活动中，比如跟其他图书馆联合购买数据库，跟其他图书馆合作共同建设特色数据库等，另外，还可以开展馆际互借活动等，拓展自身的信息资源。总而言之，参与共建共享，能够提升图书馆数字化建设的效率，并使其发挥更大的效益。

（5）安全性与可靠性原则。智慧图书馆在建设数字资源的过程中，需要对大量的数字资源进行加工、存储、传递和管理，整个工作流程十分复杂烦琐，同时还需要借助网络给众多终端用户提供各种信息服务，这体现了系统安全的重要性。倘若系统安全性存在问题，那么图书馆数字资源建设工作就很难顺利进行，甚至还会造成重大损失。

（6）保护原则。有一些图书馆建立较早，有着悠久的历史，在这些图书馆中，保存着一些十分珍贵的孤本、善本等特藏史料。这些资料往往存在着历史悠久、容易损坏的特点。为了妥善保存这些资源，各个图书馆都采取了只藏不借的保护措施。当然，对于一些特殊的专业研究人员，图书馆也会适当允许其阅览。这种保存和管理措施，确实很好地保护了珍贵的文献资源。但从另一个角度来说，之所以要对这些文献资源进行保护，是为了使其发挥更大的学术研究价值，而图书馆采取的这种只藏不借的措施，则使得这种保护失去了意义，使这类珍贵的史料只能被尘封，无法发挥其学术价值和研究价值。所以，在数字化时代，我们应该采取新的手段来保护那些珍贵的史料，比如，将这些史料进行数字化处理，并建立相应的数据库，让用户可以浏览或检索。这种方法不仅有效地保护了我国珍贵的文化遗产，使其免受损坏，又充分发挥了这些文化遗产的价值。

2. 建设多语言资源数据库

（1）中文数据库。出于对自身利益的考虑，大部分中文数据库都存在大而泛的特点，数据量十分庞大，购买的费用也十分高昂。智慧图书馆在数字资源建设时，不可避免地要引进中文数据库，但是，在此过程中，要对数据库的使用效果、学科建设、经费投入等问题进行考量，从而做到合理引进数据库，提升数据库的应用效果。如果有足够经费条件的支持，各智慧图书馆可以根据自身的专业建设情况，多引进专业性数据库，从而充分满足从事各学科教学的教师在科研方面的需求，以及满足学生对各学科的学习需求。

智慧图书馆在数据库引进方面，要从自身的实际需求和发展方向出发，从各个渠道了解各专业数据库的出版信息，有选择性地引进，只有这样，才能做好图书馆信息资源建设工作。

（2）外文数据库。在国外图书馆数字资源建设的过程中，对多语言资源库的建设予以了高度重视。比如美国的哈佛大学，其数据库建设过程中引进了中文、葡萄牙文等 20 多个语种的数据库。国内在这方面的表现还有差距，我国图书馆数据库语种类型一般只有汉语、英语等少量语种。在全球化背景下，各国之间的交流日益频繁，建设多语种数字资源是十分必要的。为了实现这一目标，国内图书馆的数字资源建设应该注重深化本领域研究的国际交流，积极跟国外的数字资源建设成果进行交流与合作，从而丰富我国数字资源建设，提升图书馆智慧服务的影响力。

3. 加强图书馆自建数据库的建设

我国图书馆从外部引进的数据库占多数，而自己建立的数据库较少，并且自建数据库往往缺乏特色，这些问题在很大程度上限制了智慧图书馆的进一步发展。针对这些问题，应采取以下措施。

（1）加大力度收集具有某种优势的信息资源。智慧图书馆可以根据本地的特色资源，建立本地特色数据库。吉首大学所在地是沈从文先生的故乡，于是，吉首大学充分利用这一优势，建立了“沈从文文献资料中心”，收录了很多沈从文先生相关的资料，一方面体现了图书馆数字资源的特色，另一方面也给相关研究者提供了极大便利。高校图书馆也可以对本校师生的著作、论文进行收录，建立数据库，并将数据库的连接放在图书馆首页上，这一方面能体现出图书馆数字资源的特色，另一方面也能体现本校的科研水平。

（2）对收集到的文献信息进行深度加工，形成一批质量较高的二次、三次文献。在图书馆信息化建设中，文献信息资源的深层次开发是非常重要的内容。它不仅是为了充分呈现图书馆的馆藏文献信息资源，更是为了让读者更好地利用这些资源。要做好图书馆的信息化建设，就要加强文献信息资源的深层次开发，要根据信息量化程度的难易、数据量的大小，统一规范系统数据，制定各专业数据库的建设规划、标准和实施步骤，然后有序展开文献信息资源的全面建设工作。

（3）根据重点学科和重点课题，积极跟踪国内外相关领域的新观点和新动向，提供定性、定量的专题报告和论文汇编。这一点主要是针对高校图书馆来说的。高校图书馆主要服务于高校师生，一般具有文献资源优势，其丰富的馆藏特色文献，给建立重点学科或重点课题数据库奠定了良好的基础。比如，清华大学的建筑数字图书馆、内蒙古大学的蒙古学特色数据库都与本校的重点学科息息相关。

三、开放信息资源建设

在建设智慧图书馆的开放信息资源过程中，可以采取以下措施。

（1）图书馆应充分考虑本馆的特点、职能以及服务对象的实际需求，组织专门的团队，对开放信息资源展开调查研究。图书馆是外文期刊的主要购买者，也是外文期刊服务的主要提供者，印本期刊开放化对图书馆的订阅方式、采购预算、馆藏结构以及服务都有着十分重要的影响。在图书馆开放信息资源建设的过程中，面临很多问题，比如哪些期刊属于金色开放信息资源，哪些属于绿色开放信息资源，哪些属于混合式开放信息资源，哪些开放信息资源能够长时间保存，是否可以替代部分印本期刊等。所以，图书馆必须组建专门团队，对这些问题深入研究，从而为图书馆馆藏结构布局、资源优化配置等问题的处理提供有效的依据。

（2）在图书馆网站的首页设置开放获取专栏，给用户识别或使用开放信息资源提供便利。一般来说，国内大学或者各科研单位，通常采用两种方法对国内外开放信息资源进行组织：第一种方法是在图书馆网站首页上的“网络资源”“电子资源”等栏目中对开放信息资源以及非开放信息资源逐一进行简要介绍，并设置地址链接；第二种方法就是在网站首页专门设置“开放获取”专栏，将各种开放信息资源进行集中组织和介绍。相较而言，第二种组织方式更值得推广应用，它一方面能够起到宣传和普及开放信息资源的作用，另一方面能够让用户清楚地辨别哪些属于开放信息资源，从而进一步推动开放信息资源的利用。

（3）图书馆馆藏资源建设中，应该把开放信息资源作为重要的一部分，从而推动馆藏资源的共享，提升馆藏资源的利用率，使其发挥更大的价值。目前来看，我国图书馆的馆藏利用率不高，平均在30%～40%，而理想的馆藏利用率应该达到70%～80%。可以看出，这之间存在很大的差距，这就说明图书馆馆藏资源建设中，信息传递方面存在一些问题，其中共享方式是主要因素。资源共享是以资源开放为前提的，如果没有资源的开放，那么就不会实现资源的广泛共享。所以，图书馆应根据自身的发展方向、馆藏结构、采购预算等多方面要素，积极对开放信息资源进行计划安排。另外，图书馆资源建设要特别注意两个方面的需求：第一，预算有限，要注意合理安排，优化资源配置；第二，尽可能满足用户的学习、教育和研究需求。图书馆应积极创造条件，给用户提供更多便利，并拓展信息交流的渠道，促进协同创新。

第六节　智慧图书馆的馆员队伍建设

智慧图书馆的发展需要坚实的基础设施以及人力资源支撑。本节所讨论的智慧图书馆馆员配置以大型图书馆为基本前提。这种范围选择，有利于更加充分全面地揭示智慧图书馆发展的人才队伍需求。

一、“智慧馆员”的内涵

在侯明艳所发表的《智慧图书馆环境下高校馆员的角色转变》一文中，认为“智慧馆员”是参考馆员经历知识服务阶段的学科馆员之后的另外一次嬗变，是从知识服务走向智慧服务的图书馆新角色。[①] 李安在《浅

① 侯明艳．智慧图书馆环境下高校馆员的角色转变［J］．现代情报，2015，35（5）：165-167.

谈智慧图书馆中智慧管理的实现以及智慧馆员的培养》一文中提出，在未来智慧图书馆的建设中，应该主要招收或者培养两类图书馆馆员：一种主要负责图书馆内的各种硬件系统的运转，另一种则负责馆藏整理和读者服务。[①] 还有学者认为，智慧图书馆的管理工作是十分复杂的，难以胜任，所以，智慧图书馆的馆员需要有一定的知识背景，同时还要接受过图书情报方面的教育，只有这样，他们才能给用户提供专业化的服务，才能做好智慧图书馆的管理者和建设者。

根据上述学者的各种看法，我们可以总结出两点：第一，从本质上来说，智慧馆员是由学科馆员或者参考馆员在知识服务环境中发展而来的；第二，跟普通图书馆的馆员相比，智慧图书馆馆员的工作更为复杂，所以，对他们能力和素质的要求更高。

二、智慧馆员的岗位结构

常规的图书馆人员岗位围绕图书馆业务流程分配，馆藏、采编、借阅、流通、咨询以及简单技术支持是其主要业务范围。随着业务发展，编目外包，各馆编目人员的配比正在逐步降低。智慧型图书馆引入大量先进技术，包括移动互联、无线射频以及数据挖掘等，将图书馆的服务推进至一个全新的阶段。智慧图书馆中基础服务自助服务成分增加，专业化、个性化服务的需求增强。从服务深度而言，其由简单的文献资源服务转变为知识服务，从服务形式而言，其从时间和空间上嵌入用户环境。这些服务内容和形式上的转变，对图书馆馆员岗位变革产生巨大影响。

新时期，为了适应用户不断变化的需求，革新理念与创新服务是图书馆发展的动力。馆员结构也必须适应这种发展做出相应调整。智慧图书馆中，馆员的组织形式仍然围绕图书馆业务构建，随着图书馆业务的变更，增设某些岗位或者扩大原有岗位的职责范围，是近年来智慧图书馆内部结构变化的显著特点。

通常情况下，在一个图书馆内，首先可以根据岗位的专业程度对馆员进行划分，一般是分为两类，一类是专业馆员，另一类是辅助馆员；进而

① 李安．浅谈智慧图书馆中智慧管理的实现以及智慧馆员的培养［J］．农业图书情报学刊，2015，27（11）：197－199．

可以根据各个岗位的具体业务范畴，对馆员进行横向划分，比如分为学科服务馆员、资源建设馆员、技术支撑馆员、图书馆管理员四个类别。另外，根据岗位内容的专业程度，可以对馆员进行纵向划分，比如分为辅助型、技能型、特色专业型、专家级、领军型五个层次。以下对辅助型馆员和专业型馆员展开介绍。

辅助型馆员：一般情况下，辅助岗主要设置在读者服务部门，其岗位工作是对基础服务等业务进行管理和监督；其他临时性辅助型馆员，主要负责的是书刊上架、整理等工作。

专业型馆员：这类馆员包含学科馆员、学科情报分析馆员、外文书刊编目馆员、技术应用及系统研发馆员、阅读推广和文化活动策划馆员，以及特色馆藏组织和服务馆员等。

智慧图书馆应致力于专业型馆员的发展，使其成长为及时发现用户需求、紧跟技术发展、调整服务形式和内容实现更便捷更全面感知的智慧服务的中坚力量。

三、智慧馆员的综合能力

智慧图书馆馆员是智慧图书馆工作的主体，是用户知识利用的组织者。如何利用技术设备创新服务模式，如何智慧化地向用户提供高效、可靠并且高质量的信息资源服务，如何帮助用户深入挖掘知识、对知识进行有效的再加工，则需要馆员的参与和支持。馆员始终是支持智慧图书馆建设与发展的重要力量。

在智慧图书馆的背景下，对智慧馆员的能力素质要求更高，更加需要智慧馆员“主动”，同时也拓宽了智慧馆员的能力范围。

要想保证智慧图书馆的稳定与持续发展，智慧图书馆的馆员能力必须全面提升，要有一定的认知与适应能力、服务能力、协作和沟通能力等，还要有信息处理、用户需求分析、专业学术科研等职业能力，科技查新、科研创新、宣传公关等服务能力。不同学者对馆员的不同能力有不同界定，但只关注馆员能力的某一方面，不能完全表达图书馆在不同发展阶段对馆员不同素质的新要求。

（一）核心业务能力

图书馆馆员的传统核心业务包括参考咨询、科技查新、信息检索等。

随着图书馆的不断发展和用户的成长变化，用户的需求和行为较以往出现很大改变，逐渐在图书馆活动中起主导作用，由此分析用户需求及行为以获得用户兴趣等信息成为图书馆馆员的重要业务，并伴随出现很多分析用户行为的技术工具。例如，图书馆 App 的出现，使用户在使用 App 的同时也可以令图书馆获得用户的各种行为信息；广州图书馆的智能荐书系统，通过分析用户兴趣智能地向用户推荐图书。

这种智慧化地分析用户行为、挖掘用户需求的能力是智慧图书馆馆员的必备能力。从根本上讲，智慧图书馆建设任务的提出是由用户需求驱动的。若用户不需要智慧图书馆，则也没有智慧图书馆建设的必要。所以，无论是传统图书馆还是新型智慧图书馆，其建设过程中的最重要问题之一，就是准确了解和把握用户的需求。作为智慧馆员，在工作过程中要利用各种有效的途径，积极跟用户进行交流和互动，要融入用户群体，挖掘用户的实际需求，并且，在对用户有一定了解的基础上，要对不同类型的用户进行画像分析，只有做好这一基础性工作，才能为个性化服务的开发应用打好基础。总之，满足不同用户的信息需求，是图书馆发展建设的最主要目的之一。所以，对用户需求了解得越深入、把握得越准确，那么智慧图书馆的建设就更容易找到明确的方向，就更能有效提升图书馆的实际价值。同时，作为智慧图书馆的馆员，不能满足于当下，要具有超前的服务意识，对于用户的需求，要有敏锐的反应，要主动挖掘用户需求，把服务做到尽善尽美，从而使图书馆对用户更具吸引力，促进智慧图书馆的可持续发展。

智慧图书馆馆员除具备以上业务能力外，还要主动学习新知识，不断适应变化的环境和技术。馆员是智慧图书馆发展的重要力量，必须具备一定的开拓创新能力，将目光放长远一点，为图书馆的智慧发展出谋划策。

（二）专业技术能力

面对海量信息数据，智慧图书馆馆员要掌握一定的新兴信息技术，通过培训或自学不断提高自身的软件运用能力，可以更加迅速地对信息资源进行判断鉴别、存储组织和深度加工处理，不断感知发现新知识，提高智慧图书馆的服务能力。

1. 快速学习能力

任何知识和技术都是通过学习获得的，所以，图书馆员要想掌握专业技术能力，首先就要具备较强的学习意识和学习能力，对于一些新的理念和技术，能够快速理解和接受，只有这样，在实际工作过程中才能熟练运用新技术为用户提供更多服务。此外，随着信息技术时代以及知识经济时代的到来，各学科之间相互渗透，知识增长的速度加快，这直接导致人们获取信息的难度加大，所以，作为智慧图书馆的馆员，必须具有自主学习和自我发展的意识，要不断学习，追求进步，尽快掌握新知识和新技术，从而为智慧图书馆的发展建设做出更大的贡献。

2. 使用、维护设备的能力

在智慧图书馆的运行过程中必然需要应用各种智能设备，如利用RFID智能识别用户身份，据此推送信息，为用户准确提供图书位置，帮助用户自助借还图书等；应用SoLoMo进行阅读推广，为用户提供更加个性化的服务；应用智能机器人更加及时地解决用户的问题，更加快速地为用户匹配可能感兴趣的图书资料。这些系统设备的运行维护也需要馆员，尤其智能机器人的应用更加需要馆员的协助和支持，因此，馆员对系统设备的了解运用程度直接影响用户体验，有些设备收集到的信息还需要馆员进行更深层次地挖掘分析。

3. 数据管理服务能力

作为智慧图书馆的馆员，需要具备数据管理服务能力，要积极开发大数据资源，深度挖掘大数据的价值和作用，争取将数据的潜力转化为现实的服务能力。在智慧图书馆中，馆员业务的主体是以数据为对象的管理与服务，掌握这方面的技能，构建以“数据馆员”为主体的业务架构，就能形成图书馆员的独特优势，从而使馆员在图书馆建设发展中起到关键性作用。

4. 技术研发能力

用户的需求日益变化，所以，智慧图书馆不能故步自封，要不断进行技术研发，这样才能保证图书馆的持续发展。图书馆可以根据自身的职能特点和发展目标，以及用户的实际需求，在经费充足的前提下，引进或者研发各种先进的技术和系统。所以，作为智慧馆员，要具备一定的技术研发能力。这一方面能够促进智慧图书馆的技术和服务更新，使其走在时代前沿，吸引更多用户；另一方面，馆员根据本馆特征进行技术研发，使得技术功能针对性更强，能够更好地为自身所用，有效促进图书馆的发展。

（三）服务用户的能力

从服务方面来说，智慧图书馆跟一般图书馆是存在较大区别的。传统的图书馆主要向用户提供的是文献与信息服务，而数字图书馆主要向用户提供情报与知识服务，而智慧图书馆不同，它主要是提供智能和智慧服务，这种服务以精准快捷和深入专业的数据分析与知识发现为主要特征。在这里，我们需要分清智能服务与智慧服务的区别。所谓智能服务，是指借助于各种系统、软件或者平台，在一定人工介入的情况下，用户自助完成某类业务。而智慧服务是指图书馆员在技术系统的支持下，立足于用户的具体任务需求，充分利用自己的知识和技术，个性化地满足用户需求。图书馆以及图书馆的用户需要依托智能服务来解决一些基本的问题，但同时更需要智慧服务。智慧图书馆跟其他一般图书馆存在的较大区别，主要就是在智慧服务方面体现的，这也是智慧图书馆发展的最大优势。

因此，在智能图书馆中，除利用系统设备为用户提供个性化服务外，馆员服务也至关重要，对于用户某些模糊的、不确定的需求，馆员要具备一定的沟通能力，通过引导和恰当地沟通，明确用户需求，在这个过程中馆员的态度和语气会影响用户的表达，更加人性化的服务会使用户舒服自在地表达，所以人与人之间的良好沟通是系统设备无法做到的。另外，在服务的初始，馆员就要录入用户的各种信息，以保证后续服务的连续性。可见，系统设备并不能替代馆员的所有服务工作，只能协助馆员为用户提供更好的服务，两者是相辅相成的。

（四）工作中创新创造的能力

智慧图书馆给用户提供的智慧服务并不是传统图书馆的点对点服务，而是从点到面、由外及里的多层次的服务。所以，智慧服务的方式和内容都不是单一的线性传递，而是立体式的精准辐射交互。智慧图书馆是否能够准确感知用户的需求，并给用户提供个性化服务，主要依赖于智慧馆员的主观能动性。事实上，图书馆服务的本质一直未变，那就是免费给用户提供其所需的各类知识和信息，所以，图书馆馆员需要综合图书馆现有的一切资源和技术，解决用户的需求，但是在这一过程中，需要馆员具备一定的创新和创造能力。在智慧图书馆环境下，馆员并不是像在传统图书馆中那样，单纯扮演知识搬运工的角色，而是开始承担起知识创造转移的重要任务。随着馆员跟用户的交流日益深入，关系日益密切，馆员将不再是单纯的服务者，而逐渐成为用户的合作者，并且他们掌握着用户相关的第一手资料，对用户需求有清晰的认识，因此他们能够深度参与科研决策，能给用户进行科学研究活动提供很大的帮助和支持。另外，图书馆员的创新意识和创新能力会有效推进智慧服务的进行，促进智慧图书馆的改革和发展。

（五）工作中沟通协作的能力

一方面，智慧馆员独当一面，以自己的智慧直接服务于用户，为用户设计并提供个性化的服务，同时积极引导用户进行互动，参与自己的服务工作中，与用户建立一种长期稳定的协作关系。在这一过程中，馆员要深入了解用户的动态，帮助用户解决各种问题，同时要细微观察，敏锐地捕捉用户需求，并跟用户友好交流和互动，从而跟用户达到认知上的高度统一。从这一点来看，馆员必须具有较强的语言沟通和人际交往能力，同时要有诚实诚信的品质，以及良好的协调能力，才能胜任这一工作。

另一方面，从服务方式和服务层次方面来说，智慧图书馆跟传统图书馆已经有了很大的不同，智慧图书馆的服务工作不再是传统的单一的线性流程，而是以用户需求为核心，开展全方位的开放式协同服务。这种服务方式给图书馆员的工作带来很大挑战。在这一形势下，馆员要想做好工作，就必须要依赖团队合作。因此，馆员除了要具备与用户良好的沟通能力，还要具备与馆员之间的沟通协作能力。智慧图书馆是一个整体，每个馆员都是智慧图书馆的组成部分，馆员之间的良好沟通协作会有利于所有馆员共同进步，促进智慧图书馆更高效地发展。另外，各个图书馆之间存在智慧互联的关系，智慧图书馆馆员还要与其他图书馆馆员以及社会人士加强沟通和协作，从而了解自身的发展劣势，积极学习其他图书馆的成功经验，促进本馆的发展与提升。

（六）跨学科参与研学的能力

学科服务是图书馆对外业务中高度专业化的服务类型，在高校图书馆中尤为重要，因而也要求智慧馆员有较为扎实的学科专业知识。在实际工作中，能够有效运用自己掌握的专业知识和技能，帮助用户更快地获取自己所需的资源。智慧馆员一方面要具备相当的图书情报知识，另一方面，应尽可能地熟悉所服务学科的研究背景及科研热点，跟踪该学科相关领域的发展趋势等。甚至可以说，智慧馆员应在一定程度上具备学科研究的潜质，有机会成为某一或某几个学科的文献研究专家。

此外，随着智慧图书馆时代的到来，各学科知识不断交叉融合，用户的需求日益变化，呈现出明显的多元化特征，相应的，图书馆的服务也从单一化向多元化发展。在这种形势下，图书馆馆员必须不断提升自己，要具备跨学科学习与研究的能力，丰富多学科的知识储备，掌握多种技能，只有这样，才能成为复合型馆员，才能为智慧服务做出更大贡献。

四、智慧图书馆馆员队伍引进与培养机制

正如前文所述，只有对馆员进行激励和培养，才能实现馆员自我价值和自我实现的最大化，才能实现图书馆事业向前发展和不断进步。

（一）馆员引进机制

美国等国家有馆员准入机制，而我们国家并没有。因此，在馆员引进的过程中应该考量以下几个方面的因素：

1. 未来发展目标

在制度不断变革的情况下，各个馆编制都相对紧张饱和，因而在引进图书馆员的过程中，首先关注的应当是图书馆未来的发展目标。图书馆每一个时期的变革都是一种循序渐进的过程，人力是其必不可少的资源储备。如同发展目标一样，在馆员配置上也应该有一定的长期规划目标。智慧图书馆要根据自身未来发展规划，配置合适的专业人才。

2. 现有馆员配置

在配置新馆员的过程中，同样应该考虑现有馆员配置。现有馆员的年龄结构、技术结构、学科结构甚至外语结构都应该是智慧图书馆认真统计分析的项目。图书馆内就是一个小型的社会，要有不同的年龄层次的合理结构，才不会出现人才断层的情况。同质性过高是对人力资本的浪费，因此技术结构与学科结构都是馆员引进时的考量因素。在学科情报服务中，外语能力十分重要，是了解世界各国发展状态的桥梁，因此外语结构也是重要的考量因素。

3. 本馆发展前景

智慧图书馆本身的发展前景是吸引人才的一大利器。图书馆应该认识清楚自己的发展前景，合理定位招聘要求，实现应聘人员的心理预期与本馆实际的对接，同时也在尽可能的条件下招揽最合适的人才。

在对上述方面进行考量的基础上，就需要构建科学的人才选拔机制，将智慧图书馆所需要的、真正优秀的人才引进来。

对智慧馆员培养的首要环节就是选拔，因此，图书馆的人才选拔不仅应该严格，同时也应该灵活，图书馆应该引进一些具有较高职业素质能力的人才，不仅具备专业的素养和精湛的业务技能，还具备巨大的发展潜力。对此，图书馆的人才准入标准是关键，图书馆应该对人才的选拔严格把关，保证所引进人才的整体素质较高，成为图书馆智慧馆员队伍建设的人才基础，图书馆也能因此降低培训成本和教育成本，实现馆员队伍的稳定，使得图书馆的工作质量得到提高。

在制定智慧图书馆的人才准入标准时，我们可以借鉴国外图书馆的人才准入标准和机制，积极引进具有较强实践能力的人才以及具有多重学术背景和知识储备的人才，强调和重视馆员的实践工作和实践经验。除此之外，应该建立完善的馆员考核机制和管理机制，比如业务评测、年度考核、科研能力考核等，以此不断激发和提高馆员的工作的积极性和主动性，实现对馆员的高效化管理。

在当前，很多的图书馆馆员的选拔要求较高，在进行选拔的时候非常强调学历和专业，但是，当馆员正式进入图书馆任职之后，图书馆的环境较为自由和轻松，这就很容易产生懈怠的情绪和思想，“先紧后宽”的模式很容易导致馆员安于现状，这种模式对于智慧图书馆的馆员选拔是不适用的。对此，本书认为对于智慧馆员的选拔在专业和学历两个方面可以放宽要求，甚至摒弃这两个方面的要求，通过资格认定的方式，对馆员进行选拔。资格认定是由国家有关部门组织的智慧馆员从业资格考试，具有很强的专业性，考试的内容非常多，包含图书馆学相关理论、管理学、现代信息技术、心理学等学科内容，还包含各种与时俱进的知识，比如互联网、大数据、物联网、数据挖掘、云计算、人工智能等内容。

（二）馆员培训机制

对智慧馆员进行培养的有效方式就是培训，培训可以帮助馆员实现职业素质能力的快速提升，保证馆员具备较高的工作效率和工作质量。除此之外，对馆员的培训内容和培训方式应该符合智慧图书馆的发展目标。

1. 根据岗位需求制定馆员能力培养整体规划

要建立智慧图书馆专业人才培养的专业机构，同时，要做好对馆员能力培训的宏观规划，制订培养计划，统筹协调馆员的能力培养工作。在制定计划时，应对图书馆人员应具备的专业素质、职业能力进行正确的分析，并制定出科学的训练方案；要对馆员培训的内容与方案进行合理设计，实现培训重点突出、人职匹配，保证馆员实现内外兼修，为馆员呈现有目标、有重点的培训项目和培训课程。不仅如此，要尽可能多地争取有关主管部门的关注和支持，并争取到一定的资金，以资助高校图书馆员的能力培养工作。

2. 根据岗位需求建立馆员学习和培训机制

图书馆只有建立起馆员的学习培训的长效机制，才能实现智慧服务的可持续发展，对此，图书馆应该对馆员的培训制度不断完善，以此为馆员营造一个积极的学习氛围，为馆员的不断进步和学习创造良好的条件，同时也应该在馆内为馆员营造一种积极的交流、学习以及研究的氛围，调动馆员的积极性和主动性，实现馆员的自主学习、自我成长和发展。

（1）馆员的培训内容。图书馆对于馆员的培训内容应该围绕智慧图书馆管理与服务来展开，具备前瞻性和实用性，并且与馆员的知识结构、所处岗位、学科背景等匹配。馆员所培训的内容可以从以下方面入手：信息管理、计算机网络知识、平台的使用、相关智能设备以及数据发现、挖掘、分析、评估、统计等内容，与智慧服务的课程体系相适应，使得馆员的智慧服务的能力得到不断提升。

（2）馆员的培训形式。馆员的培训形式应灵活多样，可以采取“馆内馆外结合，线上线下结合”的培养方式，实现对馆员的个性化、差别化培训。比如可以灵活选择研修班、专家讲座、现场培训、在线培训、产品服务培训等方式，积极引导馆员自主学习，调动馆员的积极性和主动性，将智慧培训的效果充分发挥出来。

首先，图书馆可以在馆内举办定期的业务培训。一是可以由聘请专家或者馆内的业务骨干进行相关的培训工作；二是就某一个专题或者相关的案例，组织馆员进行探究和讨论；三是针对智慧图书馆中的现实问题，积极引导馆员对相关的科研项目进行申报，让馆员在科研项目的研究和探究中不断学习，以此实现智慧服务能力的提升。

其次，图书馆可以组织馆外培训。图书馆为馆员提供在职培训以及学习进修的政策和机会，组织馆员去其他的图书馆进行学习参观，参加各级图书馆所举办的培训活动、座谈会、讲座等，以此来提高智慧服务的能力。不仅如此，图书馆还可以鼓励馆员积极参与学术会议，在结束之后在馆内进行分享，与其他馆员之间开展交流互动，实现馆员队伍整体素质的提高，共同成长和进步。此外，还可以选拔一些优秀的馆员去相关的科研机构和公司，参与知识库的建设，参与智慧图书馆系统等项目的研发，在实践中学习，在实践中不断提高能力和水平。

对于馆员的培训，除了在线下培训、交流，还可以通过多媒体技术，通过网络平台开展线上资源的学习，比如MOOC（慕课）、线上讲座、网络精品课程等，并通过网络，与其他人员实现技术的交流，了解技术发展的最新信息和前沿动态。线上学习的形式非常丰富，可以打破时空的限制，实现在任何时间和任何地点的学习。总而言之，要以图书馆员实际状况为依据，通过灵活多变的培训形式，构建图书馆员的终身学习制度，实现图书馆员智慧服务水平的不断提升。

（3）馆员的培训评价。培训完成并非意味着真正的结束，还应该对所进行的培训进行反思和总结，对培训体系进行不断地补充和完善，对培训的效果进行评估。比如，图书馆可以与人力资源管理等部门进行合作，对于图书馆智慧馆员专业能力体系进行研究和开发，确定培训的教材、培训的内容、考核大纲等，可以借助业内的专家团队实现对馆员的专业化、多样化、多层次、全方位的培训。

（三）馆员发展机制

1. 激发馆员的自我学习和自我发展意识

我国未来的社会是学习型社会，在这样的大环境中，作为智慧馆员也应该是学习型的馆员，只有这样才能不断成长和进步，为智慧图书馆注入更多的力量。

（1）养成馆员终身学习的习惯。图书馆应引导馆员保持谦虚的、不断学习的心态，以自身的经验和知识储备，发掘新的知识，并将其融入自身的知识体系和工作之中。

（2）借助先进的学习工具。伴随着时代的发展，人们的学习习惯也在发生改变。当前社会具备非常多的学习工具，具体包括：各类高校或各个科研机构的学习论坛、网站、其他辅助工具等。在当前，知乎是最受欢迎的学习工具之一。图书馆应该积极引入这些学习工具，让馆员们熟练运用学习工具进行自我学习，不断积累知识，在与其他馆员的交流和分享中实现馆员队伍的不断进步。

（3）促进馆员自主学习。对于馆员来说，最好的鼓励是一起参与工作的其他馆员，最好的监督就是每年的职业技能考核。图书馆可以在制度中明确规定，每个月都有半天的时间让馆员进行交流与讨论，可以举办意见讨论会、沙龙交流会、观点交流会等，为馆员提供一个宽松、自由、融洽的学习氛围和环境。同时，图书馆还应该让优秀的馆员去其他的智慧图书馆进行学习、培训、深造，并在学习之后与其他的馆员进行交流，实现馆员队伍整体水平的提高。

2. 根据馆员个性差异优化馆员岗位配置

在智慧观念的推动下，图书馆在服务内容、服务方式等方面随之发生了较大变化。建设智慧图书馆要适应图书馆工作的特点和性质，对部门结构进行优化，并对各部门、各岗位进行合理配置。在智能图书馆中，许多工作都可以通过机器或者机器人来实现，比如图书的借出、上架等工作内容，因此，在图书的流通环节，应该适当减少图书借阅、外借等方面的馆员数量。但是在学科服务、信息咨询、阅读推广、知识服务以及数据管理等岗位应该增加馆员的配置。

以全面调查为依托，图书馆应该根据馆员的性格特点、专业学科背景、专业技能，对馆员的工作岗位进行合理安排。图书馆可以优先将学历高、职称高，具备扎实的专业知识和业务能力，具备巨大的发展潜力的馆员安置在智慧服务的工作岗位上；将其余人员安置在辅助岗位上。同时还应该鼓励辅助馆员积极学习专业知识，不断提高自身的专业技能和水平，为辅助馆员提供一个可以上升的空间和机会，以此调动辅助馆员的积极性。

第五章　智慧图书馆服务体系建设

本章主要内容为智慧图书馆服务体系建设，详细论述了智慧图书馆服务的概念、我国智慧图书馆服务的现状与成效、智慧图书馆服务建设模式、图书馆智慧服务系统的基本构成以及图书馆智慧服务体系建设的路径五个方面的内容。

第一节　智慧图书馆服务的概念

图书馆的根本价值就是服务，服务是图书馆工作的中心，因此，在智慧图书馆中，中心环节是智慧化的服务。

一、图书馆智慧服务的内涵

所谓的智慧，指的是可以对事物进行正确的、快速的、灵活的理解以及解决问题的能力。在经济领域中，智慧也被称作创意，在创意产业发展中，创意是重要的支撑点。所谓的创意产业主要指的是在各种行业和环节通过创造性的智慧所进行的研究、开发、生产、交易活动的总和。以杭州智慧园为例，该园致力于打造全球智囊团，挖掘稀缺智慧与过剩智慧的价值，也就是说，将全球各层次、各领域的专家和学者进行汇集，运用他们的稀缺智慧以及过剩智慧，为中小企业及各级政府解决难题，实现中小企业和政府省时、省钱、省心地对难题进行攻关，提供一般的智慧任务解决方案，让智慧的需求与供给双方均可以受益。从以上这个例子中，我们可以明确：当前的知识经济时代中，要实现社会的发展和产业的不断进步，不仅仅需要大量的知识和信息，而且还需要智慧。智慧在当前社会发展中具有重要的作用，是国家创新产业不断发展和进步的源泉和动力，可以推动将知识转化为生产力，成为实现知识价值化的重要力量。

智慧是以知识为基础，对知识进行运用和创造新知识的一个过程，同时，智慧也是一个运用知识对问题进行解决的过程。在这个过程中，有效地获得知识是一个先决条件。图书馆是知识的集散地，是知识的聚集、交流、传播的重要场地，是知识使用者创造新知识、解决新问题的重要场所。要做到这种智慧服务，不仅需要图书馆的信息服务，还需要借助图书馆创造性的知识服务，即图书馆的智慧知识服务功能。

所谓的智慧服务主要指的是基于知识服务，运用创造性的智慧实现对知识的搜寻、分析、组织、重组，并以此为基础，形成具有实际价值的知识增值产品，对用户的知识应用与创新实现有效的支持，并将知识转化为生产力的一种服务。与经济领域的创意服务相似，图书馆的智慧服务还需要关注知识产品的服务会给知识用户创造实际经济效益和社会效益，实现知识产品的价值增值，以此来推动社会的不断发展和进步，促进生产力的发展。

随着当前云计算、大数据、人工智能、物联网等新兴技术的不断驱动和发展，用户的需求不断增长，传统图书馆的服务已经不能满足其需求。在这样的大背景下，图书馆的智慧化发展成为必然趋势。图书馆的智慧服务是对人和事的一种自动化服务形式，通过管理和服务的信息搜集，让自动化的决策成可能。

（一）以用户为中心的服务理念

用户是图书馆智慧服务的中心，图书馆的智慧服务可以为用户提供专业化、个性化的服务。图书馆智慧服务围绕用户的需求展开，通过对各种资源的利用来满足用户的需求，将服务的价值实现最大化，同时也使得图书馆的资源利用达到最大化。图书馆的智慧化服务具有智慧化、人性化的特点，其中智慧化的特点主要是将知识向生产力进行转化，使知识的价值得以彰显。图书馆可以运用其所提供的创造性的知识服务来为用户解决学习中的问题，为用户提供前沿的知识。对于图书馆来说，其为用户所提供的服务不应该是信息服务，而应该是知识服务。知识服务是智慧服务发展的基础。在为用户提供智慧服务的时候，图书馆馆员可以运用自身的创造性的思维对相关的知识进行搜集和整理，以此来获得相关的知识，为用户的知识应用和创新提供支持，实现知识向生产力的转变。

（二）智慧服务的特点

1. 信息共享

公共场所是生产者和消费者所共享的一种资源和设施。资源的价值并不取决于稀有，而在于参与和共享。图书馆的核心价值之一是信息共享，图书馆员以及其他的信息工作者可以为用户提供最佳访问权限，为用户提供各种媒体或格式的信息。“信息共享”是指在图书馆中对具体的业务和工具所进行的描述。比如，用户可以通过图书馆的开放，来获取免费的期刊和使用数字图书馆。智慧化图书馆借助新技术，使得用户、图书馆管理员、文献信息相互连接，实现对馆内各种信息资源的互联互通、实现资源、用户、管理三者之间的互联互通。

2. 服务高效

传统的图书馆管理工作存在着诸多问题，其工作效率也不高。比如，图书馆的馆藏资料的管理、馆藏资料的流通、物流仓储的管理，都是耗费人力、财力和时间的工作。当前，利用现代信息技术，可以实现在整体上管理图书馆，这大大提高了管理的效率。当前，图书馆的服务体量越来越大，这就导致传统的图书馆管理系统不再适合当前的图书馆发展实际，因此，智慧化的信息系统可以为用户提供更加高效和便捷的服务。这样一方面可以提高管理的效率，另一方面也能满足用户的需求，让用户可以更加高效地使用图书馆服务。

3. 服务集成

在传统图书馆服务中，用户会花费很多的时间用来熟悉服务系统的操作方式和操作页面，去适应各种资源的使用方式。为了让用户拥有更好的服务体验，图书馆可以借助于不断发展的信息技术以及专业化的知识来对资源进行分类和加工，以此为用户提供一种高度的集成化信息服务。图书馆以物联网和云计算技术为基础，构建集群管理体系，可以实现各类文献、文献机构之间的应用集成、深度融合，实现跨库网的转换互通，实现跨部门的信息共享，进而实现跨馆际的物流速递的管理。比如，在各高校之间成立一个图书馆联盟，该联盟可以实现馆际文献资源的整合，使得文献资源的利用率得到提高。

二、图书馆智慧服务的特征

（一）公共性

图书馆智慧服务的公共性主要指的是其服务的对象是广大群众，图书馆作为一个公共服务机构，建造的主要目的是为了让广大群众更加方便地获取知识，尽最大可能满足社会公众的需求是图书馆的终极目标，应该让所有的群众都可以享受到人性化的、免费的智慧图书馆服务。

（二）智慧性

第一，所谓的智慧性指的是借助智能化技术来构建智慧图书馆，实现图书馆资源的扩大，尽可能让用户在任何一个图书馆的空间都可以享受到图书馆提供的便捷的智慧服务。第二，所谓的智慧性也就是说图书馆应该成为智慧的引领者、推动者、普及者、启迪者。换句话说，图书馆应该对其所具有的文献进行深度挖掘，为用户传递知识。图书馆为用户提供的服务不应该仅仅是信息服务、文献服务、知识服务，更应该是智慧服务，图书馆作为知识的拥有者、整合者以及启发者，应该积极发挥自身的作用，引导用户在对知识的运用过程中创造出新的知识，不断提升智慧。

（三）服务性

服务是图书馆的最大职能，传统的图书馆的服务方式非常被动，与此不同，智慧图书馆的服务方式是主动服务。图书馆员应积极与用户进行沟通交流，为用户推荐适合的资源，提供针对性、专业性、个性化的服务，同时也积极听取用户的意见，为图书馆的更好发展打下基础。

（四）资源丰富性

图书馆作为文献信息中心，有着丰富的信息资源。图书馆依托于现代信息技术，以云计算、大数据、物联网等为基础，除了传统的纸质资源外，还包括数字资源、网络资源等。

（五）管理集群化

图书馆借助于集群化综合服务平台来实现知识的整合、知识的集约式显示、知识的跨时空传递、知识的便捷性获取等。

（六）服务协同性

服务协同具体包含行业、区域、国家、全球等多个方面的协同，系统、整体推进顶层设计，实现资源由分散向集约，由异构向统一迈进，将原本的资源分散管理以及重复建设等突出问题不断解决，进而实现智慧图书馆的管理任务与管理使命。通过知识运用和知识创造来实现知识产品的增值是智慧服务的主要目的。团队智慧在智慧服务的过程中显得尤为重要，团队智慧可以使得智慧团队的创造性得到提高，进一步实现生产力的发展，为用户创造出更多的收益。

三、图书馆智慧服务的核心

知识的演进有以下几个层次，分别将混乱中的数据进行分类、转换为信息、提升为知识、升华为智慧。最为原始的信息表达方式就是数据；信息是有价值的一种数据；用于解决问题的结构化的信息就是知识；为了达到目标对知识的运用能力就是智慧。换句话说，智慧的基础是知识，知识来自信息，信息产生于数据。信息、知识、智慧这三者在知识的传播过程中是相互转化的，在这个过程中，信息是最为基本的资源，知识就是对信息进行整合与加工之后的产物，智慧就是在信息加工为知识的基础上，通过激化知识产生的解决问题的策略方法和能力。在整个信息转化过程中，信息、知识和智能的地位以及相互关系与人类在认识和改造世界中由信息产生知识，再激发智慧的过程具有一致性。智慧服务中最为显著的特点就是对于知识的运用，智慧服务的核心就在于运用知识来解决问题的能力。

四、图书馆智慧服务的本质

在图书馆学中，图书馆智慧服务的本质主要包含技术智能性、知识性和人文性三个方面，具体如下。

技术智能性的智慧服务主要强调的是图书馆的智能技术。当今社会，智能技术的发展非常迅速，离不开科技的支撑。在科技的支持下，传统的图书馆向数字化图书馆转变，图书馆的服务模式也随之发生变化。图书馆是为广大读者服务的，技术只是图书馆提供服务的工具和方式，技术是图书馆最基础的服务形态。

知识性的智慧服务作为一种较为高级的服务方式，是未来智慧图书馆服务的核心，具有知识的创新性。但是这种想法的实际操作性不强，实现难度很大。在当前，要想实现知识性的智慧服务，需要在智慧服务方面投入巨大的人力、物力和财力，受限于我国的实际情况不可能将有限的资源投入在这个方面。

人文性的智慧服务主要指的是通过提高馆员的人文智慧来打造人文性的图书馆，以此来吸引更多的读者，实现更好的服务。在建设智慧图书馆的过程中应该摒弃原有的、传统的被动的图书馆服务模式，为用户提供一种更加便捷和智慧的服务，让用户在服务过程中感知“人守其学，学守其书，为人找书，为书找人”的意义。

五、图书馆智慧服务的主客体

知识转化为生产力并非是一个人的行为努力，而是集体的过程，所以，智慧服务非常强调团队的力量，强调团队意识，为用户提供团队服务。这里强调的团队主要包含两个方面的内容：一是知识的组织者所组成的智慧团队，二是知识用户所组成的智慧团队。

首先，知识的组织者所组成的智慧团队是智慧服务的主体，该团队主要指的是由图书馆知识工作者或者其他的信息机构工作者所组成的具备一定的知识开发和运用能力，具备较高的信息技术能力的团队。该团队的主要特点如下：其一，对于知识的组织和生产，所提供的智慧服务都是通过团队力量来实现的；其二，加入用户团队，成为用户团队的内部成员，负责应用知识、处理信息、解决问题，以此来提供智慧服务。知识组织者能够深入到用户的队伍中，作为用户智慧团队的成员来提供知识服务，为使用者的团队贡献知识，进而达到智慧服务的目的。但是这会受到图书馆工作人员的知识结构的影响，如果知识结构不够完善，智慧服务会产生一定的局限性。

其次，知识用户所组成的智慧团队，主要指的是智慧服务的客体，是图书馆知识工作所服务的对象，具体包含以下几个方面：企业产品研发团队、专业社会团体、政府或企业决策机构、科学研究课题组等。当前，社会不断发展和进步，技术更新速度非常快，在知识经济时代，知识团队在知识的创造中具有举足轻重的作用。当前，社会分工朝着专业化和精细化的方向发展，这就导致个体知识用户的知识积累在不断加深，但是广度较小，知识的创造活动需要对多种知识进行整合，这就使得个体之间合作进行知识创造成为可能。

总而言之，不管是智慧服务的主体还是智慧服务的客体，都是知识工作者，都是由运用知识、从事知识的发现和创造的人所组建成的团队。两者结合可以产生巨大的创造力，实现知识创造能力的互补，最终实现知识增值的目的。

第二节　我国智慧图书馆服务的现状与成效

一、图书馆智慧服务的现状分析

对我国图书馆的智慧服务进行总结和归纳，可以分为以下四个方面：一是个性化智慧服务；二是立体互联式服务；三是空间再造服务；四是虚拟体验式服务。这四种服务中，我们可以将个性化智慧服务细分为以下三个方面：一是个性化智慧借阅服务；二是个性化智慧参考咨询服务；三是个性化智慧推荐服务。对于立体互联式服务来说，主要体现在以下三个方面的互联：一是人与人之间的互联；二是馆与馆之间的互联；三是馆与人之间的互联。

（一）个性化智慧服务的实践状况

所谓的个性化智慧服务，主要指的是依托于图书馆用户的信息需求，借助于人工智能、互联网、大数据等现代信息技术对用户的个性特征、兴趣爱好、专业背景、知识结构、行为方式等进行研究与分析，通过图书馆的系统推送、推荐、用户定制等智慧功能，为用户提供更加具有针对性和专业性的智慧服务，使得用户的信息需求得到满足。

由此可见服务的主动性、服务的针对性、服务的层次性以及服务的互动性是个性化智慧服务的基本特点。

第一，智慧服务的主动性主要指的是图书馆要主动分析用户的需求，为用户推送其想要的信息资源，满足用户的信息需求；第二，智慧服务的针对性主要是指图书馆的智慧服务会为不同的用户提供具有针对性的服务；第三，智慧服务的层次性主要指的是图书馆用户有着不同的层次，每一层次用户的需求是不同的，侧重点也不同，图书馆的智慧化服务应该以不同的需求为导向，为用户提供不同层次的信息服务；第四，智慧服务的互动性主要指的是用户之间的互动以及用户和图书馆之间的互动。

我们可以将个性化智慧服务细分为以下三个方面：一是个性化智慧借阅服务，该服务主要是在互联网技术与智慧服务理念的相互结合中产生的一种全新的借阅模式；二是个性化智慧参考咨询服务，即依托于人工智能技术，为用户提供一种智慧机器人参考咨询服务；三是个性化智慧推荐服务，即图书馆依托于大数据对用户进行分析，为用户提供具有针对性的、个性化的服务。

1. 个性化智慧借阅服务

（1）移动智慧借阅服务形式多元化。借助不同的平台，移动智慧借阅服务有多种形式。包括支付宝借阅、二维码电子证借阅、微信借阅以及其他客户端 APP 借阅等。移动智慧借阅系统是一个由多种技术组成的复合服务平台。以首都图书馆为例，其把图书馆的服务与支付宝钱包、微信钱包这些平台功能连接起来，首都图书馆提供城市借阅服务时，就利用了支付宝和微信借阅功能。再如上海图书馆，其开通支付宝图书馆、城市服务微站等功能，读者认证以后，可在 APP 客户端上享有一键续借和查询借出的馆藏等服务功能，也可打开位置共享，查找邻近的图书馆位置。总的来说，通过手机“查—借—续—还”形成一个完整的闭环。与此同时，图书馆手机 APP 上也有借阅服务。而深圳图书馆则在“微信”“支付宝”移动社交平台上，创新了“城市图书馆”移动服务，读者可在移动终端上执行转借文献，图书馆同时提供深圳文献港手机客户端 APP 的借阅服务。黑龙江省图书馆为哈尔滨市建成了“智慧书房”，并升级了配置，增加报刊阅读机 1 台、“万里数字文化长廊”公共文化一体机 1 台。通过报刊阅读机、公共文化一体机，读者既可以直接阅读期刊报纸及其他资源，还可将自己感兴趣的信息下载至手机。辽宁省图书馆和吉林省图书馆开通了手机客户端 APP 借阅服务的同时，也开通了微信借阅功能。读者借阅电子书籍可通过客户端 APP 和微信两种渠道，根据自身情况任选其一。山西省图书馆则另辟蹊径，不仅开通了客户端 APP 借阅服务，还创新“人脸识别借书”业务，这项服务更加方便精准。湖北省图书馆则与支付宝平台合作，推出一系列城市服务。用户可通过支付宝将读者证与手机客户端绑定，读者的借阅书目、借阅日期、借阅次数和归还日期都会被如实记录在支付宝客户端，方便读者查看，同时也可以线上检索馆藏、查看最新公告，十分方便。

移动智慧借阅系统作为由多种技术组成的复合服务平台，二维码电子证借阅服务在其中扮演着重要角色。以上海图书馆为例，其首先实行二维码读者证借阅服务，读者的电子二维码是独一无二的，因为个人二维码是根据身份证信息生成的。使用流程是先扫码，再使用检索、借书等功能。另外，该二维码还可用于打开图书馆门禁、使用自助设备。深圳图书馆也开通了二维码借阅功能，办理流程是读者先关注深圳图书馆微信公众号，再根据公众号的板块功能进行开通绑定。由于上海、深圳的电子二维码读者证试点效果良好，全国其他图书馆如辽宁省图书馆、山西省图书馆纷纷效仿推行，如今的电子二维码借阅服务在全国得到了普及。

（2）单向智慧借阅服务向 O2O 线上线下智慧借阅服务转变。我们要明白单向服务和 O2O 的概念。简单来说，如果图书馆将线上服务与线下服务进行分割就是单项服务。而 O2O 的全拼是“Online To Offline”，指客户在网上下单服务商品，通过线下获取货物和享受服务的过程，这种电子商务模式起源于国外，国内发展较晚。

两种模式对比，可以看出双向智慧借阅服务才是最适合人们需求的方法，图书馆想要实现融合线上借阅与线下借阅服务，必须使单向智慧借阅服务向 O2O 线上线下智慧借阅服务转变。这种新模式能够使读者更加方便地获取所需要的书籍信息和服务内容。例如，深圳图书馆开通了网上预借和新书直通车等业务，使用流程为读者可在深圳图书馆微信公众号或者支付宝图书馆服务中挑选需要的书籍，然后选择快递回家，就有专门的工作人员为读者送书上门，虽然工作人员从中收取了一定费用，但是其高效性和便利性极大地吸引了读者。由于实行效果良好，湖南省图书馆、辽宁省图书馆和山西省图书馆纷纷效仿，开通线上订阅、线下快递回家的功能。同时，读者还书时可选择“预约还书”，即可由快递人员登门取货。内蒙古图书馆对此进行了改良，取名为“彩云服务”，读者可以在线上搜索、下单图书，物流公司负责后续纸质书籍的邮寄工作。

（3）信用借阅服务开始得到关注。以第三方信用服务平台支付宝为载体，以芝麻信用指数为指标，为图书馆用户提供信用借阅服务。若用户的支付宝芝麻信用评分高，可以按照一定标准减免借书押金，并享受图书馆所提供的所有借阅服务。这种新模式能够使读者更加方便地获取所需要的书籍信息和服务内容。在一定程度上，图书馆对用户实行信用借阅制度，不仅促使图书馆使用者树立信用意识，还加深了图书馆与移动互联网的联系。目前国内已有不少图书馆开展了此项业务，但由于相关制度尚不健全等原因，这项工作的普及进展相对缓慢。近年来图书馆陆续开始探索和实践信用借阅服务。从试点情况看，各图书馆都取得了不同程度的效果。例如，上海图书馆与支付宝芝麻信用相结合，开展信用借阅服务，规定上海市广大读者实行了一键授权之后，凡芝麻信用分为650分及以上，可在线免押金借阅图书。而湖南省图书馆、辽宁省图书馆以及山西省图书馆在效仿的同时也作出了调整，规定支付宝芝麻信用分在600分以上即可享受免押金在线借阅图书、快递回家服务。

2. 个性化智慧参考咨询服务

首先，该项咨询服务的提供者是智能机器人IM，英文全拼为"Instant Messaging"。该机器人可为读者提供实时咨询服务，面向图书馆全体用户，这就是个性化智慧参考咨询服务。作为一种新型运营模式，个性化智慧参考咨询服务不仅可以降低图书馆的运营成本，还能提高图书馆的服务质量和读者满意度。咨询机器人在图书馆中的引进，能有效提高图书馆咨询工作的效率，为图书馆工作人员减负，使图书馆工作人员节省更多的时间和精力投入其他工作，以便更好地服务于用户。IM咨询机器人根据关键词的自动匹配可以实现智慧回复。图书馆使用智能机器人可以方便地为用户提供查询功能，比如检索相关图书，查看最新文献等。咨询机器人中机器人系统与图书馆中预设知识库相连，当使用者在机器人显示屏上输入所要了解的问题时，机器人可以通过关键词匹配方式，从图书馆知识库里找到答案，再反馈给用户。同时还能根据用户需要对图书馆数据库进行更新或完善。

以"图小灵"——上海市图书馆采用的参考咨询机器人为例，管理人员将其置于中文书刊外借室和办证处来处理读者的问询。用户在阅读图书时，会遇到各种困难，需要工作人员帮忙解决，而"图小灵"则可以及时地为读者解决问题并将结果反馈给管理员，帮助用户更快地找到所需的书籍资料，提高效率。另外，"图小灵"在一定程度上减轻了人力劳动，在图书馆人力不足、没有馆员值班时，既可以为用户解决部分业务问题，也可为用户提供天气、线路等信息的查询服务。在人们排队使用图书馆自助机器时，"图小灵"还能实现和用户的交互，比如陪伴用户闲聊。总之，用户可通过"图小灵"来了解图书馆内各种设施的功能，包括图书分类及借阅时间等相关问题。

再如IM咨询机器人"小图丁"是深圳图书馆的"馆宝"，可解答用户日常提出的各种疑问，超长待机为用户提供实时的咨询服务，提高用户的借阅效率和满意度。同时，"小图丁"还可以对用户行为数据进行统计和挖掘，获得更多有用的信息，为图书馆工作人员的服务工作提供数据支持，比如用户评价等。另外，通过对咨询机器人运行效果的评估可以了解到智慧系统是否达到设计预期，从而提高服务效率和服务质量。

辽宁省图书馆采用的咨询机器人名叫“图图”。“图图”除了能够解答用户的常规问题咨询，还能给孩子们唱儿歌、讲故事。更智能的地方在于“图图”能够从读者的话语中提取关键词并分析后向读者推荐图书，使读者快速找到满足他们需求的书籍。同时“图图”也能和用户交互，当用户发送问路语音时，为用户进行路线提示服务。“图图”还能够将读者反馈的意见及时发送到系统中，以便于管理者进一步完善服务功能。

湖北省图书馆咨询机器人可以按照用户要求进行定制，能满足用户的个性化需求。用户通过和机器人之间的对话，可以迅速了解图书馆的相关信息。当用户对书目检索有需求的时候，用户可直接向机器人语音讲出所需书目名称，机器人将按照用户的语音关键词进行提取分析，再向用户提供书目索引号。当用户有阅读需求但不清楚具体图书时，机器人可将相关图书自动推送给读者，让读者通过智能终端查询到自己想看的图书。在相关图书馆业务中，某些用户普遍最关心的问题包括如何办理借阅证，详细的借阅权限，图书馆门禁时间等，通过直接询问机器人都可得到快速解答。

因为国内图书馆在咨询机器人服务方面的应用比较匮乏，机器人灵活度有待提高，咨询机器人在为用户提供个性化服务方面也没有做到尽善尽美。

3. 个性化智慧推荐服务

图书馆以大数据技术为依托，从用户特点及兴趣出发，为其提供感兴趣的资讯推荐就是个性化智慧推荐服务。这种个性化服务是积极主动的、深层次的。目前我国图书馆的个性化推荐服务还处于起步阶段，但随着互联网技术的发展，以及移动终端的普及，图书馆已经具备了开展个性化推荐服务的条件。图书馆为用户提供的个性化推荐服务是在研究挖掘网络信息数据、分析图书馆用户爱好与需求的基础上实施的。

（1）用户信息数据的准确挖掘。数据挖掘，就是从浩如烟海的数据库中获取那些人们普遍关心的、潜在和暗含的知识。个性化智慧服务数据挖掘就是从主要数据库和网络信息空间中抽取隐含在这些数据库中的有用资讯。随着大数据时代的到来，图书馆在信息资源方面也发生了巨大变化。图书馆精准地挖掘用户信息数据，有助于找到用户信息数据间的联系，并为后面预测和决策提供了信息支持。

（2）个性化用户信息的主动推送。基于数据挖掘，图书馆针对用户的需求，向用户主动推送信息。图书馆用户对信息需求的变化使得个性化信息推送成为一种必然。个性化服务是一种新的信息获取模式，它通过对图书馆用户的兴趣点和行为特征等方面进行分析并发现用户潜在的需求，及时提供相应的信息服务。推送个性化信息服务，需要对自动收集到的图书馆用户兴趣信息进行主动、定时、不间断地推送。主动推送个性化的用户信息，有助于用户节约信息查找时间，这种服务模式比较实用且新颖。

首都图书馆为用户提供中外文的图书试听与推荐，开展了阅读推荐服务。其中包括纸质书籍和电子资源的在线推荐，并将此作为一种新的参考咨询服务方式引入到公共文化服务体系建设中。上海市图书馆在手机APP中应用iBeacon技术与二维码移动技术，并与位置定位相结合，提供智慧推荐服务。这一系统服务的主要功能和特点如下：激活阅览室需借助iBeacon技术，读者通过阅览室时，可随时了解所处楼层和阅览室具体方位。在APP中点击地图，可以看到阅览室详细信息和本阅览室最新读者活动情况。读者还可以通过智能手机扫描书架上的二维码获得新书信息和借阅记录，在手机APP上还能观看热门和推荐书籍或检索兴趣书籍，查询上海市内其他图书馆馆藏状态等，用户可根据这些信息查找相应的图书。读者如想借阅书籍，可通过手机APP定位，直接加入索书列表中，递交索书请求。图书出库后，图书馆手机APP及时向读者推送出库提醒，读者接到提醒，可直接到出纳台借阅。基于微信公众号的“智慧推荐”系统，吉林省图书馆个性化智慧推荐活动由相关借阅、有兴趣的书、同名作家其他作品等组成。

（二）立体互联式服务的实践状况

以大数据技术、物联网RFID技术和云计算技术为基础，图书馆智慧服务立体互联主要是指图书馆与图书馆之间、人与人之间的相互连接。

1. 馆际间相互连接主要表现为馆际间的协作

馆际之间要实现互联互通，需要不同层次和不同区域的图书馆之间打破时间和空间的制约。依托云计算技术构建图书馆联盟云服务平台，是馆际合作的智慧化体现。随着我国数字图书馆和智慧城市战略的推进，各地图书馆纷纷建立了自己的数字化公共基础平台。例如，首都图书馆和北京市 100 多家各类图书馆共同构建了“首都图书馆联盟”平台，读者只要使用读书卡，便可浏览百余家图书馆文献资源，做到了一馆办证，各图书馆通用。再如，上海图书馆联合浙江图书馆、金陵图书馆、安徽图书馆和南京图书馆建设了“长三角地区图书馆视障服务联盟”平台，视障文化资源的共享，为长三角视障阅读做出了巨大贡献。深圳各类图书馆与深圳图书馆联合共建了“深圳文献港”服务平台，强调对数字资源统一共享和分配，综合了各类型图书馆包括知识服务、馆际互借服务的资源，推动资源共建共享。联合长春 13 所高校，吉林省图书馆搭建了“吉林省图书馆联盟”平台，共同开展馆际互借、联合采购、资源共享及其他合作。辽宁省图书馆与辽宁省内其他公共图书馆共同合作搭建了“辽宁省图书馆联盟”平台，读者可以在该平台上借阅各个图书馆的图书文献。

2. 人与人之间的互联互通，主要表现在馆员和用户之间，用户和用户之间的连接互通

馆际合作是指通过互联网实现信息资源共享和业务协同，以提高图书馆整体服务水平的过程。而馆员和用户的相互连接，主要表现为图书馆工作人员使用新技术向用户提供服务，例如，根据大数据分析技术为用户总结个人阅读记录。用户与用户间的互联互通主要体现于图书馆网站为用户提供的各种个性化信息推荐服务上，比如图书馆的读者俱乐部。在大量用户数据中，抽取出用户比较感兴趣的信息，按题材划分，使用户能清楚地知道一年来自己对图书馆的使用情况和阅读数据；同时根据不同类型的用户提出个性化需求，比如学生和教师对图书的借阅有较大差异，因此可以通过该阅读记录帮助他们选择合适的图书进行阅读，从而达到提高图书馆利用率的目的。用户间互联，还表现为用户间在线图书转借服务，需借书用户和需还书用户在网上确认转借，确认无误后，可双方商定会面，并通过二维码扫描确认转借图书。深圳图书馆开展文献转借服务，用户间可通过“我的图书馆”APP 转借书籍。内蒙古图书馆在线图书转借服务，由用户间通过手机 APP“彩云服务”在线扫码确认，若用户间因相隔太远见面不便，也可以就近预约彩云智能中转云柜，还书用户扫码打开云柜，把书放入箱中，借书用户再次在同一云柜扫码开箱，实现图书转借。

（三）空间再造服务的实践状况

随着信息技术的高速发展，知识和信息的交流与传播方式发生了变化。人们对泛在知识环境也提出了更高要求。随着图书馆服务逐步以“面向用户”为发展重心，图书馆成为人们学习和沟通的重要场所。在智慧化建设进程中，图书馆空间发挥着不容忽视的作用，它被赋予的服务功能更加丰富。图书馆空间在智慧服务上的表现是能够满足用户复杂多样的要求，并提供有知觉的智能服务[①]。随着图书馆智慧化的发展要求，原来的图书馆空间已不能适应用户需求，很多图书馆都在积极创新，探索空间再造的道路。

研究发现，公共图书馆中将近半数都在开发创客空间。但因公共图书馆所处区域的经济不同，服务理念也不尽相同，它们所创建的创客空间亦有差异。目前国内大多数公共图书馆已经开始尝试利用自己的资源优势来搭建创客空间，并取得了一定成效。例如，2013 年，上海市图书馆率先在全国范围内开展创客空间探索工作，基于数字技术和文化创意，打造出“创·新的空间”，在馆藏文献上予以最大的支持，主题是“知识交流，活化创意”。该馆利用不同种类创新型活动项目作为载体，营造创新气氛，将创新灵感与设计联系起来，创建信息共享、学习与交流复合型、给创新者一个自由发挥的空间，同时通过对社会资源的整合利用来推动创客教育发展。

深圳市图书馆打造的创客空间，集“学习、探究和开拓思维”于一体，划分出创意作品展示区、创意设计与制作区、调研学习区以及探讨交流区 4 个空间功能区域。每个分区都有自己的特色，通过多种方式来满足不同人群对创客空间的个性化需求。创客空间的建设对于我国公共文化服务事业的发展具有重要意义，它不仅能够推动公共文化资源的整合与利用，还能促进公共文化服务供给侧改革。在深圳图书馆，创客空间倡导用户开展创新活动，向用户传达创客所具有的某些特质，比如理念、思路、能力和素养，它倡导用户进行分享式互动，鼓励用户之间相互交流信息。该馆引导用户开展实践活动，3D 打印、机器人实训、手工机床等完整的创客文化服务体系被引入，为用户创新提供实践平台，训练用户的动手协

① 高协，等．智慧图书馆的空间设施构想［J］．2018（6）：15－20.

作能力。

黑龙江省图书馆的创新空间内可让用户体验VR虚拟现实，接受机器人教育培训，同时还开展一系列开发智力课程，比如专注力、记忆力训练课，手工创意课，速读体验课等。另外该馆还有许多创意沙龙活动，比如体能训练沙龙、疯狂英语沙龙、易物沙龙等，通过这些手段来激发用户的学习交流兴趣，增强用户的创造力和动手操作能力。

（四）虚拟体验式服务的实践状况

首先，在虚拟现实技术基础上，VR所提供的沉浸式体验其目的在于使读者获得知识和信息，提高对图书文献资源的利用率。通过对国内外部分高校和研究机构调研发现，我国高校图书馆在资源建设、读者管理、环境营造以及信息素养教育上都已具备了开展虚拟体验式服务的条件，可以从图书馆资源管理和检索、VR阅读和空间导航及漫游三个方面介绍虚拟体验服务。例如，黑龙江省图书馆就给用户带来了多视角VR体验，既有安全科普，又有互动场景，还有一些基于虚拟现实技术开展的特色服务项目。吉林省图书馆利用VR虚拟现实技术举办贺新春数字文化虚拟现实体验活动，并且活动素材持续更新，2019年，新VR场景被设计出来，以情景表现春节传统年俗和民间故事，使用户身临其境地体验春节文化，增强用户对传统文化的认知。辽宁省图书馆设立VR体验区，运用虚拟现实技术搭建沉浸式场景，让用户体验传统文化。深圳图书馆、湖北省图书馆及湖南省图书馆等也纷纷提供了虚拟现实体验VR的服务。

就图书馆的资源管理和检索而言，VR技术主要用于文献检索，该技术能够引导用户进行特定操作。通过对现有文献信息资源整合和分析，利用数字科技手段实现资源共享，并以数字化形式呈现给读者。例如，深圳图书馆对图书馆的3D建模，将图书馆资源位置精确展示为三维空间，对用户进行资源导航。由于VR技术应用成本高昂，技术有障碍，图书馆对VR技术应用程度还不深，其适用范围比较有限。

二、图书馆智慧服务的成效分析

（一）东部地区图书馆智慧化发展较为发达

东部地区图书馆凭借自身经济优势，有力促进了图书馆智慧化发展。比较其他区域图书馆，东部地区图书馆的智慧化发展更加发达，所提供智慧服务的内容也比较符合用户的需求。所以从整体来看，东部地区图书馆的智慧化建设水平高于西部地区。例如，东部地区的图书馆不只在自助借还书业务上使用RFID技术，在安全门禁、智能书架和其他业务方面都有运用RFID技术的痕迹。RFID技术还被深圳图书馆运用到了书籍的快速盘点和智能分拣服务中。上海图书馆很早就引入了iBeacon技术、二维码和位置定位相结合的方法，用户可利用手机APP对书籍所处书架位置进行快速定位，通过阅览室时，可随时了解所处楼层和阅览室具体方位，在APP中点击地图，可以看到阅览室详细信息和最新读者活动情况。

（二）各图书馆智慧服务各具特色

观察发现，每个提供智慧化创新服务的图书馆都有各自的特色，基本都是根据自身条件提供特色化创新服务。比如，深圳市图书馆的特色是构建了高效、无差异一站式图书馆服务平台——“图书馆之城”，给读者带来极大便利。上海市图书馆的特色是咨询机器人“图小灵”的投入使用，利用iBeacon技术对读者进行定位，增加咨询机器人和读者之间的交流。首都图书馆的特色是实现了线上线下的互动和沟通，其开发的“市民学习空间”为其他图书馆树立了典范。辽宁省图书馆的特色是提供“辽图约书”服务，让广大读者足不出户，就可以做到网上借书，享受工作人员送书上门服务。黑龙江省图书馆的特色是建设了提供电子书籍在线阅览与下载服务的“智慧书房”。吉林省图书馆的特色是运用VR虚拟技术举办了贺新春数字文化虚拟现实体验活动，给广大读者带来身临其境的新春文化体验。山西省图书馆的特色是开发了“人脸识别借书”服务，读者在山西省图书馆微信公众号录入人脸信息，绑定读者证，即可进行人脸识别、免证借阅。内蒙古图书馆的特色是推出了读者可直接到任何书店下订单借阅图书的“彩云服务”。

（三）各图书馆智慧服务以人为本

“以人为本，面向用户”是每个图书馆在智慧创新服务中应该遵守的理念。其目的是使用户能高效、方便地利用图书馆提供的各项服务。从图书馆智慧服务的发展趋势就能展望到未来智慧城市公共文化服务体系的发展方向，以期推动我国智慧城市公共文化服务体系进一步完善。运用RFID技术，图书馆开发了用户自助借还书功能。全天候自助图书馆和全天候街区图书馆的建立更方便用户在任何时间、任何地点借阅和归还图书。图书馆通过智能终端向读者发布图书查询和预约等功能，方便人们查找自己所需图书，提高图书馆的服务水平。摆放在公共图书馆中的咨询机器人，不仅能帮助用户解答一些基本问题，而且能和用户产生一定程度的互动，用户无需向图书馆工作人员寻求帮助就可以获得所需信息和资料，最大限度地减轻了人工劳动，并且图书馆工作人员通过整理咨询机器人的用户咨询记录，能够了解到用户的普遍需求，从而对所提供的各项服务进行完善，使图书馆服务更有效率。另外，基于支付宝芝麻信用借阅服务，用户借阅图书流程更方便，用户可在家中完成借书流程，信用好的用户无需交押金，即可享受图书馆工作人员或相关物流人员送书上门服务。图书馆提供的二维码自助借书机不仅可以帮助读者快速找到图书，还能够根据读者的喜好来推荐合适的图书。综上所述，图书馆的智慧和创新服务深得民心，给使用者带来很大方便。

第三节　智慧图书馆服务建设模式

一、个性化信息服务建设

（一）图书馆个性化信息服务概念

各图书馆所提供的智慧创新服务，是建立在现代技术运用之上的。在图书馆服务上融入创新技术可以大大提升图书馆服务的工作效率。这里主要研究基于物联网的智慧图书馆系统建设与发展，并以“图书馆”为中心开展具体实践。图书馆对读者而言，更像是一个求知的圣地，它为我们提供了丰富的参考资料，拓展我们的知识面，使我们提升学术与自身修养。随着网络信息技术不断发展，图书馆个性化信息服务逐渐成为一个新的研究课题。把图书馆的个性化信息服务一般分为两种：其一，在任何时间、任何地点满足用户的信息个性化需求；其二，以读者信息分析为主，向用户提供信息决策服务。图书馆要想更好地开展个性化信息服务，必须了解读者阅读倾向和需要，并根据这些情况制定相应的策略。

从广义上讲，“用户有需求，图书馆有供给”，就是图书馆个性化的信息服务方式。目的是为用户提供个性化信息。随着网络信息技术的不断成熟，数字图书馆建设成为当前图书馆发展的必然趋势，并取得了一定成果，但是仍存在一些问题有待解决。智慧图书馆提供的个性化信息服务，它的服务内容是以传统的共性信息服务为依托，多使用个性化系统、智能软件和其他符合用户个性信息要求的软件。通过对当前国内外学者关于智慧图书馆个性化信息服务文献分析发现，目前国内相关研究成果多集中于高校图书馆方面。智慧图书馆服务的时间和场所随着移动智能终端设备的蓬勃发展而不再受局限，用户可在任何时间、任何地点查询个人信息和馆藏资源。

（二）图书馆个性化信息服务特征

1. 针对性

首先，我们要明白个性化的信息服务的核心是满足用户的信息需求。而用户的真实需求具有多元性，需要图书馆管理人员充分考量。比如，通过对读者的职业、爱好进行调研，预测读者的需求方向。

2. 可定制性

基于网络环境，检索策略、信息内容和网页界面是个性化信息定制服务的主要内容。以网络服务个性化为目标，按用户规定的模式，该系统能够灵活提供服务。换句话说，不同的用户在登录系统后，可以自定义界面风格和服务方式，每个人可根据自身喜好拥有不同的权限。

3. 可交互性

个性化信息服务是基于网络环境下开展的一种新型服务方式，主要提供专业信息定制与咨询服务。而互动服务也是图书馆个性化信息服务中不可或缺的一部分，强化互动服务可以帮助信息检索能力不足的用户更高效地使用图书馆功能。比如：用户需要专业的文献资料，学科馆员服务模式能够积极主动地为其检索、提供。同时，用户不必亲临图书馆，通过电子邮件和即时通信软件就可与图书馆员联系，这些创新服务模式给用户带来了极大的便利，加速学术创新。

4. 智能性

图书馆开展个性化信息服务发展的必然趋势——智能化。要实现智能检索，信息导航以及信息库管理等功能必须采用智能技术。智能图书馆建设中应用了多种智能工具和方法。特别是在智能代理技术方面，利用它的推理能力，能够较为准确地对用户意图进行判断，然后有的放矢为用户提供资讯。利用它们的信息过滤功能，能降低信息干扰，准确地为用户提供资讯。通过对用户进行调查问卷发现，目前大多数用户都倾向于使用智能代理技术来获取自己所需信息。随着信息需求的不断变化与更新，智能代理技术也能自动检测、下载保存数据，能主动向用户推送消息。

5. 主动性

个性化的信息服务有别于传统被动服务，其服务具有主动性，突出“信息找人”。在个性化信息服务的基础上，借助现代信息技术，图书馆积极感知不同用户个性化的信息需求，以及将用户所需的信息进行适时推送。

（三）图书馆个性化信息服务平台建设的意义

1. 顺应高新技术和通信革命发展潮流

当今时代，图书馆个性化信息服务的实现有赖于通信手段的改革。从图书馆开展个性化信息服务的必要性出发，现阶段我国图书馆个性化信息服务仍存在问题及不足，基于云计算理念，需要提出更有效的图书馆个性化信息服务策略。借助互联网技术，图书馆与图书馆之间、图书馆与用户之间可实现良性交流，在此基础上，结合移动终端的普及，开展基于微信公众号和支付宝平台的高校图书馆个性化信息服务平台的设计。一般的图书馆藏书都很丰富，利用文献检索传播处理技术，为图书馆开展个性化信息服务提供了技术来源与数据库支撑，在信息服务模式上不断地刷新着用户的传统认知，转变用户获取信息的方式。

2. 有利于图书馆的建设和长远发展

图书馆是提供知识传播和利用的重要场所之一，在当前市场经济环境中，如何发挥图书馆的优势，为用户提供更为便捷和有效的服务成为一个新课题。图书馆应把用户的需求放在第一位，加强其信息服务能力建设，才能提升信息服务效率，推出更有效，更有质量的信息服务资源。这需要对当前图书馆信息服务存在的问题进行分析，提出构建图书馆个性化信息服务体系的建议，以便增强市场竞争力，更好地为客户服务。

（四）图书馆个性化信息服务基本实现方式

1. 个性化信息资源管理服务

图书馆构建私人信息数据库的前提是确保信息资源充足。用户可根据自身的需求与爱好，完全独立地对私人数据库进行定制与编辑。图书馆可建设特色的资源馆藏，如特色数据库和专业学科库等，给用户带来个性化的信息服务。信息资源整合系统的引入可以统一、无缝连接、检索图书馆各馆藏数据库。

2. 个性化信息推送服务

在计算机网络技术的支持下，个性化的信息推送服务是从用户的信息需求出发，图书馆网站积极向用户推送有用的信息，为用户节约盲目搜索的时间，提高信息检索的效率，节约网络资源。

信息推送服务主要分几步进行。第一，通过图书馆所提供的个性化系统，用户录入基本信息和爱好兴趣。第二，由人工或个性化信息系统自动分析，甄别和整理信息，建立用户信息需求模型。第三，在信息库或其他资源库中检索用户信息中的关键词，根据用户自定义需求将搜索到的资料分类整理，最终把消息准时向用户推送。

3. 个性化信息素养教育服务

毋庸置疑，图书馆是信息传承的主要阵地。用户的信息素养越高，越能迅速地得到自己想要的信息。因此，加强图书馆信息素养教育势在必行。目的是增强用户的信息意识以及搜索能力。因时代不同、受教育程度参差不齐，图书馆的服务对象具有鲜明的层次性，不同的用户对于图书馆的认识和利用程度各不相同。图书馆对用户进行信息素养教育，还需要有针对性和层次性。第一，图书馆作为承办方，邀请用户参加有关的课程培训。第二，图书馆要通过各种途径宣传推广信息素养教育内容，吸引更多读者主动参与其中，推送内容需要精简，方便用户利用碎片化的时间进行阅读。

（五）图书馆个性化信息服务开展瓶颈

1. 管理机制问题

（1）管理体制的局限性。目前我国的图书馆系统管理体制，整体上尚未具备完整的宏观调控能力，管理结构的建设程度不够充足。虽然图书馆资源共享工程已经取得了不可忽视的建设成就，然而信息服务的覆盖范围依然不够广，有着较为明显的区域局限性，合作范围依然固定在各省市区的内部，彼此分割为独立单元，没有构成一个全国通行的体系。现行的图书馆之间的大范围合作和应用不充分，能够提供的信息服务相当有限，且种类短缺，一般只包括馆际互借和文献传递之类的基本联动，合作条件限制了个性化信息服务的水平。

（2）服务能力的局限性。现行的图书馆运行机制往往比较刻板，可运转空间较为有限，很难为用户创造符合个人需求的个性化信息服务。图书馆自身的性质和运作方式具有公益性，不将经济收益放在首位，优先强调社会服务性，这种性质虽然能维系图书馆的常规运作，得到国家部门的支持，但也很容易使相关工作人员缺少自我发展和完善的动力，造成馆内建设的滞后。这样一来，图书馆提供的服务有可能忽视用户的需求分析，缺少主动性和针对性，逐渐脱离个性化需求服务的标准，落后于时代的发展趋势。

（3）服务对策不足。我国的图书馆尚未构建统一的信息服务质量评价标准体系，所以在信息服务管理方面也无法给出合理的对策，工作人员不能主动、自觉地了解用户需求，缺少自发服务的动力。因此，图书馆无法高效、合理、自发地开展个性化的信息服务。

2. 信息资源建设问题

（1）资源结构不合理。现阶段，已经建成的智慧图书馆普遍重视数据库的建设，有些甚至专门为本馆设计和构建了特色数据库。在不断发展革新的信息技术影响下，用户越来越依赖于电子图书资源，展现出了越来越大的需求总量和需求种类。尽管图书馆的馆藏资源中包含了一部分电子资源，但依然不能取代纸质文献一直占据的主要地位。因此，要想更有效地满足用户的现代化、个性化需求，图书馆应该更加重视网络资源的建设，为馆藏注入更多优质的电子资源，并按照本馆的实际条件和用户的普遍需求，从现实出发，重新考虑和划分不同图书资源的比例，实现配置的优化。

（2）资源组织不够优化。传统图书馆的资源信息检索服务比较有限，只能让用户采用统一的方法检索简单、有限的关键词，但是，图书馆包含的信息资源数量庞大、种类繁杂，有限的关键词及其组合的描述不够详细，所以常常无法匹配用户真正预期的信息需求。另外，信息资源系统虽然有其不可取代的优势，然而也有一些弊端，比如目前的信息分辨与过滤功能还不够完善，容易收录许多无意义或参考价值不大的内容，为图书馆的用户查询和获取目标信息带来不便。

（3）内容服务深度不够。随着现代技术的飞速跃进，许多社会服务行业的用户信息需求也在不断变化，反映了时代的变迁和社会观念的进步。在这样的背景下，图书馆必须充分考虑用户的新需求，对信息进行收集、整理、加工，对信息资源进行开发利用，以实现用户多样化、个性化的要求。

当下，智慧图书馆信息服务中，馆情简介、馆内要闻、资料检索等仍是其承担的基本服务功能。尽管一部分智慧图书馆网站推出了一些个性化信息服务，然而，图书馆能够对此给出的回应非常简单，仅是把系统提供的相关领域的文献或书籍推送给用户，基本不具备对信息“二次加工”的条件，个性化信息服务停留在非常浅薄的层面，未能向深度拓展。

3. 服务问题

（1）信息服务观念问题。一是以资源为先，忽视服务功能。“重资源，轻服务”一直都是图书馆突出的弊端，这来自其根深蒂固的服务观念。即使是智慧图书馆建设，也很容易受这一观念的影响。虽然一部分智慧图书馆已经认识到了信息服务短缺带来的弊端，正在尝试转变旧有的观念，提出“以人为本，服务至上”，并逐渐革新服务种类，推出科技查新、咨询服务、代查代检等新项目，然而，传统服务观念在其中的影响依然十分显著。还有一种更为普遍的情况是：图书馆网站大都倾向于在主页最显眼的位置展示馆藏文献资源和各类数字资源的信息，其他信息服务的位置相对次要、偏僻，甚至直接放在二、三级目录里，这是大多数图书馆网站共同的问题。

二是个性化特征不突出。现阶段，图书馆开展的网络环境下的个性化信息服务依然停留在层次较低的信息服务阶段，单纯地体现为简单的信息推送，为用户提供的信息服务并非针对个人的具体需求，而是集体的普遍需求，有明显的共性特征，还需要用户自行查询并甄别信息，浪费时间与精力，降低服务体验。

（2）信息服务人员问题。基于多样化、功能详尽的网络环境，用户开始追求越来越多的个性化信息服务，同时也对工作人员提出了更高的要求，希望他们提供具有高知识含量、解决较深层次的问题的服务。然而当前这类要求其实很难得到满足，因为不管是维护个性化信息服务系统正常运转还是及时填补更新信息内容，都需要投入大量的人力，人工审查现有内容并予以调整完善。但是智慧图书馆存在信息服务人员少、工作量大等问题，直接导致信息的深层次服务很难开展。不仅如此，智慧图书馆个性化信息服务覆盖面比较狭窄，相关人员技术素养也比较有限，甚至不具备充足的学科知识，科研活动涉及的技术、信息分析能力还比较落后。

（3）信息服务反馈问题。智慧图书馆对信息服务的反馈比较重视。用户可以直接向图书馆的官网邮箱发送反馈的电子邮件，也可以找到专门的意见信箱发表自己的意见，总之，在信息服务的支持下，信息反馈已经成为非常快捷的流程。不过，这其中依然存在许多问题：一方面，图书馆的工作人员不一定能够及时阅读和处理反馈信息，这样就无法有效解决用户的问题，甚至给用户一种冷漠疏忽的感觉，从而降低本馆口碑、失去用户信赖；另一方面，用户的需求描述不一定准确，工作人员无法准确理解反馈的内容，甚至会有一些超出本馆当前服务能力和基础建设的问题，这些因素都会制约图书馆个性化信息服务的发展。

4. 用户问题

用户所表现出的信息方向反映了其多元化、个性化的心理诉求，而这两个特征主要来自用户的获取与识别信息的能力。用户的个人喜好与信息需求决定了其信息行为，具体包括信息选择行为、信息查询行为和信息使用行为。而不同年龄、身份、阅历的用户也拥有不同的信息能力，如果信息能力不足，则用户在面对大量信息时就很难有效快速地找到所需信息。假如图书馆无法合理引导和利用用户的信息需求，最终就无法使用户有效地运用本馆的文献资源和数据库，造成资源的浪费和服务质量的下降。所以，对用户的信息需求进行引导是非常必要的。

从前文的论述中可以看出，图书馆个性化服务基本实现途径涉及个性化信息素养教育服务。尽管一些图书馆已经着手开设用户培训模块，协助他们掌握一些获取信息的技巧，特别是注重新用户的用户体验和场馆熟悉，但是相关投入还比较有限，普及程度也不高，大部分用户仍然会受到使用习惯的影响，信息获取能力停留在较低的层次，无法及时获取最新、最有效的信息。

5. 系统建设问题

当下，有相当一部分图书馆都专门给予网络平台构建了自己的系统，开设独立的网站，当然其中不乏更进一步建设个性化信息服务系统的尝试，“我的图书馆”就属于此类。

从实际操作情况来看，图书馆的信息推送服务主要以用户注册时填写的相关信息作为参考依据，可能包括专业、学科方向、兴趣爱好等，之后借助一些私人性质的方式反馈给用户（比如发送短信或投递电子邮件）。显然，这样的信息推送包含的内容是有限单一的，不能保证所提供的信息质量，也无法提升用户的满意度，限制了个性化信息服务的开展。

在我国相关领域着手建设个性化信息系统之前，国外已经开展了相当长时间的信息建设工程，因此可以提供较为成熟的经验和方法，使后续的信息服务工作建立在稳定的基础之上。不过，这也带来了非常明显的问题：每家图书馆的网站设计都大致相同，拥有彼此类似的界面和功能，特色比较薄弱，更多流于形式而非实用价值，不能充分体现本馆的特色，也没有考虑结合用户的实际需求。此外，很多图书馆都倾向于建设独立性强的个性化信息服务系统，很少和馆内的电子资源系统建立互动和合作关系，不能将馆藏文献和电子资源的检索功能整合在一起。这些问题都极大程度地制约了个性化信息建设的发展，约束了用户的服务体验。

（六）图书馆个性化信息服务开展思路

1. 了解用户需求，提供个性化服务框架

作为个性化信息服务的直接应用对象和承担主体，用户决定着个性化信息服务的性质，其知识背景、信息行为、获取手段和使用习惯等都会影响着信息服务的利用情况。所以，个性化信息服务的开展应该深入结合用户的学科领域、研究兴趣等，专门收纳用户需要的信息资源，打造符合个性化原则的信息服务环境，按照馆藏资源的更新和用户的需求变化，向用户主动推送符合其兴趣特点和发展需要的信息。也可以考虑广泛收集用户的基本信息，充分考虑用户的实际需要，随时了解用户的个人阅读爱好和信息需求变化，构建围绕用户个人需求的信息库。

基于智慧图书馆的个性化服务这一前提，图书馆能够依托于数据挖掘和智能分析，深入挖掘各个读者的个性化需求，开展全方位、多层次、多视角的读者阅读模式调查，之后分析汇总用户的个性化需求，让读者获得个性化的、框架结构完整的咨询服务和阅读服务。

2. 改变服务观念，提供精细化阅读服务

如果能够完全遵循读者的实际需求打造个性化阅读服务平台，则从长远来看，这类策略有助于减少成本投入。在制定个性化服务时，图书馆应

转变服务观念，以读者为出发点，参考以下三个具体的方面，令读者体验更加细致全面的阅读服务。

第一，图书馆馆员自身应该确保数据分析符合科学严谨原则，应当依据大数据分析得到的决策来推进管理和服务工作，而不能仅仅凭借个人工作经验和感性认识提供服务。基于这样的标准，工作人员自身需要提高信息素养，尽量培养主动监管用户隐私安全的觉悟。智慧图书馆应该提升工作人员的大数据处理与管理能力，保障在大数据收集、整理、解读和最终制定方案中的规范化和科学化，借助最理想的方式从海量大数据中挖掘出隐藏的相关逻辑和有用成分，不会因为大数据分析团队的专业知识缺失，导致数据的采样和分析产生脱离实际的结果，不符合全面、客观的分析原则。

第二，智慧图书馆如果希望提供细致全面的阅读服务，不仅要有意识地引导读者的个性化服务形式的拓展，还应该对所有读者需求都有比较系统的掌握。智慧图书馆需要以读者作为主体，在保证服务质量的前提下，推演后得出一个具有实际意义的大数据策略分析目标，并充分发挥该目标的优化效用，从根本上改变图书馆的个性化服务水平，一步步打造出更为精细化的阅读服务。

第三，对于智慧图书馆大数据资源来说，读者参与阅读的积极程度是提升有效性的核心要素，所以智慧图书馆应该将数据出现显著变化性与流动性的读者作为关注和分析的重点，密切关注此类读者的阅读追求和实时动向，将重点读者的实际阅读需求放在重要位置，促进关键数据的合理运用与决策。

3. 基于数据挖掘，提供智慧化阅读服务

首先，图书馆需要仔细地了解读者对于智慧服务的诉求和期待，基于大数据分析与数据挖掘的信息优势，支持智慧阅读服务的构建，尝试探索并解读不同读者的活动特征和需求方向。不仅如此，智慧图书馆建设者还有必要深入地分析读者群体之间的差异性，尽量从读者差异化阅读需求的角度出发，提供精准服务。

其次，智慧图书馆应该充分考虑不同读者的行为信息，有意识地采集、整理此类数据，并完善与行为感知相关的情景服务，其中涉及阅读的地点、形式以及渠道等信息。在感知情景服务的过程中，系统能够充分收集读者的行为偏好，积累用于预测的数据，之后为特定的读者推荐、建构对应的模型，一旦该读者在同一平台反复阅读并留下浏览信息，馆方就可以通过地点、形式和渠道等信息，预测并推荐读者希望阅读的书籍，提升读者的兴趣，巩固、拓展读者的阅读体验。

最后，物联网是智慧图书馆全面构建、发展壮大的技术基础，智慧图书馆的服务对象始终是读者，因此智慧化阅读服务应该以人为本，促进作为主体的用户同服务机器之间的智慧交互，实现空间、资源和读者的三位一体的交互协同。此外，要想构建以人为本的智慧化服务模式，还需要进一步地了解读者阅读端的各项内容，由此深入地了解读者活动的特点，予以适时反馈。

4. 依托大数据技术，改善信息检索服务

在当今社会不可阻挡的大数据发展趋势下，信息的增长态势迅猛，图书馆承载的信息总量越来越大，资源类型和信息种类也越来越详细、不断趋于复杂，因此用户在信息检索时可能遇到的困扰也会更多，这样容易给图书馆的服务带来不便。为此，图书馆需要合理利用大数据技术，改善信息检索搜索引擎，为用户提供更多针对性强、准确率高的个性化信息。

个性化信息服务不可缺少的构成要素之一是个性化搜索。现有的搜索引擎可以在大数据技术的支持下获得基本的语义分析能力，还具备智能人机对话功能，在用户通过平台检索信息时，大数据技术可以发挥挖掘功能，收集用户行为的详细数据和关联信息，再经由系统化分析判断用户的实时信息需求，解析用户的潜在阅读愿望。之后，按照关联程度，主动向用户推荐根据搜索习惯得出的相关信息。

5. 吸引、帮助用户，重视相关服务反馈

（1）定期开展信息交互。图书馆可以按照现有的常规时间作息，安排一些面向大众的知识讲座，让用户可以从中及时获取图书馆的新知识、新技术和新资源的推送，在对更多潜在用户产生吸引力，乃至使其成为正式用户之后，协助其掌握信息获取的手段和方式、基本的检索工具和技巧，充分利用图书馆的全部信息资源，锻炼用户的信息获取能力，同时使老用户接受更高层次的深入再教育。不但如此，还可以考虑在图书馆的官方网站页面上展示协助配合知识讲座的文件，以供用户作为参考之用，随时下载并温习。

（2）重点引导面向用户的服务反馈。用户的信息反馈在图书馆个性化信息服务的建设方面也相当重要，相关服务项目应该加以巩固。其中，服务的具体内容与形式，信息的涵盖范围、准确程度、实时步调，用户是否熟悉并能熟练操作系统的不同功能等，都是负责收集和分析反馈信息的工作人员应当考虑的问题。要借助信息设备的收集功能与整理功能，从用户的反馈信息中及时发现服务存在的问题，从而对个性化信息服务进行调整。

6. 保障信息安全，完善隐私信息保护

图书馆发掘、采集并储存着读者的行为信息、阅读信息和基本信息等，面对互联网和大数据高速变迁发展的宏观社会背景，务必对读者的信息安全负起相应的责任，使用户在接受阅读服务时还受到隐私信息保密系统的充分防护。图书馆主要从三个关键方面着手，对读者的信息安全负责。

第一，不管是高校图书馆还是其他经营性质的图书馆，都有义务严格遵循政府出台的信息安全相关法律法规。

第二，在智慧图书馆服务器的构思和建设中，权限管理也是一个非常重要的环节，相关工作人员应当为服务器的安全保密提供根本上的保障。

第三，智慧图书馆在构建读者服务系统时，必须严谨考虑读者的个人信息获取渠道，做好周密的防范措施和保护措施，在一些有隐私信息泄露风险的读者阅读地点、涉及隐私内容的馆内互动或操作等场合下，尤其要投入更多防卫措施。

（七）图书馆个性化信息服务的范例

1. 中国农业大学图书馆网站

中国农业大学图书馆的主要优势在于其高度发达的自动化与全开架管理模式，该模式采取藏阅结合的设计和服务理念，所有图书馆功能的出发点皆在于方便读者。因此，中国农业大学图书馆能让读者接触最充分的个性化信息服务体验，包括图书馆定制短信、RSS 信息发送、私人邮箱等，可让读者随时查询个人的借阅情况、接收馆方的最新消息等。

个性化信息服务还涉及可视化分析，图书馆的现有功能中同样包括可视化分析功能，依据读者个人习惯特征或者在校所属系别归类，从年度热门借阅数据之类的信息入手，在资源检索模块中协助用户更有效地分析图书借阅趋势和知识对应书籍，熟悉不同文献之间存在的借阅关系，从而发现更全面准确的相关信息联系，帮助用户更好地了解资源。此外，整体建设重点集中在四个方面：个性化资源服务、文献信息储备建设、数字化工程以及文献资源共享。另外，借助“我的图书馆”这一模块，用户还可以根据个人的需要，寻找并加入自己需要的服务模块，随心所欲地为自己设计个性化服务，更好地享受个性化服务。

2. 浙江大学图书馆网站

浙江大学图书馆拥有充实且多样化的馆藏资源，同样为读者提供了个性化的信息服务。用户能够享受的服务除“我的图书馆”之外，还包括情报资源服务、信息交流平台、学科资料索引等。其中，信息交流平台的主要优势在于充足的信息资源、先进完备的硬件设备、灵活多样的学习格局和协同共享的学习价值观。不同的分区空间对应用户不同的课题和个人喜好，用户可以随时预约有兴趣的小组空间开展学习交流，与在校老师和同学一起分享自己的阅读心得体会。另外，在线图书馆还能提供多媒体教学服务，如信息素养、视听教学、学科导航、参考咨询等。

3. 同济大学图书馆网站

同济大学图书馆与其他学术机构或院校图书馆的互动交流非常充足，这是其主要优势所在。该馆从许多具有社会声望的大型综合性数据库、各种符合权威标准的专业学会订购了海量文献数据库。同济大学图书馆一直以来的办馆宗旨都是“读者第一，服务至上”，多角度服务师生，为院校科研和教师教学作出力所能及的贡献。

双伙伴计划是同济大学图书馆为用户提供的诸多个性化信息服务之一。“双伙伴”的意义包括“知识伙伴”和“科研伙伴”，意思是让专业知识较优秀的用户和信息素养较强的用户之间达成合作关系，在相互协助中共同获取学习资源，由此让全体用户体验个性化程度更强、更准确的学科信息服务。

4. 华东师范大学图书馆网站

华东师范大学图书馆在多年的建设工作中逐渐形成了研究性质突出、综合色彩强烈的馆藏特征，该馆为本校的教学和研究工作提供了完善的机构服务和相当充足的文献信息保障。另外借助校园 VPN 的模式和自动化集成管理系统的用户认证手段，帮助本校学生实现了图书馆数字资源的实时远程访问。图书馆还在校内建设了革新性的图书馆信息服务环境，将图书馆的功能极大地拓展。

二、社交网络服务建设

（一）图书馆社交网络服务的特点

1. 服务主体的针对性

现代互联网社交平台的规模体量相当庞大，这些平台通常都会从自身掌握的不同条件和面向的不同群体出发，提供并持续增添、完善不同类型的服务。其中，图书馆社交网络服务是一个专门的类别，它的服务对象主要是本校的师生，在校人员都可注册成为正式用户。这种模式有一个明显的好处：服务的主体均是特定成员，因此每个正式用户都可以找到一定程度的共同关心的议题，彼此之间的亲近感和认同感都比其他类型的图书馆用户更为强烈，对待本馆的忠诚度也会更高。

2. 服务内容的丰富性

社交网络平台强大的功能特性是图书馆赖以发展的重要资本，如果其能与本馆的服务实现有机结合，就能推出多方位、全覆盖的高质量信息服务。图书馆通过与用户建立好友关系，能够充分发挥推荐与搜索的功能来促进资源的交互，借助群组等交流功能接收参考咨询并开展话题讨论，通过信息推送功能来公示各种相关通知和大众信息等。

3. 话题讨论的自组织、去中心性

用户不仅是信息的接收者，同时也是话题的发起者，能够从个人的兴趣和需求出发，向更多人抛出特定的话题，展开讨论，所以，个体并不一定是信息传播的终点，更多情况下能够成为信息传播的起点。用户本人的需求和意愿可以以图书馆的社交网络服务作为平台，面向馆方和大众有效地展示。这种信息传播方式的最大特点在于去中心性的自组织结构，能够非常有效地激发用户的参与积极性。

4. 信息交流的良好互动性

用户通过基于移动终端且高度普及的社交网络，能够快捷地接收来自各方的信息，和不同的人群展开跨越空间的交流互动。图书馆也应该认识到社交网络在现代信息交互中的重要意义，与用户开展高效且准确的交

流，建立一种范围长远、角度灵活的沟通关系。这样能够随时了解用户的个人情况，在出现疑惑、需求或困难时及时予以解决。

（二）图书馆社交网络服务对策

1. 切实选取图书馆社交网络服务平台

平台设计者在最初选择社交网络服务平台时，应仔细审视信息传播和服务的实际效果，不能够仅从表面着手，笼统地运用当下所有可行的流行社交网络服务平台；同时也需要结合不同平台的信息传播特点和用户的习惯与取向，充分考虑本馆所掌握的实际条件，来选用功能最匹配、可行性最高的社交网络服务平台开展信息服务。首先，移动服务是一个可以密切结合的普遍手段，适合用户实时发布信息、接受参考咨询类信息服务等，具体的常见形式包括微信、微博公众号等；其次，社交网络服务论坛平台也是一个比较理想的选择，对于交流话题经验、整合资源、组织线下活动等都能起到非常理想的效果。

2. 注重图书馆社交网络服务内容及特色

（1）资源整合。仔细整合现有的馆藏资源和网络资源，让用户和资源间建立紧密的对接关系，以便每一个用户接收优质且充足、适应个人发展需要的资源。图书馆要充分体现自身信息组织、分析和提取知识的意义，通过对资源的有序化组织，让不同的馆内资源组成一体化模式，协助读者借助多样化的途径，收集、整理并最终利用自己需要的各种资源。

（2）特色服务。开展一些人性化且体现本馆独特优势的服务内容，如本地实时天气查询、本校重要活动公告、校园周边建筑查询、本地美食、校园新闻和轶事、学习应用推荐等，激发用户积极参与的认同感，使用户对本馆乃至校园产生依赖心理，保障理想的社区的交互度，利用社区环境实现泛在化的服务。

3. 制定社交网络服务平台的管理机制

当下，国内社交网络服务平台中存在的最为普遍的问题之一在于对应管理机制的缺乏，即使已经建立了比较完整的社交网络服务平台，之后也难以维系常规的、有效的管理流程。这样一来，平台由于得不到定期维护，功能会逐渐落后于用户的需要，从而不断失去新老用户，最终导致整个平台的荒废。所以，社交网络服务平台尤其需要重视日常管理，组织专门的管理人员定期更新平台内容、补充平台功能、回馈用户需求，并及时回应用户的各种咨询。为了调动用户积极性、维系其对平台的认可度和依赖度，服务平台可以定期开展各种类型的互动活动，鼓励用户广泛参与。与此同时，要从用户中发现具备意见领袖潜质的人并加以悉心培养，从而提升本平台在全体用户乃至社会面的美誉度，不过，这一切都要基于维护用户隐私的前提。

（三）图书馆社交网络服务需注意的问题

1. 加强服务宣传

图书馆需要在自身的社交网络服务宣传力度上加大投入，让全体用户更好地熟悉服务的内容和服务产生的便利性。为了满足上述要求，首先，借助图书馆网站、图书馆内安置的宣传海报或者黑板报之类的方式开展宣传工作，鼓励用户参与；其次，通过网络培训、组织线下交流活动、推广信息素养课程等方式来推进宣传，还可以考虑同高校内部的相关管理部门进行合作，让用户熟悉并认可本馆社交网络服务的主要长处和重要功能，在社会范围内产生影响，吸引并接纳更多潜在新用户，引导其自发加入学习、探索和信息获取的行列。

2. 关注用户需求

图书馆应从宏观角度来收集并分析用户的需求，按照用户普遍追求程度最高的服务需求，设置相匹配的信息服务，为用户创造协同支持。具体来说，可以借助推广服务调查问卷、基于社交网络平台安排服务建议版块等手段，从多个主体和多方领域收集意见，同用户开展深入交流，结合用户需求全方位调整、更新自身的服务水平。由于不同类型的用户会有不同的需求，所以在考量整体诉求时，有必要深入分析用户的个性化需求，从不同类型的用户特点出发，遵循“按需服务”的原则，开设更有针对性的服务内容，营造不同的服务策略，使全体用户都能够在付出最少精力的情况下顺利收获最理想的服务。

3. 提高服务质量

（1）服务内容。图书馆服务的内容应当以所依托的社交网络服务平台为基准，针对不同平台的特性，做到扬长避短，尽可能为用户提供丰富的服务功能；要及时更新动态，发布可靠而完整的信息。

（2）参考咨询。要尽可能做到及时而有效的回复，提高服务效率，努力满足用户需求。

（3）服务馆员素养。要增强馆员的网络信息素养和职业道德观念，努力做到以用户为中心，积极、耐心地为用户提供服务，提高用户满意度。

4. 建立相应的激励制度

图书馆要结合社交网络服务平台和自身业务来设计相应的激励制度，以此提高广大用户的参与热情，在寓教于乐中通过创造富有价值的信息内容，成就自我价值实现。比如，通过对用户在某一时期或事件的全过程，依据其对参与次数、创建共享资源的数量和质量、用户关注度和评价等进行排名，并将排名进行公示，为获奖用户提供更多的借书权限、免费的上网时间、一定金额的免费打印服务等。

三、学科信息服务建设

（一）图书馆学科信息服务定义

当前，就学科信息服务的定义这一主题，存在两种观点：

一种说法是，所谓学科信息服务，不能再按照传统的模式进行，也就是要摆脱以往组织科技信息工作时的文献工作程序，相比之下，科学化的研究（如学科、专业、项目）是更为理想的发展策略。相关组织人员应当让信息服务摆脱阵地化的发展思路，向着学科模式改进，服务内容应该体现知识化的原则，不能单纯地等同于信息检索和交互。这样做是为了使信息服务更有效地协助用户满足需求，完成自我发展的任务。

另一种说法是，学科化信息服务只负责提供实际信息、数据或文献的传统服务，和信息资源的获取与传递没有直接的联系。图书馆所有工作的出发点都是用户的需求，只要用户提出了意见，就应该提供相对应的资源；它所要解决的核心问题都体现在用户的实际需求中，针对用户的困扰设计解决的思路和策略。

（二）图书馆学科信息服务的内容

1. 学科文献资源馆藏建设

学科文献建设，包括图书馆和对口服务单位对纸质印刷文献和电子文献的使用情况分析和评价，协助制订馆藏建设方案。对学科文献建设而言，高水平的图书馆文献具有覆盖面宽、动态性强、多载体化的特点。图书馆要在用户需求与资源保障之间架起一座沟通的桥梁，加强与用户之间的联系，帮助读者用户了解图书馆有关学科的文献资源与特色馆藏情况，包括各类数据库、电子期刊、（电子）图书和多媒体资源等，掌握相关学科的学位论文、名人捐赠等特色收藏，了解用户对图书馆书刊、电子资源的意见及需求情况，帮助用户充分利用图书馆的文献资源，为用户提供最基本、最全面的资源保障。

文献资源建设与学科信息服务是学科馆员职责的重要组成部分，也有学者强调馆藏建设是学科信息服务的核心和学科馆员制度能否有效实施的关键。美国有不少高校图书馆学科馆员的职责中就涵盖学科资源建设利用的全过程。随着图书馆学科信息服务工作的深入开展，学科馆员在与学科用户的密切交流和沟通中，对该学科发展与前沿预测有大概的了解与认识，熟知该学科文献主题范围与内容选择，在文献资源的购买与建设方面能够给出相对科学与准确的意见和建议。因此，学科馆员在图书馆学科文献资源和馆藏建设方面，具有举足轻重的作用和影响。

2. 开展各种用户培训服务

图书馆的学科信息服务对象与目标明确，提供了诸如图书流通借阅、用户培训、数据库资源等基础服务。图书馆高度重视对用户利用文献资源的各种培训。用户培训包括个性化指导与培训、信息素养课程的开设、电话沟通、提供书面材料、QQ在线咨询服务、参加邮件组讨论、网上培训等各种不同的形式。

（1）个性化指导与培训。每个科研工作者都有自己对文献信息与数据处理等方面的独特需求，在学科信息服务方面提供面对面、一对少，甚至一对一的辅导显得极为重要。这既能调动读者的积极性，又能针对课程内容提供学术资源检索知识及技能培训。当前，最常见的交互方式有电子邮件、表单、留言板、微博、QQ、微信等。学科馆员在面向不同用户群提供个别指导与培训的过程中，积累了丰富的指导与培训经验，能够完美展现图书馆的崭新形象和学科馆员良好的专业素养。

（2）信息素养教育。利用学科馆员具有专业背景的优势，图书馆所开展的学科信息服务内容之一就是多类型、多层次、全方位信息素养教育。信息素养教育具体包括面向全校的开放课程、馆内滚动培训、用户入馆教育、特色专题讲座、信息专员计划、嵌入式课程或讲座等多维拓展内容。北京大学图书馆开放的信息素养课程包括《电子资源的检索与利用》《信息素养概论》和国家级精品视频公开课《数字图书馆资源检索与利用》；

每个学期都会开设一小时讲座，并且根据用户反馈进行主题更新和升级，大致方向包括：新手上路（概览性、知识普及性讲座，针对新生），解锁数据库（针对本科高年级或研究生的数据库检索案例讲解），激发学术激情（针对论文写作、开题选题、研究结果展示等的手把手指导），软件达人（数据处理软件的培训与交互式指导），吸引了众多研究生、访问学者和部分教师的关注与支持，并收到良好反响。

（3）其他形式。深入了解相关用户的科研情况和学术发展动态，为相关用户提供咨询与培训服务，通过带领参观、电话沟通、提供书面材料、现场专业信息培训、参加邮件组讨论、网上培训等方式及时解答用户问题，协助用户进行相关课题的文献检索和定题检索服务，与院系学术带头人或科研团队建立联系，逐步做到有针对性地为教学和科研提供不同形式的咨询服务。

3. 学科资源导航（或平台）建设

学科资源导航或平台建设的目的在于将图书馆相关学科馆藏资源和网络学术资源进行统一提取与梳理，在同一个界面或平台上展示给用户，节约了用户的检索与甄选成本。高校图书馆在支持教学和科研方面建立多个导航，但各高校之间略有差异，主要包括学科导航（subject guides）和课程导航（course guides）两类，英文还有 research guides、topic guides等，我们将其统称为学科导航。

国外高校图书馆都提供学科导航和课程导航，且导航数量比较多。例如，哈佛大学图书馆有 546 个学科导航、78 个课程导航；杜克大学有 87 个学科导航、131 个课程导航和 42 个主题导航。蔚海燕对美国排名前十位的普林斯顿大学、哈佛大学、耶鲁大学、哥伦比亚大学、斯坦福大学、芝加哥大学、麻省理工学院、杜克大学、宾夕法尼亚大学和康奈尔大学进行调研，发现这些高校在科研和教学方面按照师生和科研人员的需求进行学科信息服务导航，同时提供诸如引用管理、数据分析、图书馆资源介绍等方面的导航。国内也有许多高校建有自己的学科资源导航或平台。如上海财经大学图书馆于 2011 年引进北美地区大学图书馆普遍采用的学科导航平台——Lib Guides 平台，开始创建学科导航的一系列服务尝试。导航类型包括课程导航（1 个）、通用主题（4 个）、学科导航（14 个）、主题导航（13 个）。涉及的学科有工商管理、外国语言文学、新闻与传播、法学、图书馆及情报学、公共经济与管理、社会学等。

学科资源导航（或平台）建设是图书馆提供学科信息服务的重要内容，借助学科馆员对学科专业知识信息的收集、整理、加工、组织与分析等能力以及在图书情报领域的专业能力和网络服务能力，建立面向学科和教学科研用户需求的学科导航，为广大用户和图书馆工作人员快速定位信息资源提供了极大的便利。

4. 宣传图书馆资源与服务

院系教师和科研人员忙于教学与科研活动，往往无暇了解图书馆提供的馆藏资源和学科信息服务，馆员有责任和义务对图书馆开展的业务与资源进行宣传推广。在调研分析用户需求的基础上，有针对性地推送资源服务和旨在提高院系师生信息素养的培训课程。目前，图书馆的宣传推广图书馆资源与服务主要在以下几个方面展开。

（1）不断加大宣传力度。通过加强与院系分馆合办活动、向院系投放宣传单、邀请院系在图书馆举办各种活动、在学校网站宣传、馆内大屏幕巡回播放图书馆学科信息服务介绍等方式，加强对图书馆的宣传力度，促进用户对图书馆提供学科资源与服务信息的全方位把握，让更多用户更直观地看见学科信息服务的优越性和可利用性。

（2）深入教学科研一线。许多高校图书馆的学科馆员在最近几年来，纷纷走出图书馆，走向教室课堂、实验室、设计室、院系培训会议等空间，主动与教学科研用户、院系领导等进行交流，详细介绍高校图书馆的学科资源与学科信息服务，使用户与图书馆之间建立无障碍的信息供需沟通渠道，提高图书馆的学科信息服务能力及工作效率。直面研究人员，学科馆员可以根据其科研需求和面对的问题，有针对性地进行宣传，改变研究人员对图书馆服务的原有认识与误解。

（3）借助多元载体开展宣传推广活动。信息化时代为图书馆的学科信息服务带来了前所未有的机遇，各高校图书馆纷纷借助多元载体对用户开展多种类型的宣传与推广活动，如定期与出版社、高校和企业协会合作举办学术性讲座和展览会，推广图书馆新书博客、学科博客、在大厅和休闲空间张贴时尚宣传图片和主题海报等。

5. 提供个性化服务

个性化学科信息服务主要是依据用户的科研偏好和习惯等，满足用户个体需求的学科信息服务。根据用户的特定需求，将与用户所从事学科领域或主题相关的文献资源、数据、特色馆藏等信息进行梳理分析，帮助用户提高对资源的利用深度。根据学科需要，量身定制新书通报、文献题录摘要信息及研究方向预测分析、热点趋势分析报告等信息。

（三）图书馆学科信息服务的特性

1. 学术性

学科信息服务主要解决学科教学和科研过程中遇到的研究性问题，其服务对象主要是科研人员（如大学教师、研究机构的研究人员、研究生等）。学科馆员的工作内容与教学、科研人员的工作相互交叉和渗透，带有明显的学术研究的性质。

2. 针对性

学科信息服务需要紧贴用户需求，提供针对性的信息服务，即与用户（如各学科专家、学者、教师等）紧密联系，及时掌握其具体需求，并通过在线服务方式，建立咨询对象的个人信息库，对用户的科研个性和需求进行分析，把握对象用户的科研定位，随时调整服务的角度、内容与方式，利用现代化的网络、通信设施，充分收集对象用户感兴趣的最新信息，制作成便捷的服务产品，主动快速地推送到用户手中。

3. 主动性

学科信息服务是一种外向型的服务工作。学科馆员应走出图书馆，与教师、科研人员结成合作伙伴，亲自参与他们的教学科研活动中，在参与中准确把握教学科研活动信息需求的方向和特点，主动为科研和教学活动提供相关的专业信息。学科馆员与服务对象之间的关系，不再是明确的主客体关系，而是相互协作、相互促进的关系。

（四）图书馆学科信息服务的价值

随着科技的发展，当图书馆发展到一定的阶段，其传统的图书馆服务不断地创新，形成了学科信息服务。它创新了管理方式，是一种创新的、个性化的服务，它面向用户，能够为用户提供更好的集成性的信息服务。图书馆信息服务是一种新型的服务模式，它加速了信息资源的传递和交流，具有广阔的发展前景。建立学科馆员制度、提供学科化服务，是图书馆，特别是高校图书馆业务发展的一种趋势，是图书馆服务工作适应信息化、深化服务和创新服务的必然选择，具有极其重要的价值意义。

1. 学科信息服务是图书馆社会价值的体现

一般情况下，提起图书馆的价值，我们主要想到的是它的信息资源的查询价值，它能够满足用户的信息需求。对于图书馆来说，其价值也就是社会价值。要想实现其社会价值，就必须要了解与分析用户的信息需求，然后评判自身的实力，根据用户的信息需求提出有针对性的服务方案，在这个过程中，图书馆的社会价值不断地深化。

在传统的图书馆服务模式中，图书馆往往充当的是一种被动的模式。当用户有信息需求时，来图书馆进行查询，图书馆针对其需求找到其需要的信息，双方间互动较少。在传统的图书馆服务模式中，图书馆的社会价值仅仅被拘泥于一个物理空间或者小范围的虚拟空间内。而学科信息服务是一种主动性的服务模式，它利用自身的资源与服务优势将专业化的学科知识联系起来成为更加具有体系化的信息，在这个过程中，图书馆学科化服务也跨越了时空的限制，使得图书馆的社会价值不断地发展、延伸。

在以往的传统环境中，人们往往是运用图书馆来搜集咨询各种信息。随着互联网的不断发展，信息网络环境下各种信息都十分齐备，用户的信息行为逐渐被改变，人们纷纷在网络上搜索信息与知识，图书馆的存在感不断地被减弱。在这种环境背景下，学科化服务诞生了。它将图书馆的资源主动地带到用户的身边，打破了时间和空间的界限，提高了图书馆的存在感。现在互联网上尽管有很多资源和信息，但是大多数都是杂乱无章的，并没有成体系，图书馆将这些资源进行整合与归类，以学科优势为基础，利用专业的信息检索知识，使得这些杂乱无章的资源更加学科化、学术化和专业化。在这种大一统的网络环境下，学科化服务得到了越来越多用户的喜爱和支持，顺应了时代的发展趋势，成为图书馆社会价值的重要体现。

2. 学科信息服务是图书馆自我价值的实现

图书馆的价值不仅包含针对广大用户来说的社会价值，还包含它自身的可持续发展价值。也就是说，图书馆不仅要满足广大用户的信息需求，还要满足自身的需求，这才是图书馆真正的价值。当图书馆处于价值主体之时，它就需要对自身的现实需求与发展前景不断地思考，对当前所处的地位以及所拥有的资源等进行规划与设计，源源不断地从外界获取相关的资源与能量，不断满足自身发展的需要。另外，图书馆还需要不断地更新软硬件设备、更新书库馆藏，提高图书馆人员队伍的专业素养，通过这些方式不仅可以满足学生的需求，而且还能够满足图书馆自身发展的需求，不断实现自身的价值。

在学科化服务化开始之前，图书馆需要先调整自身的状态，当这些状态达到最佳时才能够进行学科化服务。也就是说，在图书馆学科化服务展开之前，必须有一定的前提要求，这些要求包含图书馆相关软硬件的引进、图书馆学科资源的购买与组建、图书馆学科馆员的专业培训等。只有这些要求都具备了，图书馆才能够展开学科信息服务工作。除了这些准备工作之外，还需要对学科信息服务的项目内容进行细化，对其开展情况进行测量与评估，设立奖励机制并予以执行。这种测量与评估的主要目的是更好地满足用户的信息需求，使图书馆服务能够更加科学、高效。在学科信息服务过程中，无论是前期准备还是后期评估激励，都与图书馆自我价值的实现分不开。

3. 为学科建设提供具有针对性的信息服务

图书馆学科信息服务的一个十分重要的价值就是为学科建设提供有针对性的信息服务。在高校内，教师无论是要提高科研质量还是要提高教学质量都离不开学科资源的支持。因此，高校内的图书馆必须具备完备的学科信息资源。在学科化服务之前，高校图书馆内原有的信息资源与服务可以为教师提供一些基本的学科知识与资源，但是这些资源信息是基本的、分散化的，无法满足专业人员的深层次需求。这就需要开展学科化服务，它能够更加有针对性地提出专业的、深层次的、成体系的学科信息资源，满足专业人员的深层次需要。

4. 学科信息服务是开展知识服务模式的有效途径

之前，人们往往都是以文献作为单元来进行信息的检索与获取，这种检索与获取方式在信息量较少时还可以勉强维持，如今是网络时代、信息社会，各种信息量猛增，如果继续采用这种文献作为单元的检索方式，会产生很多冗余信息，给用户带来了极大的不便。因此，这就需要采用以知识为单元的信息检索方式，相比起文献单元检索方式，知识单元检索方式具有很多优点，它能够更加直接地获取知识，减少信息过滤的时间，更加符合当代人们的需求。

（五）图书馆学科信息服务的思路

1. 整体架构

在全媒体时代，图书馆中有很多馆藏类型，无论是文字还是图片，是音频还是视频，都能够找到。在智慧图书馆系统中，便包含了所有的馆藏类型。智慧图书馆系统能够实现这些多样化组织形式资源的获取、揭示、入库、整合和利用，协助学科馆员更好地服务于用户，满足用户的需求。

智慧图书馆通过文献管理和资源组织分别能够为个人与机构服务。通过文献管理，智慧图书馆系统能够建立个人资源库，协助学科馆员更好地服务个人。通过资源组织，智慧图书馆系统能够建立课程图书馆，更好地服务教学；能够建立研究专题图书馆，更好地服务科研；能够建立虚拟专业分馆，更好地服务学科建设，如图 5－1 所示。

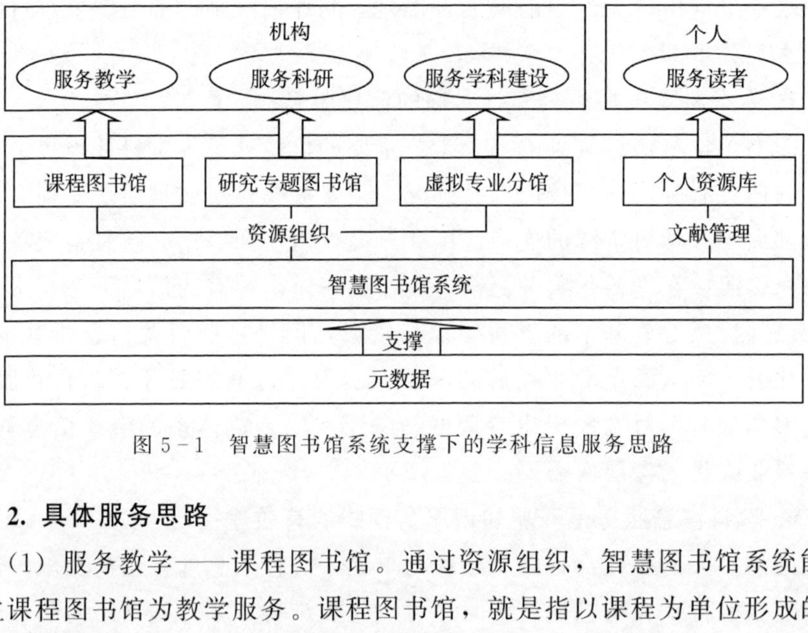

图 5－1　智慧图书馆系统支撑下的学科信息服务思路

2. 具体服务思路

（1）服务教学——课程图书馆。通过资源组织，智慧图书馆系统能够建立课程图书馆为教学服务。课程图书馆，就是指以课程为单位形成的各种教学课程资源的汇总。这些丰富的教学资源对于专业建设和学科发展都有着十分重要的意义。在高校图书馆建设过程中，其重点之一便是教学课程资源的建设。通过对教学的课程目录进行分析，学科馆员可以将这些课程的教材与参考用书统一汇编调配到教学课程资源库中。这样，当学科教师在进行教学之前，就可以使用这些教学资源作为参考，丰富教学内容，还可以向学生推荐某些课程资源与阅读材料，拓宽学生的知识面，促使学生不断地复习巩固。另外，在课程图书馆中，学生不仅可以看到教师推荐的某些书本内容与讲义资料，还可以在线观看老师推荐的学习视频，增加对课堂知识的理解。课程图书馆解决了教学平台服务与图书馆资源的对接问题，增强了与教学部门的合作，共享了教学课程资源。

（2）服务科研——研究专题图书馆。通过资源组织，智慧图书馆系统能够建设研究专题图书馆服务科研。所谓专题图书馆，就是指图书馆内的信息资源是以研究专题为单位进行汇编的。研究专题图书馆面向科研，其中聚集了海量的科研参考文献，能够推动科研的发展。

在智慧图书馆系统内，读者也可以依据自己的兴趣爱好与科研课题创建出属于自己的个人科研专题图书馆，这样，在这个个人科研专题图书馆中，读者既是资源的使用者，也是服务的建设者。而且，当其他人浏览搜索到这个科研专题图书馆，也可以对其进行关注，之后进行各种交流与讨论。

在科研专题资源库中还可以设置“馆员推荐”模块，对较好的科研专题进行推荐服务，让更多的读者与用户可以看到，吸引他们加入研究兴趣小组中。在科研专题资源库中，在学科馆员的指引下，资源创建者能够发现更多志同道合的人，大家一起投入科学研究中，提高科研的效率。

（3）服务学科建设——虚拟专业分馆。通过组织资源，智慧图书馆系统能够建设虚拟专业分馆服务学科建设。专业分馆是相对于总馆而言的。与总馆相比，专业分馆的专业与学科之间的联系更加紧密，能够提供更加专业化的、个性化的文献资源。一般情况下，传统的专业分馆都是以某一个或者某几个相近的专业作为服务对象来进行文献资源的建设。由于受到地域以及数量的限制，资源的共享率比较低。这时，虚拟专业分馆应运而生，它是以专业或学院为单位汇编而成的，其内容主要是纸质文献以及数字文献资源。通过对这些信息资源进行归类整理，专业分馆能够将其按照院系进行虚拟地划拨、调配和馆藏分析。这样，当不同学院的读者登录本专业的虚拟专业分馆之后，可以快速地、有针对性地得到本专业的相关资源信息，使得学科服务更加个性化，提高了馆藏资源的利用率。

（4）服务个人——文献管理。通过文献管理，智慧图书馆能够建立个人资源库为读者服务。个人资源库面向的是读者个人，其协助读者管理文献订阅、阅读记录、检索档案、收藏书架等。读者建立个人资源库，能够拉近其与图书馆资源之间的距离，对于自身的兴趣爱好、科研习惯等能够更加地清晰了解，更加有利于读者的教学和科研。

（六）图书馆学科信息服务中存在的问题

1. 学科信息服务平台建设水平低

有很多高校建设了学科信息服务平台，但是仍有一部分学校并无建设学科信息服务平台的条件，有的是资源太少，有的是资金不足等。而且，从这些建设学科信息服务平台的学校来看，它们之间仍然存在着一个比较严重的问题，那就是学科信息服务平台的建设水平低。在学科信息服务平台中，基础服务占据比例过多，而学科化服务占据比例过少，学科化服务也缺乏针对性。

2. 图书馆学科咨询服务内容单一

一般情况下，在高校图书馆内，学科咨询服务的内容往往只是查收查引、论文提交、文献传递等，而项目咨询、课题咨询的内容却比较少，咨询内容较为单一。而且，学科馆员的背景往往比较单一，没有达到学科馆员背景多样化的要求。

3. 面向科研的学科支撑服务不深入

图书馆内信息资源内容很广，然而广而不深，难以支撑深层次的学科科研服务需求。高校图书馆主要是提供空间资源与信息资源，缺乏专题数据库的建设与整合。因此，高校图书馆要积极地进行学科方面的资源整理，创设学科信息环境与空间，满足面向科研的专业人员的需求。目前，我国研究型高校图书馆中也极少能达到以上水平。

（七）完善图书馆学科信息服务的举措

1. 培养学科用户的信息通晓理念

（1）信息通晓。要完善图书馆学科信息服务，首要举措就是要培养学科用户的信息通晓理念。所谓信息通晓，就是指包含信息素养、计算机素养、批判性思维的三种素养。美国学者 Jim Retting 进一步将研究过程概括为如下基本要素：认识到信息需求，简洁地阐述获取策略，辨认所得信息，修正检索策略，重新获取信息，评估和选择信息，创建新知识，将成果表达出版。认识到信息需求，就是指要了解需求，当学生在获取知识、完成作业之时，很容易对某些知识产生困惑与不解，这时候学生就认识到了自己的信息需求。简洁地阐述获取策略，就是指学科馆员要向学生讲清楚该如何去获取信息，向他们讲述方法与策略。辨认所得信息，修正检索策略，重新获取信息，就是指学科馆员要能够向学生讲清楚如何辨认信息，如何检索和识别信息，指导学生进行相关数据库或其他信息资源的使用。评估和选择信息，就是指学科馆员向用户讲述评估和选择信息的方法与策略，使之能够获得自己需要的信息。创建新知识，就是指要在实践中运用所学到的知识，从而创建出新的知识。

（2）信息通晓与信息素养。通过前面关于信息通晓的概念可知，信息素养是信息通晓的一部分，信息通晓蕴含的内容要更加广泛。信息素养，是指要培养用户达到基本的知识与能力要求；而信息通晓，是指要培养用户形成更深层次的学习理念。信息素养，其核心是信息能力，就是指人们能够判断什么时候需要信息，如何获取信息，如何评价信息，如何有效利用信息的能力。信息通晓，是信息素养与信息技术通晓的融会贯通。而且，信息素养教育一般情况下是图书馆单方面的教育，而信息通晓教育则引起了更广泛的关注，它被融入课堂教学之中。

（3）培养学科研究用户的信息通晓理念。在高校图书馆中，培养学科研究用户的信息通晓理念十分重要。在科研工作初期，要在读者科研过程中融入信息通晓教育，对其进行信息通晓能力培养，有针对性地对其进行教育，将科学研究与信息通晓相结合，不断加强信息通晓与科研用户之间的联系，不断提高科研的效率与质量。

2. 完善学科服务平台

（1）高校图书馆建立 Lib Guides 平台。在高校图书馆内，要建立 Lib Guides 平台，将零散的信息聚集整合起来，从而更加有利于信息的查找与获取。

人们利用高校图书馆可以实现很多功能，如信息查询、定题服务、文献管理软件的使用、科技查新等，这些资源往往分布在不同的栏目下，由于内容繁多，要找到他们并不容易。这时候，高校图书馆就可以建立 Lib Guides 平台，将这些繁杂的功能信息进行整合，并发布在这个共享平台上，辅助专业人员进行信息的查询与搜集。目前，这个功能的实现还有一些困难，如高校图书馆缺乏一个完整的学科服务支撑体系，其对于用户的信息需求的研究过于浅显，没有深入研究深层次的需求等。

（2）优化学科信息门户。在学科服务平台中，要优化学科信息门户，需要遵循几个原则：第一，通过对互联网以及数据库中的资源进行快速地浏览、判断，要尽可能快地掌握学科关键知识、研究热点、核心文献等，还要及时跟踪这一学科领域的某些科研课题、核心期刊与著作等。第二，将搜集来的知识进行组织整理，为用户提供学科化知识导航与定制服务。第三，对这些学科化知识进行分析总结，建立一个全面性、原创性、资料性、互动性的学科网资源体系，满足用户的多元化需求。

3. 建立大学机构知识库

（1）倡导开放存取与科学资源共享。在科研过程中，一直存在着一个问题，那就是彼此之间各自为营，缺乏资源共享意识。在高校图书馆中建立大学机构知识库，它倡导开放存取与科学资源共享机制，能够促进资源的共享，加速资源的再生产。高校图书馆通过这种建立、存取知识库的方式对科研人员的科研成果进行管理。

（2）图书馆构建数字化科研信息环境。如今，在图书馆内不仅有纸质书，还有音频、视频等多媒体信息资源。在图书馆内，要构建一个数字化的科研信息环境，这样才能够存储更加多样化的信息资源，实现知识资产的保存。为了应对数字信息环境的变化，还要寻找更加主动和开放的信息服务机制，实现资源的共享。

第四节　图书馆智慧服务系统的基本构成

图书馆智慧服务系统能够更加快捷、科学地传递给读者想要的信息，给读者带来了许多便利。那么，图书馆智慧服务系统的基本构成是什么呢？下面针对其基本构成进行简单分析。

一、智慧信息采集系统

在图书馆中，当接收到用户的信息需求之后，最先开始的步骤便是信息采集。在图书馆智慧服务系统中，采集步骤是不可或缺的，它是之后所有步骤的基础，是前提条件。在图书馆智慧服务系统中负责采集步骤的是智慧信息采集系统，它能够实现对信息的全面感知，也就是说，它不仅能够获取这种信息需求以及图书馆中的资源信息，还能够获取读者的信息，实现读者、信息与图书馆三者之间的两两互联①。智慧信息采集包括对读者身份信息的采集和对读者需求信息的采集。

（一）读者身份信息采集

当智慧信息采集系统对读者的身份信息进行采集时，它不仅将这些读者信息用作此次信息采集过程，而且还将这些信息收集起来，形成一个读者信息库，以便用作统计，也可下次使用。随着智慧信息采集系统的运行，这些信息也在不断更新之中。关于读者的身份信息，主要有性别、年龄、借阅信息等，如表 5－1 所示。

表 5－1 读者身份信息采集内容

用户类型	信息采集内容
老年读者	年龄，性别
少儿读者	身体情况，家庭情况
残障读者	文化层次
服刑读者	阅读偏好及要求

（二）读者需求信息采集

在智慧信息采集系统中，要对读者的需求信息进行采集，从而根据这些需求信息去图书馆馆藏资源中寻找目标信息。不过，在读者需求信息采集之前，需要采集读者的身份信息，然后才能进行读者需求信息采集。读者需求信息，往往分为两大类，即电子资源与纸质资源。电子资源包含音频、视频等音像资料以及数据库等。纸质资源包含成人书籍、少儿书籍等，另外，还应该购入一些盲人书籍，以满足不同用户的需求。

二、智慧资源加工系统

在完成信息采集之后，便应该进行信息的加工了。在图书馆智慧服务系统中，它也被称作智慧资源加工系统。一般情况下，图书馆智慧资源加工系统是从市场上购买而来的。比较有名的智慧资源加工系统如

① 董晓霞，等．智慧图书馆的定义、设计以及实现［J］．现代图书情报技术，2011（2）：76－80.

表 5－2 所示。

表 5－2　智慧信息加工系统的类型

智慧信息加工系统	处理格式
清华同方的 TPI	对二值图和灰度图分别采用 JPG、JPEG 压缩
北京金新桥的 TBS	对黑白图和彩色图分别采用 JPEG、JPEG2000 压缩
浙江天宇的 CGDMS	以 JPG 和 BMP 格式储存
北大方正的 Apabi	采用 G3、G4 存储
北京拓尔思的 TRS	采用 LZW 压缩

在智慧资源加工系统中，其针对电子信息资源与文献信息资源的加工流程往往是不同的。针对文献信息资源加工时，首先对这些文献信息资源进行数字化转化与标识，其次校对这些数字化内容，然后对其进行数据加工与编目，最后将这些内容存储到智慧系统中。

对于电子信息资源，如光盘、录像带等，往往要使用专门的非书籍资源管理系统。比如南京昂科公司开发的“非书籍资料管理系统”、江苏汇文开发的“非书籍资料管理系统”等。另外，如果用户群不同，还需要更改电子信息资源加工形式，具体情况如表 5－3 所示。

表 5－3　不同读者类型的信息加工形式

<table>
<tr><th colspan="2">用户类型</th><th>信息加工形式</th></tr>
<tr><td colspan="2">普通读者</td><td>智力、生理都健全，因此提供普通的书籍、电子文献、影视频等内容</td></tr>
<tr><td colspan="2">文盲读者</td><td>文化水平较低，音、视频内容，简单易读物</td></tr>
<tr><td colspan="2">老年读者</td><td>将书籍内容放大处理，并加工处理成有声读物，网页有声化、放大化</td></tr>
<tr><td colspan="2">少儿用户</td><td>转化为点读资源、有声读物、动画视频等</td></tr>
<tr><td rowspan="3">残障人士用户</td><td>盲人读者</td><td>将热门图书和杂志制作成盲文读物和有声读物</td></tr>
<tr><td>听障读者</td><td>电子书、纸质书籍</td></tr>
<tr><td>智障读者</td><td>认知能力较弱，形式上提供易于理解的内容，如将资源加工成图画书、音乐等形式</td></tr>
</table>

三、智慧资源整合系统

加工后的信息通常具有多样性、杂乱性、无序性的特点，因此需要经过整合形成直接供读者使用的“良构”信息。智慧资源整合系统通过互操作和结构化这两种技术可以将散乱的信息转化为有序的信息。其中，互操作技术解决异构资源互联的问题，包括智能 Agent 技术、搜索引擎技术、数据挖掘技术、知识管理技术等；结构化技术解决数据的“优构”问题，包括元数据技术、Ontology 技术、中间件技术等。[①]

智慧信息整合系统通过对信息资源的分类、评价、标引、建库等步骤形成一个结构化数据库，读者通过检索平台可以浏览或查找到需求的相关信息，这也是当前图书馆资源建设的重要方式之一。市场上也有一些资源整合系统，但大多都存在准确率差、覆盖率低等缺点。智慧信息整合系统利用 Agent 技术的自主性、智能性特点，提供了一个改进方案。

智慧资源整合系统的工作由以下几部分组成：

（1）网络信息采集 Agent。Agent 采集读者的信息和网络信息，形成读者信息库，并根据网络信息和读者信息的变动，保持读者信息库的及时更新。

（2）信息评价 Agent、信息标引 Agent、信息分类 Agent。信息评价 Agent 对采集到的信息进行评价，并将符合检索要求的信息归入到已评价信息库；信息标引 Agent 对已评价信息进行标引，并存储到已标引信息库；信息分类 Agent 对已标引的信息进行分类，并存储到已分类信息库中。

（3）控制调度 Agent。控制调度 Agent 对所有的 Agent 统一调控，并对已分类信息的关键词进行过滤。

（4）信息发布 Agent。信息发布 Agent 把控制调度 Agent 过滤的信息发布到图书馆的信息检索平台上。

四、智慧服务系统

将信息整合为有序的“优构”信息后，就可以存储到智慧服务系统中。图书馆智慧服务系统主要分为离线部分和在线部分。离线部分主要用于挖掘和处理数据，因为需处理的数据源海量复杂，会影响推送的实时性，因此将其设为离线部分。离线部分由目标用户的信息行为数据组成。

① 王世伟．论智慧图书馆的三大特点［J］．中国图书馆学报，2012（6）：22－28．

目标用户的组成要素包括用户属性、行为日志和资讯信息。用户属性（职业、年龄、兴趣、性别）构成用户文件，供在线推荐时采集。资讯信息指图书馆发布的诸如图书借阅榜、数据库查询的高频资源等信息，通过内容分析引擎，挖掘出一段时间内图书馆的热点信息资源。行为日志表现为用户的浏览记录文件，通过对用户浏览记录的关联分析，得出信息的关联规则，通过协同过滤算法计算出相似用户。由于相似用户与目标用户有相近的兴趣爱好，对相似用户的分析有助于目标用户信息的精准推荐。在线部分是在离线部分的基础上运作的，参照离线部分建立的知识库对不同用户的查询请求，实时准确地将检索结果推送给用户。在线部分直接服务于用户，最终影响服务效果，因此是关键环节。运作的具体过程为：图书馆服务器接收到用户的查询请求后，推荐系统先获取用户的个人文件，分析用户的专业兴趣等，生成一个初步结果集，将该结果集与离线部分的“热点信息”“关联规则”和“相似用户的偏好集”结合，并过滤去重，在图书馆资源中进行匹配查询，最后将查询结果推送给用户。

第五节　图书馆智慧服务体系建设的路径

一、加大政策扶持力度

我国幅员辽阔，各地气候、经济、交通等都是不同的，由于许多因素的影响，我国各个区域的经济发展水平差异很大，不同地区的图书馆发展差距也十分明显。有的地方图书馆智慧化系统明显形成趋势，而有的地方图书馆仍然并未实现智慧化。其中，东部地区发展最快，西部地区发展最差，中部地区处于中间水平。因此，要加大政策扶持力度，保证各个地区的图书馆智慧化水平均衡发展。

要发展西部地区，如今的“一带一路”倡议是一个比较好的发展契机，西部地区要抓住这个契机，主动寻求发展。另外，西部地区政府要积极寻求政策支持，寻求其他地区的良好经验，不断完善图书馆基础服务设施，向智慧化转型。

与其他地域相比，西部地区往往有很多少数民族，其文化与历史都十分丰富，利用这种优势，可以建立一个具有深厚民族特色的数据库资源，并将这个数据库资源与西部地区的各个图书馆链接起来，从而减少资源浪费，实现资源共享。

二、拓宽资金来源渠道

由于东西部的经济、人口、环境等大不相同，其财政资源也大不相同。东中部地区的财政经费比较高，西部地区的财政经费比较低。在这种情况下，图书馆的服务必然也不相同。东部地区在满足图书馆基本服务配置的基础上，还购置了一系列的智慧服务方面的设施，而西部地区由于经费较少，往往只能满足图书馆的基础服务内容，对于智慧服务则难以实现。西部地区要想保证基础服务与智慧服务的良好运行与开展，必须拓宽资金渠道。除了政府财政拨款之外，还可以通过社会捐赠等方式来筹集资金。

三、注重读者权益

读者进入图书馆，其目的是寻求所需的信息资源，对于图书馆来说，读者就是用户，就是消费者。因此，图书馆在信息的采集、加工、整合、存储等各个方面，都要时刻注重读者的权益，妥善保护读者的隐私信息、借阅信息等个人信息，以防泄露。另外，对于收集用户信息的各种条件与条款，都要告知读者，要向读者提供工作人员的联系方式，当遇到某些问题时，及时耐心地接受读者的来电，从而加深读者对图书馆的信任度，更好地开展服务。

四、践行公平理念

在图书馆智慧服务体系建设中，要践行公平理念，图书馆面向的是全体民众，要公平合理地对待他们，不能歧视任何人。针对那些弱势群体，如盲人读者、聋哑读者、老年人、少年儿童、务工人员、服刑人员等，都要一视同仁。而且，这种一视同仁不能仅仅表现在形式上，更应该体现在实际行动上，比如，图书馆要购入一些适合老年人阅读的书籍，购入一些少儿书籍，购入一些适合盲人阅读的盲人书籍等。而且，对于图书馆的工作人员也要进行培训，使他们学习到相关服务领域的内容，如怎样更好地为盲人读者服务等。

五、提升馆员素质

对于图书馆来说，图书馆员的素质十分重要，可以说，他们就是图书馆的门面，能够展现出很多东西。因此，提升图书馆员的素质具有十分重要的意义。有关提升图书馆员素质的内容，前面已有论述，不再赘述。

六、完善评价反馈功能

图书馆展开服务评价和接收用户反馈是提升服务质量和完善自身服务体系的重要途径之一。读者进行评价反馈的渠道越多，越有助于图书馆反思自己的服务工作，从而决定未来工作的方向和重心。调查结果显示，目前图书馆接收用户评价反馈的主要渠道是微博和微信公众号。微信公众号与用户的交互性能较弱，微博具备一定的交互功能。

在智慧环境下，图书馆亟须开辟另外一种能直接与大众交流的渠道，广开言路，倾听用户的反馈。

七、强化科技驱动

（一）强化图书馆云平台建设

图书馆强化科技驱动，就需要将科技引入图书馆中，构建图书馆云服务平台，利用大数据技术对海量数据进行分析整合、管理和存储，不断提升图书馆的信息管理水平，实现资源服务一体化。

（二）注重新技术的研究

要强化科技驱动，就需要不断掌握新技术。21 世纪以来，人们的生活发生了翻天覆地的变化，这与科技的进步是分不开的。现代社会是一个信息化社会，随着信息技术不断发展，图书馆也要注重对新技术的研究与利用，将各种新兴技术引入其中，不断创新服务内容与服务模式。图书馆可以将公共文化服务与科技创新联系起来，不断研究云计算、大数据等新兴技术，更加快速地、便利地满足读者的需求，提升整体的服务水平。图书馆还要通过 RFID 等物联网技术实现文献的智能化管理，更加科学、有序地管理海量资源，完善网络体系基础设施建设。

（三）加大信息安全保障系统建设

科学是把双刃剑，现阶段，科学技术的不断发展给人们带来了便利的同时，也带来了一定的信息安全隐患。因此，在图书馆内强化科技驱动的同时，一定要加大信息安全保障系统的建设，以防出现信息安全的某些问题，影响图书馆服务的正常运行，造成重大损失。图书馆要建立信息安全监控体系，大力保护数据安全，不断提高应对网络安全事件的能力。图书馆还要完善信息安全分享评估与安全应急处置预案，健全信息安全应急指挥制度，当遭遇信息安全危机时，第一时间进行安全通报，及时启动信息安全应急处置预案，确保图书馆服务的正常运行。这就需要图书馆要加大对信息安全保障工作的资金投入，增强审查与管理，尽早发现信息安全相关问题，将它扼杀于萌芽之中。

八、拓展智慧服务内容

（一）延伸服务范围

传统的图书馆往往只进行文献与图书方面的咨询与借阅活动，现如今，图书馆智慧服务体系不断扩大图书馆的智慧化服务范围，不断增加新用户，提升图书馆的影响力与号召力。

可以在出租车、站台等地建设流动图书馆，加强流动服务建设，不断延伸服务范围。在不同的地点建设服务点和分馆，将纸质资源与数字资源相结合，不断丰富资源类型；采用传统借阅模式与新媒体模式相结合的方式，丰富服务手段；还要进行量化考核，不断提高服务点与分馆的服务水平；建设 24 小时自助图书馆，以读者需求为导向，无论何时都能够满足读者的需求，提高服务的效能。为了延伸服务范围，还可以开展多种形式的图书“漂流”活动，让图书进入商场、公园、家庭等，开展图书馆服务进社区、校园、企业、机关等活动，建立健全馆外图书流通体系，面向不同的群体、不同的区域展开个性化的、针对化的服务。

（二）深化服务层次

要拓展智慧服务内容，不仅要从广度着手，延伸服务范围，还要从深度着手，深化服务层次。

可以提高图书馆的自动化服务水平，使用户能够更加方便、快捷地获取所需的信息。运用物联网、移动互联网、大数据、云计算等技术实现各种系统的组织聚合，使得图书馆服务系统更加容易操作，不断完善读者的自助服务项目。

图书馆还可以深层次整合文献信息资源，建立深层次的知识网络体系，不断提升专题知识的服务能力。利用大数据技术分析用户的行为，得出一定的行为特点与规律，为用户提供更加专业化、个性化的服务，满足不同用户的个性化需求。

第六章　智慧图书馆服务创新

本章主要内容为智慧图书馆服务创新，分别介绍了智慧图书馆基础服务建设、智慧图书馆嵌入式学科服务建设、移动图书馆服务模式建设、智慧图书馆知识服务模式构建以及智慧图书馆信息服务模式构建。

第一节　智慧图书馆基础服务建设

智慧图书馆的基础服务主要包括流通阅览服务、空间管理服务等。

一、流通阅览服务

流通阅览服务工作是最基础的读者服务工作，主要包括图书和期刊等纸质图书的借阅工作等。流通阅览服务中主要涉及智能书架、自助借还服务等。

（一）智能书架

智能书架（IBS）使用高频 ISO/IEC15693 RFID（无线射频技术）实现图书的监控、清点、查询和定位，并可以对图书的错架进行统计，是一套高性能的图书实时管理系统。智能书架的特点是：定位十分准确，检测速度快。因此，应用在图书、档案、文件的管理领域，可以提高管理效率。智能书架的工作原理是：通过多个 RFID 读写天线读取书架上图书的 RFID 信息，然后探测某一本书是否在书架范围之内，如果未探测到某本书的 RFID 标签，系统自动识别为该书已经被取走，最后结合之前的信息记录，提示给管理员该书的取走时间以及该归还时间。通过智能书架，可以完整地统计出书架上每本书的在册状态，还能统计出每本书的使用率，这些功能都是传统书架没有的。

1. 智能书架产生的背景

传统的图书管理中，一般采用条形码技术，管理员按照《中国图书馆分类法》的规定，完成图书上架任务。通过类号和排架号为图书分类，其中数据中心存储的图书位置为类号，图书放置区域为排架号。这一做法没有精确到具体书架位置，为此，读者需要花很多时间和精力进行查找。并且，在实际工作和阅读中，有可能会将图书放错架，导致读者无从找到想要查找的图书实际所在位置，严重影响借阅效率。图书管理员在进行整理书架时，需要人工清点完成，不仅劳动强度十分大，而且会出现架位不准确的情况。

智能书架系统可以实时扫描书架上的任何图书文献，同时，实现文献信息的实时记录和更新。通过对文献的自动识别、快速清点，在后台对文献的流通进行统计，实现管理的自动化。另外，能够利用 RFID 技术迅速定位归还文献，有效地降低错架率，提高图书管理员的工作效率。RFID 图书定位技术，能精确确定每本书所在的具体层，甚至能够实现自动整架功能，降低管理员的工作总量，提高管理效率，使管理员的整架工作变得轻松自如。智能书架系统使读者的借阅更加便捷，它可以实时定位图书的具体架数和层数，读者通过查询，快速找到想要借阅的图书，有效节省读者的借阅时间。

2. 智能书架的原理

智能书架是指在书架上安装 RFID 设备，再为每一本图书贴上 RFID 标签，通过对 RFID 标签进行扫描，快速实现对每层书架上图书的便利读取，以及对每本图书的实时定位，从而实现对架上图书的清点功能。智能书架管理系统由智能书架和图书馆管理系统两者联合工作。图书馆管理系统能够控制智能书架工作状态，同时智能书架识别架上图书信息，通过网络将数据传送到图书馆管理系统，系统服务器再将这些数据保存在数据库中。目前，智能书架使用的关键技术主要包含：多路切换技术、电磁场信号控制技术、天线阵列技术等。智能书架的主要功能是控制每层 RFID 设备的读取范围，精确定位每本图书的具体位置。

同时，通过后台软件的监控，实时跟踪每本图书的借阅等信息。智能书架的使用，不断使图书上架工作更便捷，还能实现对图书的动态控制管理。一方面，读者在客户端查询到图书文献的位置及借阅状态；另一方面，图书管理员可以通过管理系统查询到放错图书的具体位置，方便图书的正确归位。此外，管理员能够随时进行图书清点，智能书架管理系统自动清点全部馆内图书并做出提示，方便管理员做出有效处理，不再需要花费大量人力和时间。该系统支持有线网络或者无线 WiFi 通信方式，可以通过被授权的有线网络自助查询图书信息，未来可以实现用无线掌上电脑（PDA）等设备进行图书信息的查询。也就是说，图书馆工作人员可通过 PDA 等无线设备随时随地、实时监控图书的状态。对于读者来说，可用手机、PDA 等无线设备在网上预约某本图书的借阅，系统将该图书的状态及所在书架的位置告知读者。图书信息状态是实时更新的，特别是可以实现图书的定位，因此，能够引导读者更准确地找到图书所在的位置。

3. 智能书架的功能

（1）实现图书实时监控。智能书架系统可以通过 TCP/IP 方式进行集群部署，与图书馆管理软件之间进行实时数据交换和通信，它们同时受图书馆管理系统控制管理。智能书架的 RFID 模块可实现 24 小时在线监控，采集图书标签信息，再将采集数据传送到图书馆管理系统。

（2）实现馆藏图书盘点、定位和快速查询。在进行图书盘点工作时，智能书架与图书馆自动化系统配合，首先生成在架图书列表，接着将列表数据传送给图书馆自动化系统，通过后台系统对比分析，可自动生成遗失图书列表。根据遗失数据，可在后台系统更改单册状态，实现架上盘点时自动报警提示。与此同时，后台系统还可生成错架图书实际位置列表。

在后台管理系统设定条件，可定时完成图书定位管理，并建立图书与架层的位置关系。在开放的公共查询目录（OPAC）操作界面，读者可通过输入检索条件，快速查询到图书实时位置。

OPAC 查询流程支持两个及两个以上的文献条件综合查询，查询条件包括：题名、作者、主题词、中图法分类号、索书号、丛书名、ISBN 等。根据关键词信息进行多级文献检索，并实现图书定位、智能路径提示的三维立体效果。

（3）实现多媒体虚拟书架查询和电子资源展示。在硬件设备上，该系统配备液晶触摸显示屏，实现多媒体虚拟书架查询和电子资源展示。图书的实际位置以及图书的在架、错架、上下架情况等，可通过液晶触摸屏显示给读者或者图书管理员。

（4）实现读者阅读习惯统计分析。智能书架的天线实现了隐藏式固定方式，将固定件和连接线固定隐藏在书架的背板中，实现外观上的整洁，同时也方便后期的维护和安装。这是一项具有专利的技术发明。智能书架系统能够按照一定的图书馆数学模型，通过数据统计，分析读者的阅读习惯。

(5) 实现与图书馆 RFID 系统无缝集成。RFID 系统拥有多个 RFID 系统设备，并集成图书馆系统、智能书架系统、RFID 应用软件系统以及其他相关系统。通过搭建 RFID 应用管理平台，实现对 RFID 系统的各个终端设备的管理及控制。并能实时查看各设备和系统的状态，完成历史记录统计报表。

RFID 扩展应用项目具有八项主要功能，包括：新增文献上架、文献架位信息采集、文献利用率统计、文献归架、文献清点、文献盘点、文献下架以及文献架位导航。通过这些功能，满足图书馆馆藏管理及借阅流通业务需求。

(二) 自助借还服务

传统的借还服务受图书馆开、闭馆时间的限制，读者必须亲自到图书馆才能借还图书。通过自主借还服务，读者在校园内任何一台自助图书馆服务机器上就能办理借阅证，实现借还图书。自助图书馆服务机上有存放几百本图书功能的书架、书箱，以及前端电脑操作台，实现自助式服务。

1. 自助借还服务的类型

有一些服务可以在自助借还机上实现，包括以下几方面。

(1) 自助借书。读者使用借阅证，可以在自助机上借书，与在图书馆一样。

(2) 自助还书。所借图书，可以通过借阅证，在校内任何一台自助图书馆机器归还。

(3) 申办新证。第一次办理借阅证的，可凭借身份证，填写个人信息，在自助机上申办借阅证。

(4) 预借服务。读者可在自助图书馆查询机上查询图书，同时进行预借图书功能操作，图书馆的工作人员将图书送到指定自助图书馆，并通知读者凭证取书。

(5) 查询服务。读者可通过自助图书馆查询机访问图书馆网站，查询图书馆信息和在册状况。

2. 自助借还机的技术

自助借还机采用 RFID 识别技术、身份证和卡识别技术、网络传输技术、数据库检索技术等，采用光、电、机一体化，实现查询、借还、送书。

二、空间管理服务

空间管理服务包括门禁管理和自习室/阅览室座位管理服务。

（一）门禁管理

图书馆门禁管理功能主要通过校园一卡通实现。随着高校信息化建设和数字化建设的不断发展，逐步实现了学生信息资源的全面整合，校园一卡通应运而生。它是高校学生在校内的统一身份认证，集合了人事、后勤、学工等管理信息系统和应用系统的建设，实现各个管理系统间学生数据信息的集成和共享。校园一卡通系统是高校信息化建设的重要组成部分。通过校园一卡通，可以加快校园信息化建设速度，为实现各部门信息共享打下基础。

一卡通包括两个方面的用途：一是身份识别，二是消费结算。一卡通的出现，会逐步取代单独的餐饮卡、借阅卡、考试证等校内证件。身份识别功能，是指通过在校园卡内录入学生个人基本信息，学校各部门对持卡人进行身份识别和管理。校园卡内记录着学生身份信息、机房管理信息、借阅信息、门禁信息等内容，可实现考勤、图书借阅、计算机使用等多项校内管理。

对于图书馆管理来说，学生只需要刷校园一卡通就能顺利入馆，后台依靠门禁管理系统，可以调用到学生的身份数据。

（二）自习室/阅览室座位管理服务

高校的可供自习的阅览室资源十分有限，满足不了全校师生的需求，特别是临近考试，常常出现提前占座的现象，有些座位被占却长时间空着，造成资源的浪费。图书馆选座系统的出现，很好地解决了自习室资源不足以及占座秩序混乱的问题。

通过自习室座位管理系统，学生可以在线查询哪个自习室是开放的以及自习室的空位信息。管理员可定时更新剩余座位情况。

1. 学生查询功能

将自习室信息按照不同需求条件进行分类，可以方便学生按需查找自习室座位信息。

2. 学生登记功能

学生通过刷信息卡或者学生卡等，进入自习室时进行登记。

3. 添加功能

管理员可通过填写表格，或者手动添加，将开放的自习室展示给学生。

4. 更新功能

管理员可以更新数据库中的资料，系统能够将更新后的资料进行保存，并自动检查是不是重复信息，然后将开放的自习室展示到查询端。

5. 删除功能

管理员可以删除过期或者失效的表格等数据。系统通过条件查询查找到需要删除的信息，并提示是否确定删除，点击删除按钮，就可以将其从数据库中移除。

6. 管理员查询功能

管理员可以通过关键词查找需要的信息，还能进行信息排序。

7. 统计功能

管理员可以通过这项功能，进行数据的统计。例如，可统计当天使用自习室的学生人数等。

第二节　智慧图书馆嵌入式学科服务建设

图书馆的学科服务功能起源于国外，至今已经有五十多年的历史了，在我国也有十余年的发展。学科服务的说法是从近年才兴起的。2003 年，张晓林教授指出，应按照学科，或者说专业、项目的模式来组织科技信息工作，探索出一条数字化、知识化服务的新路子，使信息服务“学科化”。这样的一种服务模式就被称为“学科化知识服务”。它是科研活动的一部分，将科研人员和组织的研究成果转化为知识服务，逐步地将科技信息工作转移到基于用户和行业需求上来。塑造整合的、开放的、协同交互的、动态定制的各种服务手段，将其嵌入科学研究环境中的知识服务以及知识管理机制。在张晓林教授提出的“学科化知识服务”理念的基础上，学科服务（又称学科信息服务）的概念出现在人们的视野，成为图书馆界研究的热点领域。

学科服务是一种全新的理念，其服务机制和传统的学科馆员服务有很大的不同。需要注意的是，不能将两者割裂开。学科服务依然面向学科组织服务，学科馆员依然占据主体地位。从广义上说，学科馆员服务是新型学科服务的基础，也可以将其看作学科服务的前身。新型的学科馆员及学科服务是早期服务的一种延伸。为了研究方便，有学者将其称为第一代学科馆员和第二代学科馆员。

一、学科馆员产生的背景

学科馆员制度最早是在美国出现的。它经历了从早期区域问题参考馆员到分馆制下学科馆员的发展过程。20 世纪 50 年代，内布拉斯加大学图书馆指定了多名负责人，分别管理人文、社会、科学、教育等学科领域，正式建立了学科馆员制度。到 1960 年，多数美国大学的图书馆设立了学科馆员，与此同时，许多大学图书馆按照“分馆制”进行改革。发展到 1966 年，印第安纳大学图书馆设立了 10 个学科馆员岗位。他们的岗位职责是，专门负责与各院系之间的交流，为科研人员和研究生提供参考咨询服务，并向他们提供书目和文献资料。紧接着，学科馆员制度开始在全世界范围内普及。美国研究图书馆协会（ARL）的一项调查显示，2007 年 ARL 的 63 个研究图书馆中，其中 94%提供了学科服务。

在我国，学科馆员制度起步比较晚。清华大学图书馆在 1998 年率先借鉴国外经验，实行学科馆员制度。随后西安交通大学、北京大学、武汉大学、东南大学、南开大学相继进行了有关尝试，并积累了一些成功经验。截至 2008 年，我国 105 所“211 工程”高校中，仅有 1/5 的高校图书馆设立了学科馆员。在全部 22 所设有学科馆员的高校中，一共有 299 名人员，平均每所学校仅有 13.59 名学科馆员。由此可见，我国学科馆员制度的发展相对落后。

二、学科馆员的内涵

张晓林教授是学科服务理念的开创者，他将学科服务解释为学科化服务。他认为学科化服务的特点是以用户为中心，采用知识化组织模式(Knowledge Model，简称 K 模式)，面向服务对象组建一个个灵活的学科单元。在每个学科单元中，融入资源采集、加工重组、开发利用等工作。将图书馆传统的职能部门进行整合，使粗放的信息服务管理转换为集约化、学科化的管理，为读者提供更细致、深入的服务。张晓林教授关于学科化服务的概论获得了广泛的认可。

三、学科馆员的职责

丹尼森（Dennis W. Dickinson）认为，学科馆员有进行专业学科联络和提供参考帮助的职责。2000 年，美国图书馆协会编制了图书馆员工作指导意见，指出学科馆员的工作就是与图书馆用户一起进行馆藏资源评价以提高用户需求满足率的过程。康涅狄格大学认为，学科馆员是图书馆管理和服务的工作人员之一，他们是图书馆与学校科研组织的学术联络者，通过与教师、学生等科研人员进行沟通，更好地为其做好学科信息服务和指导。

国内的清华大学最早推出学科馆员服务，将学科馆员的职责规定为：每学期为从事科研的师生开办培训讲座，教他们学会怎么使用图书馆文献资源；若有新增文献资源和服务，及时通知相关院系；负责编写整理相关学科参考资料，编写使用指南；搜集整理相关学科网络资源；定期向相关院系征求意见和建议，以提高图书馆资源建设和服务水平。王晓力对高校图书馆学科馆员的职责进行了归纳，认为学科馆员是图书馆和院系/所之间的联络人，提供学科信息资源服务、学科信息素养教育、馆藏资源建设以及参考咨询服务。

以上对学科馆员的职责描述不尽相同，总体上可以归纳总结为以下几点职责：一是负责学科联络和沟通。也就是说，学科馆员是图书馆和院系之间沟通的桥梁，负责向相关院系提供图书馆资源和服务，同时搜集院系对图书馆服务的意见和建议。二是负责文献资源建设。积极参与学科用户的传统纸质资源和网络化资源建设。三是开展信息素养培训。主要通过开设文献检索和信息素质方面的课程或者讲座来展开。四是提供咨询服务。教会用户如何进行信息利用，提供相关问题解答。五是提供个性化信息服务。为教学、科研提供科技查新、文献检索、定题服务以及其他深入的个性化服务。

四、学科馆员的服务模式与宣传推广

基于专业网站和个性化服务方面，费业昆提出学科馆员服务模式。他建议，专业信息服务中心交由学科馆员建设和管理，为用户提供专业化的网络检索工具、信息资源导航、专业论坛、专题文献、专业咨询等服务，将这些模块汇总起来，以实现更便捷的服务和管理。同时，还可以制订一套个性化的服务模式，形成用户个人图书馆定制。例如，提供新书通报、定题服务、新闻服务，以及个性化界面。关于个性化服务模式，李夕琳提出了面向专家和课题组的个性化定制模式，认为可以从用户学科背景出发，研究用户需求和信息素质，为其提供有针对性的个性化选择和服务。同时，将个性化服务和基础服务组合起来，形成图书馆个性化信息资源系统。张永彬提出实行学科文献“采编流阅一体化”的管理模式，设立专业学科馆员和专门的学科馆藏，并设置专业学科阅览室，由专业学科馆员进行服务。

中科院学科馆员的服务方式各种各样，主要包括走访、电话和网络咨询、建设虚拟平台等形式。在学科馆员服务的宣传推广方面，他们通过分发业务名片、宣传品和小礼品，建立学科馆员网页和服务站，图书馆馆长推荐等多种方式，进行宣传推广，让更多人知道这项服务。清华大学则通过线上和线下两种方式推广学科资源与服务。线上宣传包括电子邮件、学校网站、学科馆员服务网页、学校广播电台等形式。线下宣传包括走访、午餐会、讲座、宣传月活动资料、图书馆馆刊等。中国人民大学图书馆学科馆员的宣传则直接通过电话、邮件或者走访的方式联系对口院系，参加对口院系的学术会议，向他们提供专题的文献使用培训，以及利用图书馆网站和图书馆宣传资料进行学科服务和学科信息资源的宣传。

每个图书馆的学科馆员都在用不同的方式和渠道，尽力进行学科资源和学科服务的推广。常见的有以下几种：图书馆网站宣传，学校媒体宣传，线下走访以及参加院系学术会议。

五、嵌入用户的学科服务

1993 年《公司资料库的产生》一文中对图书馆馆员提出了“走出图书馆，走向各行业，主动获知信息需求者和信息拥有者，并帮助他们相互联系”等8条建议。自此之后，嵌入式服务模式逐渐被重视起来。关于嵌入式馆员的工作内容和职责，有学者研究指出，主要从事以下几方面的工作：第一，为用户提供问题的深度研究与分析；第二，搜集最全最新的资料，并主动提供给用户；第三，提供有关团队管理的信息，并获取团队的资料，帮助团队建立虚拟工作空间。图书馆嵌入式服务方式分为三种：物理嵌入、组织嵌入和虚拟嵌入。物理嵌入指的是，从图书馆内部转移到用户所在场所而提供服务；组织嵌入指的是，用户提供服务经费，甚至用户可以直接管理的服务方式；虚拟嵌入指的是，在用户的虚拟空间中提供针对性服务。廖敏秀、蒋知义提出学科馆员同时应该是嵌入式馆员，提供嵌入式教学、咨询以及科研服务。韩丽认为，学科馆员也可以是嵌入式馆员，同时参考馆员也可以成为嵌入式馆员，以便为用户提供更好的学习和工作环境，积极主动地将服务延伸到用户的日常生活中。艾米·约克（Amy York）介绍了中田纳西州立大学（Middle Tennessee State University）的嵌入式学科馆员项目，学科馆员同学科教师是合作者的关系，由他们一起参与网上教学，参与研究讨论，为学生作业提供帮助，起到了非常好的作用。美国维克森林大学的嵌入式馆员苏珊（Susan）曾在2007年，跟随社会学系夏季课程小组完成时间为两周的社会调研。她为调研团队提供有关信息处理的帮助和指导，例如，建立Blog并上传有关内容，维护在线互动课程网站等。除了嵌入式物理空间，许多学校的图书馆也尝试了虚拟空间的嵌入式服务。例如，国家图书馆设计了桌面式信息服务系统，将科技文献服务即时嵌入用户的工作流程之中。乐小虬介绍了这种嵌入式桌面信息服务的基本思想及系统设计、实现方法。郭文丽、张晓林介绍了一种最新研发的嵌入式数字图书馆工具条。通过在IE浏览器嵌入这种工具条，可为科技人员提供符合其信息检索特点的个性化服务。胡小菩提出，随着互联网的广泛使用，应该将图书馆服务嵌入用户使用环境，用来吸引他们随时使用图书馆；介绍了如何实现图书馆服务在用户环境的嵌入，重点介绍了浏览器工具条的类型和功能。金颖、张文彦论述了欧美手机图书馆先导计划，他们介绍了国外图书馆如何利用移动设备来进行服务，如何将图书馆服务嵌入用户日常的工作和学习中；他们将手机图书馆分为手机图书馆网站、移动馆藏与手机版书目检索系统、手机图书馆参考咨询服务、手机图书馆参观指引服务四种。

第三节　移动图书馆服务模式建设

随着移动通信网络的发展和进步，社会成员实现了随时随地使用移动网络的理想。移动网络的使用越来越广泛，体现在工作和生活的方方面面，并逐渐成为一种生活常态。对于图书馆来说，社会成员渐渐养成了利用吃饭、排队等碎片化时间查询个人的图书馆借阅信息以及馆藏资源等；在休息的时候，阅读移动图书馆提供的电子书，欣赏音乐、视频等，也正在成为人们一种自我放松、自我调节的重要方式和途径。移动服务以其内容多样性深深吸引了用户，将他们的日常生活与移动通信网络捆绑在一起，移动通信技术的进步改变了用户利用网络的方式，同时影响着人们生活习惯和方式的改变。

图书馆是公益性的组织机构，为读者提供信息与知识服务。能否抓住移动技术发展带来的机遇，利用移动技术创造全新的服务模式，在传统的基础上拓展服务功能，向读者提供不受时空限制的更优质和便捷的服务，是当前图书馆服务建设面临的最紧迫的课题。本书通过对我国移动图书馆服务模式现状的研究及思考，寻找其发展轨迹、存在的问题和影响因素，试图为我国移动图书馆建设提供科学化的理论依据。

移动图书馆服务模式指的是，随着无线网络通信技术的进步，图书馆所采取的不同类型的移动服务实现方式。

一、移动图书馆服务模式比较分析

短信、WAP网站与客户端应用是当前移动图书馆常见的三种服务模式。这三种模式略有不同，它们之间的差异性主要体现在实现方式的不同（网络接入技术与移动终端），使三者在时间、功能、层次等方面出现不同的使用体验。目前，理论界普遍认为，网络接入技术与移动终端、用户使用素养和技能阻碍了用户群体获得普遍均等服务的实现。

本书根据当前移动图书馆服务模式的特点，并结合其发展现状，将移动通信网络、移动终端、成本、利用素养与技能四个具体指标作为依据，对短信、WAP网站与客户端应用三种服务模式进行比较，以期发现其在为广大社会公众提供普遍均等服务方面的局限与不足。

（一）短信服务模式

作为使用时间最长、范围最广、门槛最低的一种服务模式，它具有以下优势。①移动通信网络：短信服务模式对网络接入环境，如移动通信网络的类型、速度等，基本上没有要求。也就是说，不管使用的移动设备是4G网络，还是之前的2G、3G，只要有通信网络的信号，短信服务模式就有实现的基础。②移动终端：因为短信服务使用的是通信网络信号，不要求用户接入移动互联网络，因此，对移动设备的硬件要求也不是很高。当今，几乎每个人手中的移动终端设备都能达到要求。③成本：短信服务的成本不高，接收短信是免费的，发送短信一条只需要0.1元或者更低。移动运营商推出的“套餐”价格，使短信的价格更优惠。亲民的使用成本，让它在普通用户中十分受欢迎，成为当前拥有广泛用户群的服务模式。④利用技能与利用素养：相对来说，移动互联网对用户的信息技能与素养的要求是比较高的，而短信服务模式则没有过高的要求。短信服务是最基本的信息收发形式，它的操作十分简单，用户不需要学习过多技能，只要有一定文化基础，就可以快速掌握发送短信的方法。同时，也正是因为短信服务功能比较单一，因此，只能完成借阅信息通知、新闻发布等基本操作。随着信息服务的发展速度加快，短信服务模式已经基本上满足不了用户的信息需求。

（二）WAP网站服务模式

WAP网站服务模式是目前使用互联网和移动图书馆的主要模式，它主要利用宽带方式传输数据。①移动通信网络：WAP网站服务模式对网络接入环境有一定的要求，对移动网络的带宽、吞吐率、速度的性能要求也比较高，最好接入第三代移动通信网络。②移动终端：WAP网站服务模式对用户所使用的移动终端设备最基本的要求是，需要是一部智能手机，接入了可使用的移动网络，并且手机配置有浏览器、即时通信工具等，如QQ等应用程序。③成本：相对于短信服务模式而言，WAP网站服务模式使用成本不低。这种模式通过移动网络接入，需要用到以KB为计量单位的上网流量，单独计费的费用较高。如果想要降低成本，需要选择包月套餐的消费方式，能适当降低成本。④利用技能与利用素养：对用户的信息技能与素养有比较高的要求。不仅要求用户能够使用移动网络，还要求用户熟悉手机界面操作，以及网站内部比较烦琐的使用操作。因此，要求用户有一定的文化知识，同时有一定的信息素养，通过技能培训能迅速掌握图书馆网站的使用方法和规则，熟悉网站内的操作步骤。对于普通用户而言，WAP网站服务模式增加了使用难度。

（三）客户端应用服务模式

客户端应用是移动图书馆、数字图书馆在移动终端的最终实现形式。在客户端服务模式下，用户不需要考虑服务的开发者、提供者，也不需要考虑用什么方式访问；用户不需要输入网址，免去重复烦琐的操作负担；它还具有扩展性强、功能可添加等特点。这些优势为用户带来前所未有的体验感，是当前移动图书馆技术中最先进的一种服务模式。①移动通信网络：同前两种模式比较而言，客户端应用服务模式对接入网络的带宽、速度、吞吐率要求更高一些。最好是能够支持多媒体和超媒体应用的4G或最新一代的移动通信网络。②移动终端：在其丰富的软件应用背后，是更高的进入门槛（高配置的移动终端，高性能的处理器与操作系统以适应客户端应用对应用处理与网络流量的需求）。③成本：高端的网络应用（多媒体、超媒体）形成了高负荷的网络流量并产生了高额的上网费用，普通社会公众难以负担接入移动通信网络、购买与维护移动终端设备、使用移动图书馆服务的高额成本。④利用技能与利用素养：在该种服务模式下，接入与使用包括图书馆在内的移动互联网资源只需鼠标点击应用图标即可实现。其最大限度地迎合了对计算机软件、硬件，尤其对移动网络环境比较熟悉的资深网民的操作习惯与需要，因此深得他们的喜爱。然而，对于广大接触互联网较晚的社会公众来说，接入与使用移动互联网意味着他们又要在学会利用互联网操作的基础上，重新掌握每一种客户端应用的界面与操作习惯，从而人为地加重了他们的利用负担。

如今移动技术飞速发展，人们能够突破时间、地点的限制进行移动通信网络的接入和使用。在日常生活和工作的任意场景，人们都会、都能利用移动通信网络上网进行娱乐或者处理工作，可以说这已经成为一种生活常态和生活方式。例如，对于图书阅读这一行为，过去主要发生在教室、图书馆或者家里的书桌前，在专门的时间进行。但是如今人们往往会在坐车、吃饭、坐电梯等碎片化的时间里进行网上图书馆书籍的查询，甚至直接阅读电子书，这已经成为人们学习、获取信息、休闲娱乐的重要方式。

移动服务的种类不断多样化、功能越发强大，这也使得人们和移动通信网络的联系更加紧密。移动技术的影响不仅作用于人们网络使用的方式，更作用于人们的生活之中。

图书馆属于公益性的社会机构，在信息公平和知识权力的保障上发挥着关键作用。移动技术给图书馆带来的不仅是挑战，更是机遇，对此，图书馆当前最紧迫的就是牢牢抓住机遇，革新服务模式，开发多样化的服务功能，实现普遍均等、突破时空限制的知识服务，更好地为公众服务。本书将深层次地分析我国移动图书馆服务模式发展的现状，探究其发展轨迹、基本现状、存在的问题与影响因素，以便为我国移动图书馆的健康发展提供可以借鉴的理论依据。

二、移动图书馆的服务模式

（一）移动图书馆服务模式设计的出发点

1. 注意服务群体的差异性

如今，进行移动通信技术的接入和使用时，人们所具备的硬件条件有着显著的不同，这种显著的不同在客观上使用户分为三种基本群体，并且这些群体所采取的服务模式也是由此决定的。第一种用户群体所具备的硬件条件是普通的 GSM 服务网络，以及仅有语音和短信功能的手机。这一用户群体较为庞大，根据中国互联网信息中心的统计数字，如今使用 2G、2.5G 网络的人不在少数。由于其硬件条件方面的局限，这一用户群体只能享受短信服务模式。第二种是拥有性能良好的智能手机的用户，这些用户主要来自学校，或者来自较早使用互联网的人群，他们不仅乐于使用移动互联网，并对其需求较大，往往通过 WAP 服务模式享受图书馆资源。第三种是位于移动通信技术潮流前沿的用户。这些用户往往接受过较高的教育，有着良好的收入，开始使用移动网络的时间也比较早，具有高端移动终端，因为硬件条件方面较好，他们主要使用的是客户端应用模式。在享受图书馆服务时，这一用户群体往往使用高端的移动终端、高速率的网络，以及多样的移动图书馆 APP（客户端应用）。由此可见，服务群体之间存在着巨大的差异性，这导致不同群体在服务模式方面有着各异的属性特点，因此在进行移动图书馆服务模式设计时要尤为关注这一点，并以此出发，将之作为重要依据。

2. 努力创造“移动服务机遇”

关于移动通信技术，人们在认识和掌握上有着显著的差距，这就导致在实际的移动通信技术的使用中存在利用素养和技术上的显著差距，这种差距不仅对人们获取与使用移动信息和知识有着较大的影响，还导致其难以充分享受到移动信息、知识等所带来的利益，对社会参与的权利造成损伤，丧失部分进行创造活动的权利，进而造就了一批移动弱势群体。所以，进行移动图书馆服务模式设计时，要强化对这一群体的关怀，维护他们在信息和知识的获取、利用方面的权利，避免知识贫困。美国总统克林顿的做法为图书馆这一方面的工作提供了良好的示范。克林顿在国情咨文中提出要实现三个方面：一是专业技术平民化，使得普通学校和普通家庭能够学会使用计算机、互联网以及高速网络等先进技术。二是技能培训规范化，激励专业技术人员下到基层，让人们能够接受规范的技能培训。三是网络内容实用化，网络服务供应者在进行网络服务和 APP 的设计时，要充分考虑到用户的需求，内容要实用，以便所有群众能够借助新技术充分发现、发挥和发展自己的潜能。

（二）移动图书馆服务模式框架

图书馆移动服务模式设计要充分考虑到上述用户群体特点，坚持用户第一的出发点，对全社会不同用户群体的种种需求和基础条件进行综合考虑，让全体群众都能够更加简单、便捷地接入和使用移动通信网络，提升他们的相关素养和技能，并重点强化服务模式的多层次设计，使之具有丰富的服务方式和功能、优质的服务质量，使之具有极强的普适性与惠民性。

本书所要探讨的移动图书馆服务模式是全新的基于当前移动技术和网络环境之上的，也就是综合非网络的常规服务与网络服务的，面向全体群众的移动信息服务。用户在享受图书馆资源时，可以采取非网络的常规服务，如电话、短信，查询图书馆藏书信息和个人借阅信息，进行图书的预约和续借等，还可以采取网络服务，如 WAP 网站、APP，享受多样化和深层次的服务。移动图书馆服务模式框架主要包括四大功能模块，即非网络的常规服务平台、短信平台、WAP 网站服务平台、客户端应用服务平台，实现常规服务和网络服务的结合，能够对所有用户对象的需求实现基本满足。

1. 非网络的常规服务模式

对于如下方面，图书馆需着力进行“移动扶贫”工作：

(1) 在社区设置技术服务中心分馆，使得没有电脑和移动终端等硬件条件的用户能够接受相关的技能培训。

(2) 提供免费或低价的移动终端设备与网络接入服务。图书馆内可以配置电脑和其他移动终端，为其设置低价或直接免费使用，提供免费WiFi，只要在图书馆内，用户就可以通过极低的成本使用这些设备和WiFi，实现“移动扶贫”。

(3) 图书馆内增设移动信息技术和移动图书馆服务相关的培训。采取多样化的培训方式，如讲座、讲解手册、视频等，促使用户增加对此类知识与技能的理解和掌握，帮助公众形成较好的移动素养和技能，增强其对移动图书馆服务的了解和使用意愿。以多样化的常规服务模式，为缺乏硬件条件和技能素养的用户提供服务。

2. 短信服务模式

信息时代到来，各类即时通信软件出现，如QQ、微信等，对短信功能造成了一定的冲击。短信服务模式不再是人们通信的主要方式，也不再是移动图书馆服务的主流方式。但事实上，短信服务模式仍有价值，尤其是对于没有条件进行移动网络接入和使用的用户而言，他们依然通过短信服务模式享受图书馆资源。因此，图书馆不能忽视短信服务模式，反而需要对其潜能进行深入开发，基于此进行传统服务功能的优化，使用户通过短信和电话等能够享受到更多样的图书馆服务，使其内容和功能更加丰富，使移动图书馆服务更加全面和广泛。

3. WAP服务模式

WAP服务模式主要包括界面和功能两个部分，界面要能够呈现丰富多样的信息，除了常规文字和图片之外，还要实现视频、音频的播放，从而在视觉上更具吸引力，功能上满足用户的多元需求。WAP服务模式功能主要包括四个部分：①强化与用户的互动；②面向用户需求服务；③拓展全新移动服务；④深化传统服务。

4. 客户端应用模式

客户端应用模式，也被称为智慧图书馆APP服务模式，指的是基于4G/5G网络，借助移动通信技术、计算机技术等先进技术，在兼容、集成和融合的开发理念下，从用户体验出发，对图书馆服务的方式和内容进行整合、集成，促使其发展更加深化、移动化，更具创新性，提供多元化、个性化、专题化、多样化、移动化和智慧化的图书馆服务（图 6-1）。

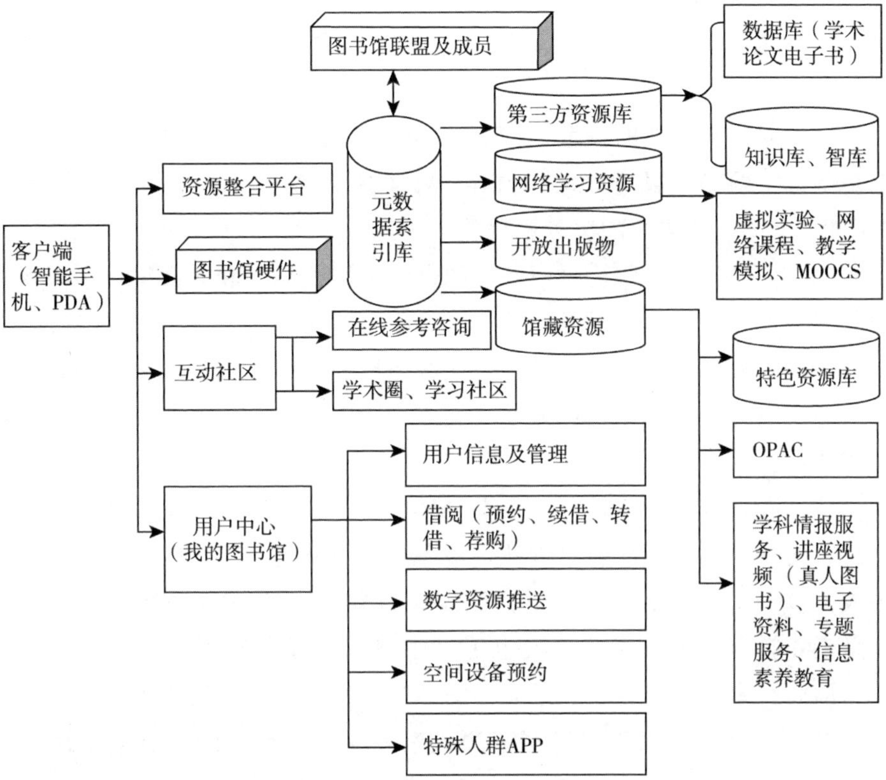

图 6-1　智慧图书馆 APP 功能

（1）智慧图书馆基础服务移动终端的实现。用户能够借助移动终端，打开和登录图书馆 APP，无时空限制地使用其基本服务，如查询图书、进行借阅等。

（2）资源高度集成，实现全文阅读。如今移动用户对于图书馆的要求更加多元，远非 APP 基础服务所能及，尤其是全文阅读的需求。各图书馆需要加强合作，突破地方局限，实现图书数据信息资源的高度集成，使全国用户共享服务，提供全文阅读服务。例如，用户能够在图书馆 APP 上通过二维码扫描的方式，下载图书资源并阅读。

（3）建立特色资源库并提供主题服务。智慧图书馆要做到结合自身特点和藏书实际，明确自身特色，建立特色资源库，并提供主题服务。以大不列颠国家图书馆为例，其具备丰富的19世纪藏书，将这些资源整合、集成为APP上的“大不列颠图书馆19世纪收藏”（British Library 19th century collection），使用户能够基于自身需求进行浏览、搜索和阅读。这一模块包含经典小说、工程哲学、历史和科学，都可供读者进行阅读。

国内同样有类似的特色APP。例如，国图选粹及中国精品图书期刊，都是围绕主题提供服务方式和内容。除了建立APP之外，还可以在图书馆APP上设置主题性的服务模块。

（4）拓展移动学科情报服务。图书馆借助云技术和大数据技术，将资源集成检索APP，为用户提供参考咨询、信息推送、个性化情报等服务，实现情报服务和科研的充分融合，让服务更加到位。例如，美国国家航空航天局推出的Cassini等近10个主题的APP，面向公众传播科学知识和研究热点。

（5）嵌入信息素养教育。借助APP可以使信息素养教育更加便捷和广泛，同时更具互动性和个性化，对不同学科的学习APP进行开发，使之成为包含文字、图像、视频、音频等的多媒体APP，进行生动活泼的信息素养教育，多媒体的方式也更具吸引力，可以使用户更具学习积极性。例如，澳大利亚格里菲斯大学图书馆就建立了多种信息素养、技能相关的专题APP，以供用户进行资源检索和使用。类似的还有美国国会图书馆的“Virtual Tour”APP，具有虚拟导航和馆舍介绍的功能。

此外，图书馆APP内还可以嵌入慕课课程，使用户可以在图书馆APP上学习在线课程。

除了独立开发之外，对于智慧图书馆APP而言，联合第三方也是不错的方式。这有助于获取技术和资金优势，获取最大效益。但是联合开发也会带来一些问题，那就是难以体现图书馆服务特色和个性，无法获取用户关注。对于此，在进行APP开发时，可以从自身特色和用户需求出发，进行个性化的版块设置。基于共建平台和集成资源进行特色服务和功能设计。从本馆实际出发，开发个性化服务，使用户需求得到满足。例如，大型图书馆藏书丰富，通过一般的方法，用户很难快速找到自己想要的图书，而GPS定位功能可以对图书所在书架进行明确。图书馆APP可以通过大数据和算法对用户进行图书推荐、文献导航等，使得服务更加人性化、多元化、特色化。

5. 微信公众平台服务模式

微信公众平台并非独立的一类模式，它属于客户端应用，但却是这种模式内极具代表性的、经典的模式，也是应用最为广泛的，因此我们对其进行单独阐述。

建立图书馆 APP 能够带来许多好处，但是独立 APP 的研发和搭建需要较大的成本，这是图书馆很难承担的。而微信公众平台为智慧图书馆的建设提供了新的途径。

微信是一种应用极为广泛的 APP，其本身不是为了图书馆而开发的，而是用于即时通信。然而随着微信的不断更新和发展，其增加了更加丰富多样和强大的功能模块，微信公众平台就是其中之一，作为一个开放的平台。借助微信公众平台，不管是个人，还是企业、国家机构、社会组织等都可以创建公众号，发布文字、图片、视频、音频以及图文兼具的文章等。借助微信公众平台的 API 接口技术，图书馆可以结合本馆和用户的需求，设置多样化的服务功能，使服务内容更加全面、服务更加便捷和快速。以清华大学图书馆为例，其所创建的微信公众号可以发送“清图微报”，在接收到用户发出的特定信息后，可以提供多种信息查询服务，使用户获取书展、讲座、图书等多种信息。

图书馆能够利用微信公众平台与用户进行即时交流和多样化的互动，针对不同的用户进行个性化信息推送。面对大学生用户，可以进行通知、公告等信息的推送，进行借阅提醒、座位动态、勤工俭学岗位等信息的推送；面对教师用户，可以提供学科服务，进行学术和科研信息的推送。当前微信公众平台服务模式的服务内容已经十分丰富多样，包括图书的查询、续借、推荐，读者讲座、培训、活动通知，定位服务，实时咨询与反馈等。

总而言之，微信公众平台服务模式使得移动图书馆服务模式的外延有效扩大，也使得部分图书馆在技术和资金不足的情况下实现客户端移动模式的构建，完善了服务模式框架。如今 5G 技术已经被应用，不管是超大文本还是超大视频都能够实现快速传输，基于微信公众平台，智慧图书馆能够提供更加丰富和快捷的移动服务。

三、图书馆移动服务创新

（一）移动借阅服务

信息时代，人们的阅读方式也发生了转变，相比纸质图书，电子图书更受欢迎。尤其手机阅读对阅读市场和出版行业造成了极大的影响。很多国外的图书馆已经增加了移动借阅服务，不过对于中国图书馆而言，这还尚未成熟。

移动阅读之所以能够盛行，离不开移动网络技术的发展和智能手机的普及。选择移动阅读方式的人已经成为社会主流人群，其中自然包括智慧图书馆用户。而图书馆本身具有巨大的资源优势，其应当基于此构建特色资源保障体系，着力推进移动借阅服务，顺应时代潮流，满足用户需求。

（二）视频教育服务

现代人对视频教育并不陌生，早在1980年左右，我国就出现了很多广播电视大学，为公众提供了受教育的机会。如今5G技术发展，高传输速率和低延迟率下，不管是硬件方面还是软件方面都没有了障碍，在线教育已经成为教育的重要形式，人们能够通过手机、电脑等观看教学视频，甚至是教学直播，相比过去电视和广播形式的教育，如今的视频教育实现了随时随地观看，其内容也更加丰富多样。

不同于商业性质的在线教育平台和视频教育网站，图书馆在视频教育上具有独特的优势。一般来说，图书馆视频教育主要有三种：其一是高校的专业课教学视频，其二是其自身的培训视频，其三是可视化参考咨询。借助移动网络技术，图书馆能够不受时间、空间限制地为用户提供视频教育服务，构建具有自身特色的移动视频教育服务平台，优化自身的移动服务质量。

（三）移动付费服务

"互联网＋"政策下，各行业与互联网的联系更加紧密，移动付费已经融入生活的方方面面，从外卖、打车到各种APP的会员，移动付费显示出巨大的潜力。智慧图书馆是公益性质的，不将营利作为经营的目的，但是开发移动付费服务能够为用户带来更多的便利，过去用户需要到图书馆现场缴费，但是有了移动付费服务，不管在何处都可以在手机上付费，这也有助于图书馆各项移动信息业务的实时交互。

（四）移动社交网络服务

社交网络服务（SNS）指的是提供给某一事物的爱好者的在线社区，是当前最广泛的应用，也是如今图书馆用户喜爱的交流方式。现阶段数字出版方兴未艾，很多科研论文等不再仅仅发表于纸质期刊，也被上传到网络平台和社交网络，从而得以快速传播，这也导致了科学计量学的新革命，出现了学术社交网络的学术影响力的评价理论。由此可知，社交网络除了交友、娱乐之外，还有助于学术交流，这对于高校师生有着极大的帮助。基于上述情况，智慧图书馆应当开发移动社交网络服务，使用户的需求得以充分满足。

智慧图书馆的服务本质和社会使命归纳起来就是5个“A”，也就是任何人（Anyone）在任何时间（Anytime）、任何地点（Anywhere）、任何图书馆（Any library）获取任何信息（Any information）。伴随着技术的革新和发展，“5A”已经成为图书馆建设的重要目标。如今，智慧图书馆、移动图书馆服务仍处于不断发展的阶段，基于多移动终端和4G/5G网络并存的现状，其移动服务模式也是多种模式并存的，对于各类模式，图书馆都要不断完善和优化，尤其要抓住5G技术带来的发展机遇。智慧图书馆必须紧跟时代潮流，关注用户需求，重视技术和服务竞争力，不断创新移动服务的模式和服务内容，切实推进智慧图书馆建设。

第四节　智慧图书馆知识服务模式构建

现代人们很乐意为知识付费，这也为信息服务业指明了新的发展方向。图书情报工作同样关注知识服务，这对于现代图书馆竞争力的提升十分关键。知识服务和传统的信息服务方式有着很大的差异，是以用户需求为出发点的，结合了馆员智慧，有信息资源保障的，深入开发信息资源的一种新型服务方式。

如今，关于知识服务，学者们都有着自己的界定和解释，这一问题在国内的图书情报领域也是热门话题。尽管学术界对此没有共识和定论，但是关于知识服务的概念颇具代表性的观点，基本是从以下四个角度出发的，即为解决问题提供知识线索、为解决问题提供文献保障、为解决问题提供可供选择的程序化知识或过程、为解决问题提供方案。虽然切入点不同，但是这些观点都指向了知识服务的本质特征，主要有如下三点。

其一，立足于服务基础视角，其面向的是知识内容，其基础在于对信息资源进行获取、分析和组织，以深入挖掘和整合知识内容来生产知识产品。

其二，立足于服务方式视角，其服务驱动力在于满足用户的知识需求，针对的是用户，要融合于用户解决问题的过程，通过动态化、连续性的组织方式，形成问题解决方案。

其三，立足于服务目标视角，其目标在于实现增值服务，也就是利用馆员智慧形成知识产品，这一产品要做到能够为用户创造价值，能够使用户知识应用能力提高，进而实现价值增值，用户通过馆员的知识服务，使需要解决的问题得以解决。

通过对关于知识服务概念的观点的综合可以发现，其应有广义和狭义之分。从广义上看，它指的是将相应知识提供给用户的服务，不仅包括普通知识服务，还包括专业知识服务；从狭义上看，它指的是为满足用户专业需求，解决用户问题，并将此作为目标而收集、筛选、研究分析相关知识，且能够应用于实际问题的较深层次的智力服务。

对于知识服务这一概念，本书的界定是这样的：将用户关于知识获取、利用和创新等的需求作为立足点，借助全部资源（包括物理馆藏和虚拟馆藏、显性信息资源和隐性信息资源、硬件设施、人力资源等），将多种层次的服务提供给用户的过程。其内容主要分为两个方面：其一，将信息资源流通作为基础，对用户的全部知识获取需求进行满足的普通化知识服务。其二，在专业知识丰富的馆员人才的保障下，为了满足用户的知识创新需求，借助交互方式融合于用户决策全程，将信息组织、挖掘等技术对分布式和动态化的信息资源进行组织作为基础，借助提供创新性知识产品或问题解决方案来进行知识创新和增值的个性化、专业化知识服务。

总的来说，本书论述的知识服务是广义上的，图书馆提供给用户的所有服务都是知识服务，但是会基于用户知识需求的差异，进行差异化质量和各层次水平的知识服务提供。

除此之外，图书馆的知识服务也强调智慧化的学科化服务和个性化服务，这也是其重要的发展方向，并且前文也对此作出了详细的论述，所以此处就不再赘言，而是主要对智慧图书馆知识服务模式的整体架构和具体创新点作出分析。

一般而言，模式指的是在原本的、重复的服务当中，按照过去的经验总结出的一种固有的解决问题的方法，并将该方法上升到理论高度。基于智慧图书馆书和书之间、人和人之间、书和人之间动态相互联系的特征，以及上文关于智慧图书馆知识服务的分析、归纳，结合其特点和优势，对于智慧图书馆知识服务模式的构建主要总结出以下几种。

一、基于书与书的智慧图书馆知识服务模式

（一）知识管理服务模式

面对当前的社会状况，图书馆在革新自身服务理念，不再是以往那种重视馆藏的、被动的服务，而是坚持以人为本，重视智慧服务，重视用户的个性化需求。信息技术革新至今，带来的是海量信息的涌现，这些庞杂的信息有着不同的载体和形式，涉及多个方面和领域，有的富有价值，有的毫无用处，有的真实，有的虚假，面对这些信息，用户难以进行分辨，难以从中快速找出对自己有用的信息，因此，图书馆必须加强资源整合。对于用户而言，所需要的是高效的服务。资源庞杂就意味着用户不得不花费大量的时间和精力进行检索和筛选，才能找出自己需要的知识，效率较低。因此，用户也更为关注馆藏资源的精炼性，以及使用的便利性。对于图书馆而言，即使拥有丰富的资源，或者是独有的资源，都不是用户看重的，用户最看重的就是图书馆的知识服务能够做到使自己快速高效地获取所需资源。

知识管理服务模式是基于智慧图书馆，把图书馆与网络的一切信息和知识作出二次提取、加工和管理。要应用到的是智能技术和数据库技术，按照一定的结构二次分析和归纳海量信息，进而构建出新的专业化、智能化的导航库。并将此作为立足点，对分析和归纳完毕的知识信息作出深度理解，研究知识之间暗含的联系，利用馆员智慧创造出具有独特性的知识产品，提供给用户。基于大数据技术，智慧图书馆能够深度挖掘信息资源，并对其简化和浓缩，发现暗含在海量信息之中的有用知识，进而对其进行提炼与整合，从而使用户能够更加方便地对知识进行分辨和理解。基于智能技术，图书馆能够把用户的搜索信息和看过的知识信息记录并保存下来，当其他用户也搜索这一领域的知识时，就会自动出现之前的用户搜

索过的内容，并设置留言模块，使得用户可以相互提问、留言和讨论，实现知识最大限度的利用。

除此之外，图书馆应当构建一个新型软件系统，当用户进行搜索之后，软件不仅可以将资源库中所有符合要求的信息搜索出来并进行分析、整合，还能够对用户需求进行分析，进行个性化信息推送，提供专题服务和跟踪服务。

（二）知识导航服务模式

帮助用户解决问题，将用户作为核心，是知识导航服务模式的关键宗旨。如今是信息时代，海量、纷杂的信息层出不穷，用户难以分辨，无从下手，难以实现快速地找出自己需要的信息和知识。基于此，知识导航服务模式应运而生，其主要功能就是在庞杂的信息中快速搜索出用户需要的信息，帮助用户省时省力。在这一模式下，图书馆馆员就是知识导航者，能够在纷乱庞杂的信息环境中，引领用户，为其提供咨询和个性化服务。智慧图书馆的构建，使得知识导航服务模式能够发挥最理想的作用，这是因为智慧图书馆可以打破现实图书馆之间的限制，馆员借助网络能够在任何图书馆中进行资源检索。

当前，用户对服务的要求更高，希望其更加专业和智能，想要得到深层次的服务。图书馆必须革新服务方式，否则必然会被时代抛弃。在这种形势下，知识导航服务模式应运而生，这正体现了图书馆顺应时代潮流、重视用户多样化需求。这一模式有着诸多新特点，如为全人类提供服务，服务内容载体丰富多样，主动式的服务手段，个性化的服务方式等。

二、基于书与人的智慧图书馆知识服务模式

（一）个性化定制与推送服务模式

1. 个性化定制服务

个性化定制服务模式是对个体进行专门服务，是对个体的个性化知识需求进行满足。这一服务模式的出现就是因为用户的需求越发个性化，并且这种需求越来越大。图书馆用户数量大，类型多，从事于各种各样的行业，有着各种各样的知识需求，所需要的服务各不相同，信息获取能力也有着较大的差异。为了满足这些多样化、个性化的需求，必须抓住用户的知识需求心理，并对此进行全面深入的分析，再基于其需求对资源进行整

理、归纳，进而重新组织和深入挖掘知识资源，创造出最能满足用户需求的、独一无二的知识产品，同时也创建出优质的个性化知识环境。展开来说，个性化定制服务分为三种：第一种是基于各个用户的各种需求进行个性化、专业化的知识导航；第二种是基于各个用户提供个性化界面，推送专题化的知识资源；第三种是开展用户定制服务，接到用户的定制之后，图书馆定期提供满足用户要求的个性化的知识服务。这几种服务方法的完成方式都是一样的，都是借助短信、电子邮件和微信公众平台等。同时，个性化定制服务还需对用户进行跟踪，定期更新其资料，对用户体验进行咨询，基于用户的检索内容归纳出适合用户的个性化检索过程，进而构建其专属的知识系统，直至问题得到解决。由此可见，个性化定制服务有助于智慧图书馆知识服务水平的提升，能够使知识服务更加高效、快速。

2. 个人推送服务

个人推送服务模式指的是用户可以创建账号，借助账号将自己需要的知识资源的时间、范围、关键词和检索方法等传达给智慧图书馆，按照这些要求，智慧图书馆会进行知识资源的检索、集成以及再分析、再组织，并将其在用户要求的时间范围内进行推送。图书馆会借助数字技术进行信息推送，借助多地址发送进行资源的传递，使用户获得需要的知识资源。如今，常见的信息推送服务较为多样，如电子邮箱发送方式、微信平台发送方式，此两种都是人工服务的内容。而智能软件的推送，则是在用户将要求输入软件中之后，系统接受指令并检索信息资源，再将检索到的资源推送给用户。

（二）自助性服务模式

自助性服务模式之所以能够构建，是因为有两大基础：其一是智慧图书馆的知识服务系统较为完善，其二是用户的操作能力和知识储备足够。自助性服务模式下，来自用户的指令必须是直接且具体的。智慧图书馆有着专业化、智能化的导航库，用户借助此可以获得优质的服务和解决方案，只要经过检索的分析就能够获得需要的知识资源和答案。这一模式，指的就是图书馆按照过去经验，把被广泛需求和技术难度低的服务，借助智能化技术，使得用户通过自助服务将问题解决。如今各类先进技术持续革新，构建能够进行知识查找和重组的自助式智慧服务平台不再仅仅是构想，用户借助各种智能终端都能够进行智慧图书馆自助服务。自主性服务模式下，其交互方式为间接的，因此，在接收到反馈和建议之后，智慧图书馆可以对服务进行优化升级，持续将新的知识咨询注入智慧服务平台，从而使得自助服务保持良好的质量，满足用户的个性化需求。

三、基于人与人的智慧图书馆知识服务模式

（一）智慧化参考咨询服务模式

1876 年 10 月，美国人萨穆埃尔第一次提出了参考咨询服务的内容，后来参考咨询服务成为图书馆中的关键服务内容，参考咨询服务直到今天依然在世界范围内使用，这就说明知识服务的地位在图书馆中是非常重要的。参考咨询服务的目的是满足用户的使用需求，用户产生了问题之后，图书馆就会安排专业人士对用户的问题进行详细的解答。在数字化技术不断发展的今天，参考咨询服务也开始朝向数字化的方向发展。

数字化和智能化是参考咨询得以智慧化发展的基础，参考咨询的发展和创新在很大程度上需要借助智能技术的帮助。在智慧化图书馆知识和服务的发展过程中，智慧化的参考咨询服务模式是不能缺少的基础服务方式。根据过去图书馆参考咨询服务的发展经验，智慧化的参考咨询服务可以分为下面四种类型。

1. 实时咨询

在参考咨询服务中，最直接、效率最高的方式是实时咨询。在智慧图书馆的建设过程中，应该建立起一个用户专用的服务平台，当用户需要图书馆的专业人士为其提供服务时，可以在平台中提交申请，当服务平台接收到用户的申请时，应该及时地反映给图书馆中的工作人员，工作人员根据用户的实际需求，结合图书馆的具体情况，为用户提供实时的参考咨询服务。微信、QQ、网络聊天室都是提供实时咨询服务的途径，实时咨询服务能够从用户的实际需要出发，快速帮助用户解决相关的问题。

2. 异步式参考咨询

这一参考咨询服务并没有在用户和图书馆专业人员之间形成及时的互动，互动起来也有一定的滞后性。在建设智慧图书馆的过程中，参考咨询服务平台应该将过去出现的问题和解答统一收录进系统中，图书馆也需要建立一个高效的搜索引擎，当专业人士不能够及时为用户提供参考咨询时，用户可以搜索问题的关键词，查看系统中有没有出现过类似的问题及

解决的方法。系统在接收到关键词之后，会根据智能的筛查机制对所有的问题进行筛选，按照问题的相关性将所有问题显示给用户，并将解决过这一问题的图书馆专业人士的联系方式留在系统中，还要主要保护相关问题提问者的隐私，这种智能筛查的方式在一定程度上能够给用户提供较大的帮助。如果用户依然没有找到问题的解决方法，可以尝试一下传统的参考咨询服务，这一参考咨询服务是异步式的，通过邮件、BBS等方式联系过去的专业人员。传统的异步式参考咨询服务虽然存在滞后的缺点，导致用户和咨询人员不能够及时地进行沟通，但是异步式参考咨询服务不受时间上的限制，专业人士解答问题的效果较好，所以这一方式也能够很好地解决用户的问题，还能够合理地安排图书馆的知识资源。

3. 联合式参考咨询

这一参考咨询服务能够利用智慧图书馆这一媒介，将不同图书馆之间的资源联系在一起，如图书馆的知识资源、人员资源等，将各方力量结合在一起，实现为用户提供优质服务的目的。当一名用户来到一个图书馆寻求咨询服务，但是这一图书馆中的资源不能够为用户提供解答，其他图书馆就可以自动承接这一问题，完成对用户问题的解答。

4. 层次化参考咨询

这一参考咨询服务的特点是咨询服务按照知识资源和人员资源的纵向分类进行展开，根据这一服务的特点，用户更深层次的信息需求也能够被满足。层次化参考咨询服务从咨询体系的构建出发，建立起完善的层次性结构，不断拓展咨询服务的内容。图书馆将得到解决的问题按照不同的标准进行严格的分类，参考咨询服务的质量和效果能够得到较大的提升。

（二）学科馆员服务模式

1950年，一所美国高校的图书馆开始使用学科馆员服务模式，在当时，图书馆安排具有专业知识背景的图书馆馆员为学生进行专业问题的解答。学科馆员服务模式发展到今天，在许多国家和地区都得到了应用，我国也有许多高校开展了学科馆员服务，但是许多高校并没有获得较好的效果，因为他们开展这一服务模式是为了跟上图书馆发展的趋势，仅仅使用了学科馆员服务的形式，缺少实质性工作内容的安排。例如，一些高校认为学科馆员服务模式就是在学校图书馆的网站上列出具有学科背景的图书馆馆员。

在智慧图书馆不断发展的今天，我们要从学科馆员的本质层面对其进行全面的分析。学科馆员是具有相关学科专业背景的馆员，在一些专业的知识领域比普通馆员有更加丰富的知识。学科馆员不仅需要掌握最基本的图书馆专业知识和技能，还能够对专业领域中的知识进行自觉主动地更新，从而为用户提供最新的专业知识动态。虽然学科馆员在专业领域比一般的图书馆馆员具有更加深厚的知识，但是学科馆员的知识水平是不能够和科研人员相提并论的，所以图书馆馆员还是学科馆员最本职的工作，但是要在本职工作的基础上，对专业领域的知识进行及时重组、归纳、整理、理解，能够将自己的专业知识应用于用户问题的解答中。在解答用户的问题时，学科馆员要能够转换知识传授的方法，采用最方便、高效的方式。学科馆员和科研人员最大的区别就在于：学科馆员不涉及知识的深度研究，只做好专业知识的传递、重组、整理等工作就好。所以，专业知识的监督者、分析者、整合者、检索者是学科馆员的重要角色。

另外，人的服务是学科馆员在工作时需要注意的重点，学科馆员为了努力提高自己的专业知识水平，需要在相关专业领域进行消息的发掘和学习，可以实现专业知识提升和自我实现的双重目标。最近，在图书馆学术界出现了一种“学科馆员—功能专家”的研究体系，也就是联合学科馆员和专家的力量，形成一个专业的团队，共同为用户提供相应的知识服务。在开展服务的过程中，应该对过去传统的服务模式有所创新，将被动式的服务转变为主动式的服务。这一专业的团队能够从用户使用专业知识的角度入手，关心用户的需求，根据用户的学习情况，为用户提供参考书的推荐，也可以经常性地开展问卷调查活动，更好地了解用户的基本情况，从而进行有针对性的服务。同时，也应该积极转变服务的方式，如开展学科网络资源导航服务、智慧方向的参考咨询服务等。此外，图书馆也应该关注用户知识素养的提高，图书馆可以定期举办一些知识型的讲座，不仅能够让用户了解图书馆咨询服务的具体使用方法，还能够让用户掌握相关的知识检索方法以及数据库的使用方法。在图书馆引入用户需要的新资源之后，图书馆应该立刻通知用户，让用户也能够从图书馆的途径得到自己感兴趣的内容，从而提升用户对图书馆的信任度。

四、任何时间任何地点可用的智慧图书馆知识服务模式

（一）移动便携模式

我国正在从 4G 时代向 5G 时代发展，在这一高速发展的进程中，人们更加依靠互联网进行信息的浏览，如通过小型计算机、平板电脑、智能手机等移动端浏览信息。许多有关这些服务的行业也开始进入移动端程序的开发行列，如移动端的银行 APP、网络购物 APP 等。图书馆也需要与智能技术接轨，智慧图书馆能够在建立起专属的服务平台后，更加便捷地为用户提供各种各样的服务，用户在使用服务平台的过程中，能够实现申请服务、预订图书馆座位、借书还书等。图书馆在开发移动便携模式过程中能够实现较大的应用价值，这一模式能够促进图书馆知识服务的个性化，用户在使用这一模式时能够摆脱过去模式在空间和时间上的限制，随时随地拥有图书馆的知识资源。图书馆还能够在微信平台上建立智慧图书馆公众服务平台，用户能够更加方便地接收到平台推送的信息。

（二）智能交互模式

当不同种类的智能交互设备进入人们的生活中，就形成了智能交互模式。如在公共交通站牌的位置，设立 LED 显示屏，能够更加方便地传递社会中的新闻和最新的咨询，还可以单独设置一个公共性阅览室和休息室，为大众提供休息和学习的场所。图书馆还应该开发出一个能够帮助用户获取知识的智能软件，目的是提高知识获取的准确程度。通过智能软件中感知系统的应用，用户能够在大数据的帮助下，获得最恰当的知识内容。智能软件还需要借助智能系统的作用，简化操作的难度，让用户能够更好地使用系统。在对智能化的软件进行重组和简化之后，能够提升用户的体验感。

第五节　智慧图书馆信息服务模式构建

一、图书馆信息服务模式解读

（一）图书馆各发展阶段的信息服务

如果从历史发展的角度出发，图书馆属于传统意义上的信息服务产业，其社会功能的实现需要借助信息服务的作用。图书馆的发展重点就是

信息服务，信息服务是对信息的内容进行初步加工，再通过学科检索、数据管理、资源整合等方式为用户提供多种类型的服务。信息服务研究的根本出发点是满足用户的信息需要。不同阶段的信息服务具有不同的时代特点。图书馆在不同发展阶段的特征如表 6－1 所示。

表 6－1　图书馆各阶段典型信息服务

图书馆发展的各个阶段	典型信息服务
古代图书馆	仅限于文献保存收藏，不提供信息服务
传统图书馆	图书外借与阅览、本地资源检索、简单参考咨询
数字图书馆	数字资源检索、虚拟参考咨询
复合图书馆	图书外借与阅览、跨库资源检索、虚实结合的参考咨询

古代图书馆比较著名的有天一阁。像天一阁这样的古老图书馆都有着重藏轻用的特点，那时候图书是比较珍贵的，基本上不提供借书等信息服务。随着时代发展，有了传统图书馆的雏形，有图书外借、刊物浏览的功能，出现了基本典型的信息服务。传统图书馆进入自动化和集成化阶段，就能够为用户提供本地资源的信息检索服务，而且馆里的工作人员能够对文献资源进行整合、加工，提供简单的资源检索和咨询服务，提高信息服务工作效率。到数字图书馆阶段，最典型的特点就是使用强大的资源检索功能和提供数字化虚拟参考咨询服务，减少了人力、物力，节约了成本，提高了效率。

网络和信息化时代的到来，给予数字图书馆前所未有的发展机遇和挑战。数字图书馆为用户带来了最新形式的参考咨询服务方式，这一服务方式的服务对象、服务内容都更加多样化，层次性也提升了。这就促使图书馆信息服务发展到复合图书馆阶段，这个阶段的信息服务模式有传统模式和数字化模式双重特点，复合图书馆按照传统模式给予用户最基础的外借图书阅览方式，同时信息服务模式也能够将本地资源和数字资源统一起来，使用人工服务和数字虚拟手段共同为用户提供参考咨询服务。

（二）现阶段图书馆信息服务的特点

在信息技术不断进步、网络技术不断发展的背景下，用户对信息服务的需求层次也得到了一定程度的提升。当今时代的用户信息服务需求更为复杂，具有多元、多样、专业、集成、交互等特点和趋势。

（三）现阶段信息服务存在的不足

在网络环境影响下，广大用户的资源需求已经不再满足于外出借阅、本地检索、文字性资源等。现阶段信息服务与用户需求之间的不匹配、不适应主要体现在以下几个方面。

1. 缺乏跨库一站式检索

图书馆利用数字化手段进行服务的方式主要是检索。在互联网设施不断升级的今天，更多的用户开始借助网络进行信息的检索，从而满足自己对于知识的需求。但是当前的检索模式还存在许多不足，例如：

（1）在搜索过程中存在搜索引擎相关问题。①搜索的效率较低，搜索结果的准确程度和全面程度有待提高；②检索方式较为单一化，不能满足多角度搜索的需要，概念检索在实现上也存在一定的困难；③对多媒体的检索还存在一些问题，目前适用的检索对象仍然是文本和文件；④搜索引擎不能够很好地理解自然语言；⑤用户个性化存在较多的不足，不能够按照用户的要求自动进行搜索。

（2）图书馆对资源的整合还存在进步的空间，最终目的是实现跨库检索和一站式检索。很多图书馆已经通过购买、自建等方式具有了一定的数字化信息资源，但是资源数据库的项目繁杂、类别众多，仅一所普通图书馆就拥有数据库、题目摘录、中文外文数据、电子期刊等多类资源。而且近年来，图书馆购买的数字资源数量不断攀升，一座综合类型的图书馆最多能够达到37.2个数字资源库，图书馆中除了数字资源库之外，还有书籍馆藏、光盘、纸质文献资料等多媒体资源库，数字化资源和纸质资源在空间上是相隔开的。用户需要通过不同图书馆查找不同资源，每个图书馆的网络查询界面、进入检索规则也不相同，用户需要一一熟悉，既费力又费时。

建立无缝对接的跨库检索平台，实质是优化整合现有信息，提高资源利用效率和一站式服务水平的一种方式。在搜索引擎中，能够将用法、环境、结构、类型存在较大差异的数据库统一起来，让图书馆中的信息检索服务和馆中的实体资源、数字资源结合在一起进行使用。用户只需要单次的检索，就能够得到自己需要的多种形式的内容，如数字资源、多媒体、纸质文章等，这样一来，就能够提升用户检索资源的效率。不仅能够节约信息检索的时间，还能够减小资源系统运行的负担，避免出现系统的排队和占用现象，提升资源的使用效率。

2. 缺乏集成个性化服务

目前图书馆个性化服务还不够完善，体现在以下几个方面：一是个性化资源往往限制在特定的信息服务系统内，因此实现个性化定制服务职能受到一定限制；二是个性化定制服务的需求供应机制是静态的；三是个性化定制服务的有关技术有专业、专用限制，不通用、不标准；四是个性化定制服务系统不互通，相对独立；五是个性化动能体现不充分，服务形式单调，缺乏主动性。

3. 缺乏复合化参考咨询

图书馆参考咨询服务还不够完善，目前与实际需求存在较大差距和不足，具体表现在以下几个方面：第一，图书馆参考咨询服务方式不能满足多元化需求，方式单一，不够灵活；第二，图书馆虚拟参考咨询服务时效性差，不能及时提供咨询和解答；第三，图书馆参考咨询服务偏重于普通大众需求，缺乏个性化服务；第四，在遇到专业、复杂的个性化咨询时，咨询服务的能力不高；第五，图书馆在信息服务提供上，目前运用虚拟服务工具较多，尤其是参考咨询方面，人工结合网络的复合性较差。

4. 缺乏交互式协作共建

目前图书馆缺乏交互式协作共建，主要体现在以下几个方面：第一，图书馆允许用户参与共建的环节很少；第二，缺少用户协作共建平台机制；第三，知识提取手段有待进步。因为用户的专业背景多种多样，而且许多用户并不具备图书馆学的知识，所以用户在贡献自己的智慧时，往往只能够提供资源类的信息。在后续的工作中，还需要馆员对这些信息进行专业的处理，从而使得信息转化为有用的知识，这一转化的过程较为复杂、繁琐，所以需要发展知识提取的手段，使得馆员能够对用户贡献的信息进行智能化的加工、提取、挖掘等，形成新的知识体系。

二、图书馆智慧信息服务模式建立

在信息技术不断进步的时代背景下，更多的人开始使用智能终端获取自己需要的信息，包括一些电子书，图书馆因此受到了很大的冲击。这基于人们对于互联网信息时代体验的便捷服务，现代图书馆通过引入互联网手段，创造了“图书馆 2.0”“智慧图书馆”等新型服务体验。

(一)从 Web 2.0 到图书馆 2.0

美国奥莱利公司的戴尔·多尔蒂与媒体直播(Media Live)公司的克雷格克林在 2004 年的自由讨论会议上提出 Web 2.0 这一具有互联网因素的专有名词，2004 年 10 月两家公司一起举办了全球第一次以 Web 2.0 为核心的会议。Web 2.0 主要内容是通过开放式的共享信息资源，采用便捷的程序进行整合控制，注重用户的服务体验，带有明显的社会性特点，为社会的经济文化发展和人们的生活带来很大的改变。Web 2.0 也被人们广泛认可。

Web 2.0 的功能特点是用户的信息可以自己保存，可以自己分享自己的信息，别的用户是无法获取的，信息受到安全的控制，一个交流平台在内存空间允许的情况下，可以让更多用户使用，它的使用也非常方便，可以很简单地发布信息。

Web 2.0 提供的技术非常符合当前图书馆的转型需求，在当代的信息技术大环境下，Web 2.0 的概念符合图书馆职业的发展，Web 2.0 为图书馆提供的转型服务与人们需要的人文精神能够很好地融合在一起。

Library 2.0(图书馆 2.0)的概念于 2005 年在国外的网络图书馆建设中出现，这一新内容属于网络图书馆的一个分支。图书馆 2.0 的相关概念由图书馆员迈克尔·凯西提出，迈克尔·凯西在他个人的社交平台上发布了一张努力推进图书馆 2.0 的相关照片，图书馆 2.0 的名称就来源于此，图书馆 2.0 的发布是为了推动用户更深层次的文化精神服务体验。

图书馆 2.0 的提出和发展借助了许多图书馆从业人员的力量，如美国图书馆协会的相关技术人员，英国图书馆的系统服务，还有图书馆学领域的专业人员等，在学术界人们的建议和鼓励下，图书馆 2.0 的内容被确立起来，并最终得到了人们广泛的认可。

(二)从智慧地球到智慧图书馆

2008 年 11 月，纽约市外交关系委员会发布了一场题目为《智慧地球，下一代的领导议程》的演讲，在此次演讲中，“智慧地球”的定义被委员会提出。“智慧地球”的想法给人们带来了未来发展的蓝图，也就是让地球在发展的过程中充满智慧化，让人类在智慧化的环境中成长，让地球以智慧化的方式运转。国际商业机器公司提出的“智慧地球”构想已经成为美国国家发展的重要战略内容之一，“智慧地球”也在全世界的范围内收获了关注和认可①。

国际商业机器公司之所以提出“智慧地球”构想，最重要的原因是未来生活主要依靠互联网科技来运转，人们的生活会受到互联网科技发展的巨大影响，在信息化不断普及的当下，人们使用的工具将会具有相互联系的特点，更加智能化。

物联网和互联网是“智慧地球”建设过程中主要使用的两个技术，这两个技术的组合帮助信息资源与社会发展相结合，让人们的日常生活中充满智慧化的应用，从而提升人类的生活质量。

人们将互联网、智能信息化处理基础、传感器技术结合在一起，最终形成了智慧地球的技术组合，数字地球是智慧地球定义形成的基础，智慧地球是数字地球的最终发展成果。我们在这里对数字地球的主要内容进行简要介绍，数字地球从根本上来看，是一个信息化的框架模型，模型中使用的技术是地理信息技术、网络信息技术、现实虚拟技术等，通过这个框架将全球范围内的教育、交通、医疗、经济、社会等需求的信息联系在一起。

智慧地球的实现需要发挥数字地球和物联网的共同作用。物联网使用的主要技术手段是信息传感设备，如激光扫描器、全球定位系统、红外感应器、射频识别等。物联网的建设需要按照既定的协议，在一定的物理范围内，将互联网和物品信息联系在一起，达到信息整合的目的，通过智能化信息读取的手段，实现管理、监控、跟踪、定位和识别某一物品的目的。

在物联网和智慧地球的快速发展背景下，现代图书馆的建设也受到了一定的影响。在智慧图书馆的建设和形成过程中，也需要物联网的相关原理发挥一定的作用。智慧图书馆是一种新型的图书馆运营模式，在图书馆的建设过程中，主要使用的技术手段是科技智能，在最新技术的影响下实现用户使用需求和图书资源的交换，提高用户获取图书馆信息的速度和效率，从而达到实现人工智能化服务与管理的最终目的。基于此，我们认为将数字图书馆和物联网结合在一起形成了智慧图书馆。

以下是智慧图书馆建设的重点：第一，从用户的具体信息需求出发进

① 时彦艳，2013. 从数字图书馆到智慧图书馆的构建［J］. 计算机与现代化（6）：192－194.

行资源的安排；第二，在图书馆资源和网络通道进行整合的过程中使用信息通信技术，从而为用户解决具体和实际的问题，提升图书馆的实际水平。所以，智慧图书馆必须为用户提供一个安全、有保障的信息环境，为用户提供更便捷的信息服务。

一个成功的“智慧图书馆”必须具有融合性、协同性、移动性、开放性、异构性等特点。下面我们对这几种特点进行简单的介绍。

融合性：用户在智慧图书馆服务的使用过程中，可以创造新的服务内容，改变过去等待图书馆服务的被动状态。智慧图书馆服务的基础框架是信息服务系统，这一系统能够为其他行业提供信息服务，提升信息的使用效率，不仅能够提升用户使用信息的体验感，还能够提升服务和资源的使用效果。

协同性：在智慧图书馆信息服务中，最核心的内容是信息的整合与服务的协同，在将来的信息服务体系中，还会出现数字化、多媒体化的趋势。

移动性：高带宽网络接入是智慧图书馆采用的网络接入方法，包括三种接入，分别是基于 3G/4G 的移动高速数据接入，基于 OFDM、802AX 的固定高速无线接入，基于铜缆、光纤的上下行对称宽带接入。

开放性：用户不用担心图书馆使用的技术会影响个人信息的私密性，也不用担心网络状态会出现剧烈的波动，因为图书馆采用的技术对用户是公开和透明的。

异构性：智慧图书馆将多种承载方式和接入方式融合在一起，实现网络的无缝接入；不管是个人用户还是技术设备都能够不受时间和空间的限制，获得自己需要的信息内容。

目前世界上的智慧图书馆建设依然处于探索的初级阶段。2010 年第六届全球数字图书馆国际学术研讨会就对智慧图书馆的建设内容进行了深度的讨论。在学术研讨会中，我国的学者提出：智慧图书馆的建设实现了两个方面的突破。首先是数据库到数据海的变化，随着实体图书数字化进程的不断推进，数字图书的数量已经达到了 1 000 万本之多，信息含量更为丰富了，所以出现了数据库不能满足数据容量需要的现象。其次是数字图书馆正在向智慧图书馆的方向转变，数字图书馆的馆藏信息在经过不断地整理和整合之后，知识的获取将会更便捷，知识资源库也会得到扩大。

人们在未来的学习、研究过程中，也有更多的信息基础，在智慧图书馆未来的建设过程中，还需要完善云服务的内容，提升图书馆的便捷性。

（三）基于图书馆2.0的智慧信息服务模式

随着科技水平的快速提升，新兴技术在各行各业都得到广泛的应用。在图书馆领域，新生的图书馆信息服务模式对该行业的发展与人们的服务体验产生了巨大的影响。例如，Web 2.0的发展为图书馆管理开创了图书馆2.0服务模式，在服务上采用了新的服务理念，逐渐以用户体验为中心，实现图书馆真正的服务功能。在图书馆2.0之后，随着人们精神需求上的增长，在信息技术领域又刮起了新的发展风潮，即智慧地球理念。在不断探索中，有关学者还对行业发展进行研究，发现可在图书馆2.0的基础上，结合智慧地球理念，打造新的图书馆信息服务模式，将图书馆管理变得更加智慧化，充分利用科学技术手段，实现图书资源的流通与利用。

智慧图书馆的建设需要从智慧地球的技术中获取发展的养分，如大量的数字资源，以及云计算和物联网等技术。目前，对图书馆实际发展情况进行分析可知，智慧图书馆并不能运用到普遍的图书馆管理手段中，大多数图书馆在硬件设施、资源数量或者在资金投入等方面都存在一定的限制，各图书馆前进发展的道路还很曲折，需要不断努力。

三、图书馆智慧信息服务系统构建

建设智慧信息服务系统的目的是破除实体信息在使用时存在的障碍，并将图书馆中固有的资源同数字化的资源结合在一起，最终的目的是实现信息和资源的共享，形成以用户为主体的管理模式。

（一）图书馆智慧信息服务系统组成

图书馆智慧信息服务系统是经过长时间发展，由人们设计出来的更方便的服务方式，主要以数字资源为主构成服务系统，收集在各阶段、各流程产生的数字信息，并通过一定手段进行加工，在各阶段之间传递、存储。人们常见的构成内容如数字资源、智慧资源加工系统等，是依靠数字资源进行传播，由智慧资源进行监管与整合的系统。智慧信息服务系统结构要素主要分为两种内容：一部分是数字信息资源，另一部分是智慧服务。数字信息资源作为基础信息，能够满足大部分用户的要求，而智慧信息服务系统在此基础上提出了革新，在满足基础服务的功能上，以用户体验为转移，注重使用感受。智慧信息服务系统能够构成多种内容，在众多系统中发挥着多重作用。

1. 智慧资源加工系统

智慧信息服务系统的创新需要借助智慧资源加工系统的力量，因为智慧资源加工系统能够对图书馆的资源进行更为有效的管理。其最终目的是将信息资源的内容进行更为细致的整理，储存和管理好各类信息。

智慧信息服务系统工作的重点是对数字资源进行整理，按照信息的来源可以将信息分为两个主要的类型：第一种是内容包含了原生数字形态的数字资源，如人们经常使用的电子文件、刻录下来的光盘、动画、图片等。第二种的数字资源则比较传统，也就是实体文献经过数字化方式加工形成的数字资源内容。数字资源加工的手段也是不尽相同的，不同的资源对象会使用不同的手段，传统的实体资源经过数字化处理之后，能够更为便利地保存。

在对智慧资源进行加工时，通常会使用C/S结构进行处理，在一种资源中可能会有多种来源的信息。下面我们来简单介绍一下操作具体文件的方法。首先，我们需要将一个印刷式的文献资料进行扫描，然后将获取到的内容进行数字化的处理；其次，我们将扫描出来的电子文件转换为文档，使用OCR的手段，识别并校对好文档的内容；然后，将识别出来的电子文档进行数字化的加工和处理；最后，可以按照数字化内容的保存方法将文字保存下来。

2. 智慧资源存储系统

图书馆中的智慧信息服务系统由智慧资源存储系统和智慧资源加工系统共同组成。对底层数据存储系统进行分析可知，形成图书馆智慧信息服务系统的结构有两个：一个是智慧资源存储系统，其作用是能够保存并为用户提供更好的体验，通过科学的方式提供技术支持与保障；另一个是智慧资源加工系统，它是智慧资源存储系统建立的基础，只有将资源合理加工后才能进行存储与保存。

在对图书馆实际运作情况进行分析后可知，图书馆所具有的基础情况、各馆用户的需求与资金投入的不同，使得各馆的运作方式及内容具有不同的发展阶段。所以要综合分析多种信息条件后构建系统，从实际出发，在满足社会发展的基础上，寻找出能够促进该行业发展的定制化方案。以下列出图书馆智慧信息资源存储最有代表意义的四种存储系统方案，如表 6-2 所示。

表 6-2　图书馆智慧信息资源存储的四种存储系统方案

容量及要求	图书馆类型	适用的存储系统结构
数字容量小于 10TB 时	一次性投入小的中小型图书馆	NAS 存储系统结构
数字容量大于 10TB 时	数据量不断增长的图书馆	SAN 存储系统结构
数字容量大但用户数不太多时	数据量高速增长的图书馆	IPSAN 存储系统结构
数字容量大且用户数多时	大型图书馆及信息数据中心	NAS 与 SAN 融合结构

在中小型图书馆的建设过程中，不会耗费过多的资金与资源，因为中小型图书馆拥有的数字资源数量并不是很多，容量在一般情况下不会达到 10TB。所以对于中小型的图书馆建设来说，使用 NAS 存储系统结构进行相关的管理是最为合适的。因为这一存储系统结构能够很快见到效果，在结构的形成和发展过程比较容易介入管理。如果在建设过程中出现了信息资源不断增多、管理难度不断加大的情况，可以适当地升级 SAN 存储系统。如果是大中型的图书馆，在建设过程中一定会面临数字资源不断增长的难题，我们通常会使用 IPSAN 存储系统结构管理图书馆的资源，IPSAN 存储系统结构是 SAN 存储系统的升级版本，所以它能够解决图书馆在技术和网络方面的发展难题。如果出现了数据容量过大或者用户数量较多的情况，图书馆可以将 NAS 与 SAN 系统结合在一起使用，提升用户的使用体验，最终为图书馆节约成本。

3. 智慧资源搜集与整合系统

如果想要提升图书馆信息服务的水平，可以使用整理智慧资源的方式，网络上的资源也能够使用整合的方式。智慧资源搜集与整合系统能够提升资源整合的效率，帮助用户完成快速的海量信息搜集任务。

4. 智慧集成服务系统

在智慧信息服务系统中，智慧集成服务系统是较为重要的组成内容，这一系统能够提升整理和分析信息的效率，提升图书馆的信息管理水平。智慧集成服务系统能够从用户对信息的需求出发，形成个性化的界面，这一系统中具有最新形式的资源搜集和表现方式。智慧集成服务系统可以利用网络平台的作用，将信息综合起来，并建立一个具有协同作用的数字化信息资源检索方式。

5. 智慧个性化服务系统

图书馆智慧服务系统能够主动积极为用户提供个性化需求的内容。主要工作是建立智慧信息服务系统与服务对象的沟通基础，通过系统分析用户信息，在资源变化状态下掌握和预知用户的新目标，主动为用户提供不同的指定信息，提供有针对性的服务。其本质是达到“信息找用户，按照个性需求服务”的目标，特点是有针对性、安全性、专业性、易用性、主动性，能够满足用户对信息的需求，提升图书馆的信息服务能力。

6. 智慧参考咨询系统

智慧参考咨询系统主要运用计算机网络远程服务功能，由咨询工作人员通过互联网远程交互进行交流，发现信息情报方面的问题和梳理解决数字信息服务过程中遇到的困难。

（二）图书馆智慧信息服务系统构建模式

1. 图书馆智慧信息服务系统的构建目标

图书馆智慧信息服务系统围绕高效、智能、快捷的服务目标，建设数字信息资源服务系统。这种系统建设项目以稳固的资源保存为基础，以技术服务为保障，重点关注建设服务规模和质量。若要达到理想的建设目标，需要两手抓：一方面抓有效的网络传输，构建网络平台检索规则；另一方面要适应人们的使用习惯和接受能力。合理配置信息服务系统中的每个关键要素，要找准网络系统技术与人工操作等方面的契合点，充分满足客户不断增长的知识需求和个性化需要。在构建图书馆智慧信息服务系统的目标时，应该从以下几个要求出发：

（1）系统能够容纳多种多样的资源，达到图书馆的功能要求，图书馆内部能够包容不同类型的信息体系和系统。

（2）在协调不同系统的同时，能够实现不同系统的自主建设和发展，也要能够支持系统协议和元数据格式。

（3）保证整个服务系统处于一个低成本的环境中。

（4）在用户使用资源和服务系统时，要为其提供方便性，提升用户的使用体验。

（5）使智慧信息服务系统具有可伸缩性，不管信息资源或者服务系统如何变化，都必须要容纳进信息服务系统中。

（6）在组织和建设数字信息资源时，必须满足数字信息之间的关联性要求。

2. 图书馆智慧信息服务系统结构建设

以下三种管理模式是图书馆信息服务系统最为典型的管理模式，分别是点状管理模式、线形管理模式、网状管理模式。

（1）点状管理模式。这一管理模式是一种单一对应型的模式，服务资源和管理服务的岗位是一一对应的关系。因为智慧信息服务系统在提供服务时，根据部门进行分配，不同部门有着明确的任务分工，所以这一管理模式提供的服务内容也较为单一，协调机制不够灵活。随着信息化技术的发展，这一管理模式越来越不能够适应网络化的信息需求。

（2）线形管理模式。这一管理模式的工作思维方式就是线性的，并将图书馆的信息服务分为不同的环节。这一管理模式也对不同环节的工作内容提出更高的要求，因为一旦一个环节出现了错误，整个信息服务流程就会出现严重的问题。

（3）网状管理模式。将用户、资源、系统联系在一起，连接的纽带是信息服务，使得图书馆内部形成一个相互作用的整体。图书馆的建设需要多方的力量起作用，这一管理模式能够将用户、图书与电子资源、图书馆馆员的力量结合在一起，共同建设图书馆。

从上面的内容可以看出，不同模式的出发点不同，从资源的角度建设的管理模式是点状管理模式，从业务的角度建设的管理模式是线形管理模式，从用户与服务角度出发的模式是网状管理模式。

3. 图书馆智慧信息服务系统构建模式分析

在一个完善的图书馆智慧信息服务系统中，系统的各部分构造和内容是较为完善的，资源层和服务层能够交叉使用，馆员能够对不同环节系统进行单独处理，从而为用户提供各种便捷式的服务，如虚拟化咨询、信息集成、信息整合、信息提取等。

整体性也是智慧信息服务系统一个较为突出的特点。正是在整体性的作用下，服务系统内的环节和要素才能够紧密地联系在一起。

本书已经提到了智慧信息服务系统的资源层内容。在资源层中，本地的一些非数字化形式的数据，通过加工、整理、储存等环节形成数字化的资源，进入平台进行储存。高校购买的数字资源库和智慧资源系统处理之后的资源共同形成了资源库，最终被系统录入储存。

智慧信息服务系统服务层有智慧信息服务集成系统、咨询和协调配合系统、智慧化个性化服务系统三个方面的内容。服务层通常以门户网站的形式出现，用户如果出现了信息的需求，就可以在门户网站上输入信息的关键词，服务层的子系统就能够及时地接收到信号，最终以资源层中的信息形式反馈给用户，提升用户的信息操作体验感。

在为用户提供信息服务的过程中，智慧参考咨询系统会协同资源收集系统和整合系统的作用，在提供服务的同时，也记录下用户需求的大数据内容。如果系统无法解决用户的信息资源问题，系统管理员可以利用智慧协作的功能，向其他馆藏资源较为丰富的图书馆求助，从而满足用户的信息需求。智慧信息服务系统还能够转换资源的形式，将非数字化资源转换为数字化资源。数字化资源加工、整理起来更为便捷，方便图书馆的储存和用户的查找，从而实现资源共享的目标。

第七章　智慧图书馆应用实践

本章主要论述智慧图书馆应用实践，从三个方面进行详细的阐释，分别是图书馆物理空间的智能化案例、图书馆基础设施的智能化案例以及人工智能在图书馆中的应用。

第一节　图书馆物理空间的智能化案例

智慧图书馆是复合图书馆的一种高级形态，在多个方面成功应用了各项信息技术与先进的智能设备，实现了人（馆员、读者）、文献、设备、建筑之间的互联，并对感知到的数据进行处理分析，通过开展自助、智能、全开放式读者服务，使馆藏文献资源和馆舍资源发挥最大效用，读者服务效率与满意度达到最高，充分发挥出图书馆为教学、科研服务的支撑作用①。各大图书馆的物理建设和服务都朝着智能化的方向发展。

图书馆是一个用于学习、写作、科研和创造性的物理空间，由于图书馆的物理空间有限，如何发挥其最大效用，确保高质量的环境，成为图书馆建设的一大难题。时代在发展，越来越多的人开始重视图书馆本身的功能性与便捷性，所以现阶段的实体图书馆应当不断完善自己的服务，以便更好地满足读者的需求。而智慧图书馆的诞生成功解决了现阶段很多图书馆遇到的难题，通过各项先进信息技术与智能化设备，使得读者能够随时随地获得自己想要的资源，不受限制地进行阅读。

一、河北北方学院24小时智能图书馆

河北北方学院24小时智能图书馆是图书馆先进管理理念与现代科学技术相结合的产物。该馆以自动化管理系统为依托，以自助图书馆管理系

---

① 刘煦赞．我国智慧图书馆研究述评与思考［J］．图书馆理论与实践，2015（5）：32－36．

统为重点，通过调整馆藏布局、完善服务功能、优化服务流程，实现资源管理智能化，服务方式便捷化，读者服务自助化。其24小时智能图书馆包括以下特点：

（1）该馆是一个读者可以全面感知、个性互动以及立体互联、灵敏便捷、节能低碳、无线泛在的图书馆。

（2）智慧图书馆安全监控设备根据环境需要可做隐藏式设计，营造人性化的阅读环境，与图书馆的环境完全匹配。

（3）安全门禁能够在10毫秒以内读取到图书借阅情况信息并实施移动门自动开闭，所借图书在不修改EAS（电子商品防盗系统）防盗位的状态下，电子标签只读不写，从而简化工作流程，提升操作效率及准确率，有效地提高智慧图书馆的安全性。

（4）智能电子标签UHFRFID设计成专用于书籍的标签，隐蔽性好，和磁条一样黏贴在两书页之间，并且不受原先贴在书中的磁条干扰，保证足够的识别效率和足够长的使用寿命，UHFRFID防盗性能和磁条相当但比传统磁条更薄更短。标签只储存条码号和分拣类别号（便于分拣），校园一卡通只储存读者条码号，确保隐私性。此方案最大优势是可以保证识别系统能在最短的时间（5～20毫秒）内对没借出或夹带的书本发出警报，从而确保智能图书馆安全。

（5）在图书上保留原有条形码，既可以作为标签ID的备份，又可以通过智能手机识别条码进行借阅。

二、深圳市盐田区图书馆

我国出现的第一座实体智慧图书馆位于深圳的盐田区，盐田区图书馆诞生于2016年，主色调为蓝色，选用的主题为海洋，在圆形的天顶上选用的图案是星空，使得读者能够在这座现代化的图书馆中获得新奇的享受。

在该智慧图书馆当中，共分为三个系统，分别为智能书架系统、传感网系统以及智慧座席系统。对于读者来说，智能书架系统的一项重要作用就是更加方便寻找到自己需要的书籍，对于图书馆管理员来说，借助智能书架系统可以更加方便快捷地进行图书的分类、摆放。

值得注意的是，在智慧图书馆当中使用了Zigbee传感网，借此就能够实时有效地监控整座图书馆，确保书籍的安全，并且还能够对环境的温度、湿度以及灯光的开关等进行智能控制。智慧座席系统的存在可以为读者带来更加舒适的阅读体验，在落座之后，读者能够最大限度地对自己的座椅进行舒适度的调节。

在该智慧图书馆当中，还有一处名为智慧墙服务区的设施，这面墙共有45块液晶显示屏，由此拼接成一整块屏幕。这面墙主要用来发布各种信息，实况转播各种重要的会议以便读者观看，在这面墙的下半部分可以方便读者进行互动交流。

值得注意的是，在这座智慧图书馆中有一个海洋文献联合目录库，其中包含全国700多家图书馆的海洋文献书籍，以及超过50万条的海洋目录信息。

该馆还推出了相关APP，以便读者能够随时随地通过手机与图书馆进行链接，享受其中的服务，还可以借助APP与周围的读者进行互动与交流。

三、印第安纳大学布鲁明顿分校（IUB）图书馆信息空间共享服务（IC）

IC空间可以说是各高校及专业图书馆的标配，各馆IC的硬件设施及所提供的服务都朝着智能化的方向发展，是实现全面智慧图书馆不可或缺的一部分。印第安纳大学布鲁明顿分校（IUB）图书馆IC空间的服务种类众多且较完备，IC服务最为典型。IC可以称之为研究室，主要为群体用户或个人研究者提供技术支撑和科研帮助，在这里用户可以集体讨论、学习或完成某项课题。技术支撑主要包括软硬件设施的高配置和智能化，科研帮助主要是文献资源的丰富性、培训服务的多元化。

第一，服务内容与服务方式的转变。从服务内容来看，IC这一服务模式，将图书馆常规流通阅览服务、信息检索服务、参考咨询服务、信息素养教育融为一体。保留了传统图书馆向使用者提供大量资料的特点，IC服务区通过两个图书馆的书库文献以满足不同学生的资料查询需要。其参考咨询服务的内容包括：对教师和学生专项课题或个人兴趣研究提出建议；承担资料搜集工作；方便用户查询图书馆书库全部印本或电子型书刊；高效使用互联网，提供校园网络支持服务。

第二，向使用者提供了传统图书馆中没有的服务内容。首先是现代技术的保证。学生技术中心保证了全部工作台有 IC 硬件软件设备。所有工作台都会每 3 年进行设备更新。其次，提供了配套技术服务。为确保没有技术能力的学生获得帮助，技术中心为其提供形式多样的辅助项目，还可以为想要学习某些技术能力的学生提供一对一的参考咨询。技术中心 IT 专家的服务形式分为两种：一种是敞开式参考咨询，主要包括密码的重置以及学生计算机的维修保养等；另一种是延伸参考咨询，主要包括在无线网络当中的个人计算机配置以及软件配置等。最后是以现代技术为支撑提供帮助服务。帮助用户实现文字处理；修复用户计算机及软件；教师与学生能够在多媒体工作室享受到现代化、智能化的服务，各工作室都装有扫描仪和麦克风、各类视听设备、CD、DVD，教师与学生不但能够观看数字化视频，还能够对部分视频进行内容上的编辑等。总的来说，相较于传统图书馆，IC 服务在服务功能上实现了全面超越。

第三，相较于传统图书馆，智慧图书馆不但在硬件、软件以及收藏的各种资源上更加先进与丰富，而且配备了更为优秀的服务队伍。IUB 提供 IC 服务，把用户需求与预期整合为一体，使得用户能够更好地接受参考咨询馆员、IT 技术咨询人员等的帮助，从而更快更好地进行资料的检索、分析和处理等工作。

第四，IC 服务需要不同部门的协调与配合，能够更好地彰显智慧图书馆的现代性与包容性。图书馆与学校内部的各个部门进行协调配合，相互融合，更好地为用户提供先进的 IT 技术服务以及更加专业的教育等。针对学校与图书馆合作管理的 IC 服务区的工作台，图书馆与学校成立了两个委员会，对 IC 服务的工作开展日常事务督导。IC 服务的行政组的主要人员构成为图书馆与学校的管理人员，行动组的主要人员包括图书馆及负责日常运作的 IT 管理人员。IC 为服务区员工制订培训计划，以保证 IC 的服务人员均了解该服务模式，并具有向各用户传递信息的功能，及时满足用户信息需要，回答用户询问。

智慧图书馆是建立在物联网和移动服务基础上的图书馆，利用大数据和其他技术，各大图书馆纷纷建设充分表现出自身特色的智能化图书馆，使读者能在任何时间、任何地点尽享图书馆资源便利。

第二节　图书馆基础设施的智能化案例

图书馆基础的硬件设施包括建筑、电器设备、计算机设备以及其他硬件设备。这里介绍两个例子看一下借助相关技术使图书馆硬件设施达到智能化，从而提高图书馆的日常运行效率。

一、上海交通大学图书馆环境监测与节能系统

图书馆是空间较大的公共建筑，由于日照、季节等因素会导致室内温度分布不均匀，这样一方面会影响学生的学习环境舒适度，另一方面会造成能源的极大浪费。为了对图书馆的温度进行实时调控，上海交通大学图书馆推出了“环境监测与节能系统”。

该系统基于先进的物联网理念，通过构建无线采集和分析系统对阅览室环境参数进行采集及三维建模分析，实现了对室内大环境温度、湿度和空气质量的监测。系统对监测结果分析后，对空调进行调节优化，确保室内环境舒适，降低能耗，实现减排的目的。用户可以在图书馆大型显示屏上清楚地看到室内温度分布情况，同时还可借助全球网络在图书馆甚至上海交通大学以外的任何地点接入本系统，查询图书馆当前的环境参数。

二、河北经贸大学图书馆巡检系统

随着信息网络技术和计算机技术的不断发展，各大图书馆都引进了自动化系统、各种管理软件和各类型数据库，使图书馆软实力得到了极大的提升。但随之而来出现了一系列的问题，比如服务器被攻击，信息同步终端、设备断网等。图书馆员每天进行巡检，工作繁杂且容易遗漏。为应对这一难题，河北经贸大学图书馆就研发出了图书馆巡检系统，该系统的主要功能就是进行实时监测，根据监测到的问题数据，及时提醒相关人员进行检修。

该巡检系统在开始工作的时候，第一步会确定需要实时监测的 7 个目标系统，它们分别是门禁系统、图书管理系统、座位管理系统、阅报系统、微服务站系统、管理服务器系统、资源服务器系统。第二步要明确监测内容，监测各应用设备的网络环境是否正常运行；监测各网站、数据库

链接页面的链接情况；监测数据库服务运行状态、数据库间数据同步情况等。第三步针对各个系统之间异构情况，实行独立监测，但这会出现代码冗余问题。技术人员需要为整理不同系统当中存在的网络信息与网页信息，以web访问的方式对网络连通性进行监控，建立数据库系统的双网卡，合理分配网络路由信息，彻底解决网络异构问题。第四步，系统采用HTML＋CSS对巡检结果进行展示，对于多角度、多类别的访问对象，采用“一对一”的方式对页面结果进行显示，完善了网页响应时间，提高了用户的视觉感触效果。

该巡检系统的存在有效提升了相关技术人员的工作效率，提高了读者的满意程度，更加方便图书馆的管理。

第三节　人工智能在图书馆中的应用

伴随着科学技术的进步与信息技术的发展，人们面临着越来越多的挑战与新的机遇。人工智能技术在不断发展的过程中，能够适用于越来越多的领域，人工智能技术产品将会开启一个革命时代。未来的智慧图书馆将和人工智能设备相结合，不但有效提升了图书馆的工作效率，还有一些专业人士通过与智能机器人交互，有效提升了自己的专业知识与思维能力。

一、新加坡图书馆试用机器人管理员

人工智能给人类提供了方便，在应用于图书馆的时候，能够有效减少馆员的工作量，并进一步改善图书馆的环境。新加坡图书馆中就有一个机器人管理员，其能扫描书架发现遗失的图书并及时上报，由此有效减轻相关工作人员的工作量。

应用于新加坡图书馆中的机器人管理员在夜晚也能够进行工作，主要是使用激光对书架进行扫描，准确率高达99%，对发现的问题进行总结、上报。工作人员可以根据上报的信息，方便快捷地进行处理，有效提高了工作效率。

二、图书馆咨询机器人

图书馆对现有参考咨询系统技术升级，可打造成智能化机器人平台，

以达到全天候自动实时咨询服务的目的。数字参考咨询系统通常是由常见问题自动解答子系统、人工处理问题子系统、图书馆资源检索子系统三部分组成。其中人工处理问题和图书馆资源检索是该系统的两个重要功能。有的图书馆在移动图书馆 APP 或者微信公众号中植入了三个子系统，便于使用者随时取用。三个子系统有机组合，能使图书馆员摆脱重复劳动和单纯劳动。该系统可对用户经常提出的问题进行整理分析，协助图书馆员解答用户的疑问。

第八章　智慧图书馆建设与发展中存在的问题与对策

本章主要介绍智慧图书馆建设与发展中存在的问题，分别从智慧图书馆建设中存在的问题和对策、智慧图书馆发展中存在的问题及趋势这两个方面进行介绍。

第一节　智慧图书馆建设中存在的问题与对策

一、智慧图书馆建设的主要问题

（一）未充分体现智慧性

智慧图书馆本身是发展到极致的传统图书馆，智慧图书馆本身虽然还有着最基本的与传统图书馆相同的社会属性，但是其本身的内容、表现形式都更加多样，服务类型更加丰富，所有的功能都是突出了“智慧”的特性。值得注意的是，我们所建设的诸多智慧图书馆都是过于重视现代科技，尽管智慧图书馆有着更加广阔的发展空间、更加多样的服务内容，但是“智慧”的特性并没有得到明显提升，只是表现了“智能”的特性[①]。

（二）相关政策与规范的缺失

智慧图书馆的建造过程中存在数量庞大的信息交换，这里应当着重注意两个问题：其一就是各种信息需要按照怎样的标准进行交换；其二就是在进行信息交换的过程当中怎样保证信息的安全。比如很多读者在进行图书借阅的时候都需要填写自身信息，但是属于读者的各种信息本身都是敏感信息，绝对不能够随意处理。若是对相关信息的管理并没有一个确定的标准，就会影响到智慧图书馆的建设，所以说，为确保智慧图书馆的顺利

① 黄凯悦．我国智慧图书馆的构建研究［D］．武汉：华中师范大学，2015.

发展，应当有切实的政策与规范保障用户的隐私与图书馆内所有信息的安全[①]。

（三）支撑平台与技术问题

智慧图书馆的建设离不开智慧化的平台与先进的科学技术。就比如馆舍施工，维护图书馆正常工作的硬件设施与软件系统等，均需运用现代化技术不断完善和优化。基于条码技术、磁条技术的自动化集成系统（ILAS）和基于RFID标签技术的RFID系统有机结合，构成了智慧图书馆系统平台。为更好地开展信息咨询服务工作，就需要庞大的知识库与可靠的分析预测系统的支持。现阶段的很多研究成果并不能够进入实际应用，还应当进一步研发。

（四）建设成本问题

智慧图书馆的建设成本巨大，需要大量资金的支持。如何在保证读者需求与图书馆自身效益之间找到平衡就成为智慧图书馆建设中的一个重要的研究课题。图书馆的根本服务就是读书，其中既有纸质阅读，也有数字阅读。智慧图书馆主要采用数字阅读的方式。读者阅读所需的各种设备以及庞大的数字化资源的购买都需要足够的经费。当前，图书馆数量不断增加，数字资源购买支出已经远远超出印本资源。对智慧馆舍进行改建和装修、采购设备设施及资源库也需要经费，各项设备日常保养及智慧馆员的训练等，均导致较大的资金压力。所以，如何解决图书馆的经费不足问题显得尤为重要。

（五）智慧馆员队伍建设滞后问题

馆员在图书馆当中有着重要的作用，其自身的学识水平、专业程度、服务态度等都在一定程度上代表着图书馆的人文精神。智慧图书馆本意是为广大读者提供个性化的服务，尽管会广泛应用各种智能设备与数据资源，但是馆员本身也需要发挥自身主观能动性，参与到服务当中，根据自身所掌握的高质量的专业知识，积极发掘读者的潜在需求，为读者及时提供各项信息。

智慧图书馆若是想要为读者提供智慧化服务，就不能只依靠各种智能设备与相关软件，还需要智慧馆员的配合。但是令人遗憾的是，现阶段我

---

① 黄辉．试论智慧图书馆发展中的制约因素及改进策略［J］．新世纪图书馆，2014（8）：12－15.

国所建造的诸多智慧图书馆当中过于强调技术的作用，忽视了“智慧馆员”的作用，进而导致我国智慧图书馆员建设并不理想，所以我国所建造的各类智慧图书馆的服务质量并没有出现质的提升，最终严重影响了智慧图书馆的发展。

二、智慧图书馆建设的对策

（一）制定相关法律法规及政策

首先，需要国家重点健全智慧图书馆建设的相关法律法规。图书馆是信息资源集散地和知识创新中心，其中数量众多的数字化信息资源以及用户的个人隐私信息都应当有成文的法律法规进行保护。在完善的法律法规的保护之下，智慧图书馆就能够放心地与其他社会组织展开合作，不再单纯依赖政府资助，有效促进图书馆事业的更好发展。

其次，全国图书馆工作要逐步实现标准化。我们要广泛吸纳借鉴国际图书馆标准化工作建设的优秀经验，探索具有中国特色的标准化工作路径。标准化建设工作的开展也可以促使我国的图书馆在国际图联舞台上获得更大的话语权，有助于我国在图书馆标准建设领域的国际化人才的培养。

（二）资源共建共享

图书馆存在的根本就是各种资源，所以为实现图书馆的智慧化，就需要进行以下两个方面的改变：资源海量化、储存无界化。在智慧图书馆当中，不管是数字化资源还是印本资源都在飞速增多，为实现图书馆中各项资源的智慧化，就需要对所有的实体资源植入智能芯片，以便借助馆内的网络环境，实时监控该实体资源的状态。在云服务构架的支持下，智慧图书馆的业务支持系统、资源服务系统等会获得安全、可靠的“云”的支持，使得资源存储的无界化目标得以实现。

不同的图书馆应当明晰自身的资源收藏与使用情况，推出属于自己的个性化服务，为用户带来特色的舒适体验。因为单个图书馆并不能完全负担过多的资源建设成本，没有足够的存储信息资源的空间，所以为丰富数字资源，图书馆联盟得以建立。就比如联合国教科文组织所建立的世界数字图书馆（The World Digital Library），为全球读者提供免费服务。由此可以看出资源共建共享对图书馆智慧化建设具有重要作用。

（三）创新技术开发及应用

纵观各种先进技术在图书馆中的运用，我们发现，图书馆员在技术应用方面所表现出的对于创新的态度，将会直接影响图书馆今后的建设和发展。伴随着新技术在图书馆中的运用，馆员终于能够摆脱繁杂的体力劳动，打破服务的时空局限，进一步发展图书馆特色服务。伴随着各种新兴技术的出现与应用，图书馆员开展了学科信息服务，进而以物联网等为依托的泛在服务才成为可能。①

图书馆本身并不负责新技术的研发，毕竟图书馆只是一个社会知识服务机构，专门用于新技术研究和开发的资源不足。通常情况下，绝大多数图书馆都奉行“拿来主义”的政策，实施技术购买服务，但是应当注意，使用的各种技术应当能够与图书馆本身的学科特点相结合，开展创新应用技术研究，增强技术的适用性。例如传感器技术、RFID技术问世后，图书馆界开始对图书馆智能机器人进行深入研究，已经有了一定的收获。

（四）转变价值观念

图书馆应当明确自身所承担的社会责任、弘扬的价值观等，要有意识地与政府等社会各界进行深度合作，以便能够在社会事务当中掌握更多的话语权与关注度，获得更多的资金支持，丰富图书馆资源。

图书馆应当强化自身互联网思维，进一步明确核心价值，加强不同图书馆之间的合作与交流，积极推进馆际资源的共建共享。除此之外，还需要加强图书馆的内涵建设，不要盲目坚持技术至上的观点，应当既重视应用技术，也重视人文建设。

（五）智慧馆员队伍建设

对于图书馆来说，综合素质优异且经验丰富的馆员队伍举足轻重。在我国，明确规定了馆内的专业馆员数量要在50%及以上，毕竟馆员的存在对于图书馆的发展十分重要。图书馆员所拥有的素质能够直接影响图书馆的服务质量与读者的感受。伴随着时代的发展，技术不断更新迭代，馆员应当熟练掌握专业知识，及时更新自己的知识结构，提高知识水平，实现与时俱进。

---

① 李显志，邵波．国内智慧图书馆理论研究现状分析与对策［J］图书馆杂志，2013（8）：12－17.

第二节　智慧图书馆发展中存在的问题与趋势

一、智慧图书馆发展中存在的问题

（一）数据安全保护与高效管理问题

一直以来，智慧图书馆的数据安全都是人们所重点关注的。图书馆在进行数据资源的收集、转移、存储等工作的时候，会使数据安全遭遇风险。对智慧图书馆当中的数据安全造成危害的两个主要原因就是自然灾害与网络硬件。其中自然灾害属于不可抗力，会直接导致存储数据的服务器出现损坏，严重的甚至会丢失。而网络硬件方面之所以会对数据安全造成影响，是因为网络硬件在长时间使用之后会出现老化的现象，若不及时对网络硬件进行更新，会在一定程度上影响到网络传输的效率，严重的甚至会使系统出现崩溃的情况，导致数据的丢失。除此之外，很多智慧图书馆为了给不同的用户提供个性化的服务，会未经允许对用户进行画像，这就会严重侵犯用户隐私。

智慧图书馆若要发展顺畅，就需要及时检测和更新各种硬件设备，对各种突发事件做到未雨绸缪；对现代信息技术进行开发，使其不断迭代完善；同时还要加强相关工作人员的培训工作，提升其综合素养水平；增加对技术研究的经费投入，使得研究不会中断。

图书馆为了达到智能服务的目的，它在工作中要加强对大数据的管理，要在各个层面上通力合作，达到协同效果。

第一，要能依据数据本身的构造、形式、类型，充分分析相关数据之后获得有关读者的情报；利用大数据分析，为其生成个性化的档案以及分类用户模型，达到对阅览数据进行管理的目的。

第二，为有效提升用户服务，就需要仔细分析研究用户数据，根据分析结果科学摆放图书馆各类书籍；分析知识的发展趋势，明确用户群体所出现的各种变化，及时作出应对，更好地实现对用户数据的管理。

（二）智慧图书馆服务功能和服务模式问题

第一，在智慧图书馆当中，最基础的功能就是传统图书馆的服务功能，两者是重合的，主要涉及馆内藏书的借出与归还等工作；第二，因为信息技术的飞速发展，智慧图书馆自身的基础理论也在不断发展完善，要不断提高图书馆自身的服务管理功能。

在智慧图书馆的服务模式方面，应当大力发扬其本身的互通互联的特点，通过协同管理，使得图书馆的管理工作与服务效率更加高效，由此就能够为读者提供更加方便、快捷、舒适的服务。

对于不同类型的智慧图书馆来说，应当充分发挥自身特点，为读者带来个性化的特色服务。采用现代化的信息技术，确保为读者提供信息资源的相关平台能够具有较高的安全性。

（三）研究缺乏必要的实践性

目前国内有关智慧图书馆实践方面的研究较少，主要集中于宏观层面或技术角度。尽管现阶段的学术界并未对智慧图书馆进行概念上的统一，但有的学者在研究时未能将智能图书馆与智慧图书馆进行严格区分，甚至将二者混淆为同一概念，过分强调技术在图书馆中的应用。一种观点认为，在图书馆中应用高、新、尖的技术，就是智慧图书馆。这是传统数字图书馆的发展思维，即只是将新技术应用到图书馆中，在图书馆服务与管理上并未体现创新性与智慧性。这也是澳门大学图书馆馆长吴建中对智慧图书馆建设的一个担忧。很多图书馆管理员因为自身的懒惰与不作为，过于强调技术的强大作用，完全忽视了图书馆本身的根本价值与基本职能。近些年，也有一些学者从宏观层面来关注智慧图书馆建设问题，但却忽视了智慧图书馆建设应从读者的需求出发。这种从宏观层面出发，又未落实到具体需求与操作的研究，并不能为智慧图书馆的建设提供有用的指导。

国内智慧图书馆研究缺乏实践性的一个重要原因，是智慧图书馆研究成果推广的速度比较缓慢。虽然越来越多的图书馆进入智慧化发展阶段，已经取得了不少实质性的进展，但是国内有关这方面的具体研究案例还非常少。智慧图书馆没有统一的定义，缺乏统一的技术建设标准，故在一定程度上为智慧图书馆的大规模推广带来了阻碍，降低了智慧图书馆个案的参考价值。

（四）缺乏系统的理论体系

经过多年的努力，国内智慧图书馆研究取得了一些研究成果，但是这些研究成果都不够深入。这主要体现在以下方面：一是国内对智慧图书馆的概念、技术应用、服务模式、管理体系等的研究深度不够，还处于理论探索阶段；二是国内智慧图书馆研究尚处于“散打”阶段，并未形成专业的研究群体，具体表现在跨学科与跨地区合作的研究较少。这就容易造成国内有关智慧图书馆主题的研究较为分散、肤浅，理论成果泛化，难以就某个主题持续跟进和深化研究，只能跟着热点走，不能形成一套完整的智慧图书馆理论体系。

国内智慧图书馆的建设虽然起步晚于国外，但随着国内技术的成熟，特别是区块链、移动通信等多个领域的快速发展，我们完全有机会在智慧图书馆建设的理论与实践方面居于全球领先地位。

（五）过于强化“技术本位”

获取知识是人类与生俱来的一种本能，它可以让人类感到心理上的满足，同时也是人类生存和生活的需要。为有效促进人类社会各种知识的传播，就需要不断发展技术，所以馆员就应当积极借助技术本身的方便、快捷、先进，更好地实现信息组织的资源管理和知识管理。从图书馆发展的历史进程看，虽然技术对图书馆的发展起到了重要的引领作用，但图书馆发展过程中产生的各种问题并不能仅仅通过技术就能解决。我们应当明晰“技术本位”与“人本位”的优劣，以便更好地建立起智慧图书馆。

“技术本位”这一思想的存在，从根本上是将“人”等同为“物”，完全忽视了人本身的情感等因素。对于人来说，“智慧”是活的人格化的精神，并不是指应用于智慧图书馆当中的各种硬件设施与软件系统等。产生技术本位思想的主要原因表现在以下几个方面。

1. 研究尚浅

智慧图书馆虽然经过了多年的发展，但依然是一个相对新颖的领域，是在智慧地球概念被普遍接受之后提出的一个新概念，目前对它的研究尚处于初级阶段。不少学者对智慧图书馆的认识还有许多不足，如对智慧图书馆的技术及图书馆的发展认识不到位，有学者认为使用 RFID 技术就是使用了智能技术；也有学者将智能图书馆与智慧图书馆等同看待，从技术应用的角度来理解智慧性；还有学者将图书馆使用技术的智能水平等同于图书馆的智慧性。这些研究既是对技术的盲目遵从，也是对智慧图书馆理解的不到位。由于对协同管理、读者社区管理、集群整合、核心竞争力、可持续发展及智慧服务能力提升等方面的研究比较缺乏，众多学者未能揭示智慧图书馆的核心价值与职能，更多的是用传统数字图书馆建设的思维来研究智慧图书馆，即认为将各种新技术应用到图书馆建设中即可，忽视了对读者与馆员等人文层面的探索，未能将技术与管理、人等因素相结合，割裂了技术、管理、人等因素的联系。

2. 缺乏核心研究学者群

国内智慧图书馆研究者初步形成了一定的核心，但彼此间的合作并不多，尚未形成智慧图书馆核心研究学者群。核心研究学者群能在很大程度上推动智慧图书馆研究领域的深入与可持续发展，从而提升智慧图书馆领域的影响力。

3. 尚未引起社会的足够重视

相比传统的数字图书馆，智慧图书馆的存在虽然能够为读者带来更加优质的服务，使得图书馆员能够更加高效地开展工作，但是在转型的过程中也实实在在面临着各种各样的难题。从我国目前智慧图书馆建设的研究与实践来看，人们对建设智慧图书馆的认识还远远不够，实践上的推动才刚刚开始。我们分析和解决智慧图书馆的建设与发展问题，需要避免陷入以下几个误区。

（1）仅喊口号。智慧图书馆是未来图书馆发展的方向与趋势，我们要从思想上充分认识到智慧图书馆的重要意义和深远影响，实事求是地开展实践与探索，而不是跟风或赶时髦，只做表面文章，否则对智慧图书馆的建设将毫无实质意义。

（2）仅买设备。智能设备或系统是智慧图书馆的基础条件，但只购买设备并不能代替智慧图书馆建设，因为“智慧”还包括人的智慧，这是买不到的。如果过于强调“技术本位”，将智慧图书馆简单地理解为购买各种智能设备或系统，或者将智慧图书馆建设“包办”给技术商，那么将不能解决读者的个性化问题。因为技术商更多的是从自身商业利益出发，它只能提供机械的、通用的或一般性的场景与应用。如果图书馆没有自己的顶层设计与个性化的需求分析，就无法建设符合实际需求的智慧图书馆。

（3）仅改变环境。智慧图书馆的环境建设包括引进各种智能设备，如图书智能传送系统，馆际互借无人驾驶汽车、咨询机器人等。它们给图书馆带来的是外在环境、研究环境、学习环境和休闲环境的改变。虽然这些外在环境的改变能带给读者智能化的体验，但这并不是智慧图书馆本质的完全体现。在智慧图书馆应用场景下，图书馆将从有形到无形，从可感知到可体验，从外在影响到内在驱动，与读者之间的关系将更加紧密，最终融为一体。智慧图书馆的功能将为读者在科研、学习、教学、管理等方面带来改变和影响，体现出智慧图书馆的真正价值。

（4）仅推送资源。资源是图书馆的最大优势，在为读者推送资源的过程中，传统图书馆只能做到为书找人，数字图书馆则是机械地将读者感兴趣的资源定期推送到读者邮箱，这些都无法满足读者日益增长的信息需求。在智慧服务环境下，智慧图书馆借助大数据、人工智能、物联网等智能技术，对数据进行智能分析和匹配，创建出读者画像，即时、精准地为读者提供问题解决方案，超越了以往“推送”的层面，甚至超出了读者的需求预期。

（六）“信息孤岛”问题

在图书馆研究领域当中，很多专家学者严肃提出了图书馆存在“信息孤岛”的问题。简单来说，就是现阶段的图书馆当中各项数据与不同的系统之间并没有实现兼容，还不能够流畅地互通，形同“孤岛”。伴随着传统的自动化图书馆向数字化图书馆转变，曾经为方便自动化图书馆所建立的各种孤立存在的数字化馆藏已成现阶段数字化图书馆转型的阻碍。在转型的过程中，图书馆仍旧按照以往习惯，不但建立起自认为方便读者的各种服务系统与数据库，进而导致各种重复的数据不断产生，服务流程越来越繁琐，软件与硬件总是需要迭代升级等问题不断出现，最终出现了“孤岛式图书馆”。有的图书馆明知其他图书馆拥有全文数据但为使用方便还要自建，再加上各图书馆数据质量与规范的问题，数据资源的重复和浪费现象非常严重，造成“一加一小于二”的不良后果。

技术与服务的关系错位是造成“信息孤岛”的根本原因，技术被作为服务之外的附加，服务迁就技术，没有做到二者和谐共生。要解决“信息孤岛”问题，我们必须转变思想观念，不再盲目地依赖技术，要努力探索技术的发展与变革，最终实现图书馆管理员、读者、资源的和谐共存。智慧图书馆的存在就是为了实现数字图书馆与实体图书馆的彻底融合，为读者提供智慧化服务。

二、智慧图书馆的发展趋势

（一）国内智慧图书馆未来发展趋势

吴建中是我国智慧图书馆领域代表性专家之一，曾是上海图书馆馆长，现为澳门大学图书馆馆长，其代表作有《21世纪图书馆新论》《转型与超越：无所不在的图书馆》，在图书馆未来发展趋势方面有较多的论述。吴建中在2020年对未来20年图书馆的发展进行了预测，他认为未来图书馆将从“书的图书馆”向“人的图书馆”转变，从“消费型图书馆”向“创作型图书馆”转变。具体到智慧图书馆未来发展方面，吴建中认为智慧图书馆还没有统一的定义，它与其他有机体一样面临着各种危机、挑战和新的问题。因此，智慧图书馆在建设过程中，要不断适应社会发展的变化及需求。他同时指出，智慧图书馆与传统图书馆相比，更依赖数字化、智能化等手段来进行个性化应用与提升工作效率。数字图书馆在发展过程中最大的问题是对传统图书馆的专业方式过于迁就，从而限制了其自身优势的发挥。如数字图书馆中的机器可读目录Marc，是随着传统图书馆编目的思维框架运作的，以传统图书馆思维来进行数字图书馆建设，从而限制了计算机在信息处理方面的长处。因此，吴建中认为智慧图书馆是数字图书馆的延伸，不能走之前数字图书馆发展的路线，被传统图书馆思维所限制，而应有所创新。笔者认为，这种创新应通过智能技术、大数据技术、物联网技术等对传统图书馆管理思维进行改进。

南京大学图书馆在我国智慧图书馆建设方面居于前列，特别是其联合开发的盘点机器人，为国内首个图书馆盘点机器人。沈奎林认为智慧图书馆建设的重点在于提高智慧服务，主要体现在提供服务的技术手段和满足读者信息需求的程度两个方面。在技术手段方面，智慧图书馆应借助丰富的馆藏资源，为读者提供个性化、智能化和社交化的服务，并通过多样化的技术手段提供给读者。在满足读者信息需求方面，智慧图书馆不仅要提供文献服务，还要协助读者对知识进行内化，从而帮助读者构建知识学习网络。沈奎林认为将智慧图书馆的发展脉络、服务资源、服务主体与客体、全域发展空间，以及绿色、惠民、协同的发展理念等所有要求都联系、融合起来，才能最终形成书书感知、人人互联、人机智能的发展形态。

（二）国外智慧图书馆未来发展趋势

美国图书馆杂志官网于 2020 年 6 月发布一篇有关图书馆未来发展趋势的文章，主要从智能机器人、可持续性、虚拟现实、隐私服务等方面进行了探讨。其中可持续性的相关论述与智慧图书馆无关，故不在此论述。智能机器人、虚拟现实、隐私服务等方面都是与智慧图书馆未来发展密切相关的。

1. 智能机器人服务方面

罗德岛大学图书馆在智慧空间建设方面取得了不错的成绩。Bohyun Kim 是罗德岛大学图书馆首席技术官，他认为目前智能机器人在图书馆中的使用并不多，其可用于存储、检索、货架阅读和库存管理等，随着技术的发展，会有越来越多的图书馆使用智能机器人。罗德岛大学图书馆提供了与智能机器人相关的 STEM 教育计划，芝加哥公共图书馆等也有类似的尝试。罗德岛大学图书馆的人工智能实验室每周都会举办与机器人相关的学习活动，以帮助学生学习控制机器人。

Bohyun Kim 认为图书馆能够从智能机器人技术中受益，如智能机器人可迎接访问读者，并回答相对简单的问题，目前南非的大学图书馆已经开始这方面的尝试。在处理读者所咨询的问题方面，智能机器人往往能够更为快速直接地回复读者的问题。同时，智能机器人也可以识别和重新上架错误归档的图书，目前我国南京大学图书馆开发的智能机器人便能起到这样的作用。Bohyun Kim 认为随着智能技术的发展，智能机器人将会更多地被应用到图书馆中，所承担的服务也将会变得更为复杂，甚至能自主地提供服务。但随着智能机器人的普及，Bohyun kim 认为要注意其在图书馆使用中的安全问题。

2. 虚拟现实技术

根据前文的研究可知，虚拟现实技术是智慧图书馆使用的重要技术之一。Felicia A. Smith 是斯坦福大学图书馆的学习和外展主管，他认为虚拟现实技术对图书馆信息素养教学的帮助非常大，甚至能彻底改变现有的教学方式。他指出虚拟现实技术能在真实的场景中向学生展示如何在日常生活中使用信息素养技能，效果更好，但传统的信息素养教学仅能够通过讲座或上课的方式进行，显得呆板，并且效果较差。然而，目前在信息素养教学中使用虚拟现实技术的成本较高，每次花费一般在 4 万～8 万美元，甚至有可能达到50万美元。因此，高校在信息素养教学中较少使用虚拟现实技术，该技术也较少被图书馆同行所研究。随着虚拟现实技术的日臻成熟，其使用成本在未来会有所降低，也将会被越来越多的图书馆所采用。

3. 隐私服务方面

随着智慧图书馆建设的推进，图书馆通过大数据技术、人工智能技术等所拥有和掌握的读者个人信息会越来越多。同时，读者在日常生活、学习中也可能会将个人信息泄露出去。因此，智慧图书馆如何保护读者的馆内信息，以及如何帮助读者在日常生活、学习中保护好个人隐私都是值得思考的问题。

（1）规范图书馆内容供应商的信息采集行为。Peter Me Cracken是康奈尔大学图书馆一名采购电子资源的馆员，他对图书馆自行收集读者信息及合作伙伴使用读者信息等与读者隐私保护有关的问题产生了担忧。该校图书馆的许多电子资源供应商收集有关读者的个人身份数据，一些内容供应商只想确保读者信息适当地隶属于订阅机构，但另一些人则将读者信息资源视为宝贵的收入来源，并尽其所能通过与读者的互动来获利。在康奈尔大学图书馆中，每年约70%的馆藏预算用于电子资源，但追求数据收集的供应商很少会因图书馆反对而改变他们的行为，这无疑为今后埋下了隐患。

为了保护好读者的隐私，康奈尔大学图书馆推出“隐私服务”保护活动，当内容供应商表现出不良的触犯隐私行为时，图书馆将警告供应商。该大学图书馆希望通过图书馆目录和其他电子资源访问点的红色、黄色、绿色指示器，来表明对供应商关于个人数据行为的评估，从而让读者根据个人隐私保护的偏好来选择不同风险等级的内容供应商。例如，供应商是否要求用户创建特定于服务的账户？他们是否要求用户同意点击许可？他们是否使用浏览器指纹识别？他们是否提供删除用户数据的功能？他们是否会跟进删除请求？当读者接受了这些风险之后，便意味着读者许可内容供应商相应的读者信息收集行为。康奈尔大学图书馆在这里只是起到了信息安全预警的作用。

康奈尔大学图书馆计划创建一个共享和开放的评估系统，在这个系统中，所有供应商都可以看到图书馆给他们评分的理由，并且任何图书馆都可以在其认为合适的情况下贡献或使用数据。虽然普遍认为个人有责任保护自己的数据，但这是不合理和不切实际的，因为个人不能强迫组织尊重他们的数据隐私权。大学图书馆必须改变这种范式，将重点转移到集体行动上，与其他图书馆、供应商、组织和隐私倡导者合作，才可以确保所有人的数据隐私安全。

（2）规范图书馆自身的信息使用行为。当图书馆因改善服务而获得资金支持时，往往需要提供有说服力的佐证材料，这些材料一般会涉及读者信息。图书馆的这种行为往往会给读者带来较高的隐私暴露风险，特别是缺乏代表性的读者信息更容易被暴露。由于缺乏代表性和普遍性，该隐私信息一旦公布则很容易被外界识别出来。为了保护弱势群体，图书馆必须以合乎道德的方式收集数据，并对数据进行安全存储和匿名化处理，甚至考虑不收集读者数据。因此，笔者认为图书馆也需对自身行为进行约束，规范使用读者信息。

不管是古代还是现代，不管技术如何快速发展、时代如何变迁，人们对知识的渴望从来没有停止过。技术的变迁不断地帮助人们更快速、更方便、更精准地获得想要的信息。同时，技术的变迁也为人们提供了更高水平的深加工服务。随着时代的进步与技术的发展，图书馆更应该为读者提供高水平的服务。智慧图书馆建设的重点在于“智慧”，而不在于简单地叠加各种先进技术。这种智慧性主要体现在一个智慧空间里，资源互联并提供智慧化服务。

随着人工智能、物联网、大数据、云计算等新技术和智能设备的发展，智慧图书馆建设的脚步将更加坚定，相信以上的智慧服务场景不是梦想。尽管现在的智慧图书馆在某些方面并不尽如人意，但是我们相信，终有一日我们能够建立起真正意义上的智慧图书馆。

参 考 文 献

陈进，2012. 大学图书馆服务体系建设［M］. 上海：上海交通大学出版社.

陈进，邓景康，景祥祜，2013. 图书馆 RFID 技术及应用［M］. 上海：上海交通大学出版社.

陈远方，2018. 智慧图书馆知识服务延伸情境建构研究［D］. 长春：吉林大学.

段宇锋，金晓明，2020. 中国公共图书馆创新案例［M］. 上海：上海交通大学出版社.

郭欣萍，2021. 面向智慧图书馆的专业化服务发展探究［J］. 图书馆建设（6）：24-29.

韩媛媛，2015. 微信公众平台在高校图书馆中的开发设计研究［D］. 武汉：华中师范大学.

靳晓恩，2021. 智能时代智慧图书馆研究的发展趋势与启示［J］. 南昌工程学院学报，40（5）：93-97.

李耕华，2021. 高校图书馆智慧服务质量影响因素研究［J］. 传播与版权（11）：81-83，88.

李洁，2019. 数据驱动下数字图书馆知识发现服务创新模式与策略研究［D］. 吉林大学.

李静霞，2017. 武汉图书馆［M］. 天津：天津大学出版社.

刘晓倩，2021. 我国公共图书馆文创产品营销策略研究［D］. 大连：辽宁师范大学.

陆晓红，2014. 我国公共图书馆儿童阅读推广模式研究［D］. 天津：南开大学.

马天舒，2021. 高校智慧图书馆精准服务探究［J］. 四川图书馆学报（5）：34-38.

邱芙蓉，2019. 我国公共图书馆智慧服务研究［M］. 延吉：延边大学出版社.

尚红梅，2021. 公共图书馆文化服务创新研究［D］. 济南：山东大学.

苏文婧，2021. 试论 5G 环境下智慧图书馆创新服务模式［J］. 兰台内外（29）：64-66.

陶诏灵，2021. 高校图书馆智慧服务问题与对策研究［J］. 产业与科技论坛，20（23）：269-270.

田利，李金建，徐延华，2018. 图书馆文化创意产品开发理论与实践［M］. 北京：北京理工大学出版社.

《图书情报工作》杂志社，2018. 智慧城市与智慧图书馆［M］. 北京：海洋出版社.

汪乐，2017. 基于层次分析法的高校图书馆学科服务评价研究［D］. 合肥：安徽大学.

王虹，2021. 互联网思维环境下智慧图书馆发展的思考研究［J］. 文化产业（29）：57-59.

王荣，2021. 论智慧图书馆与图书馆智慧服务［J］. 参花（上）（12）：91-92.

谢薛芬，2018. 浅谈高校图书馆工作 [M]. 杭州：浙江工商大学出版社.
叶飞，弓越，翟姗姗，等，2021. 面向知识服务的高校图书馆智慧空间构建研究 [J]. 情报科学，39（12）：17－24，45.
于文彬，2020. 公共图书馆智慧服务研究 [M]. 哈尔滨：北方文艺出版社.
张海波，2020. 智慧图书馆技术及应用 [M]. 石家庄：河北科学技术出版社.
张旭，2019. 高校图书馆智库型服务体系构建及能力评价研究 [D]. 长春：吉林大学.
张勇，2017. 移动环境下高校图书馆知识生态系统服务模式研究 [D]. 长春：吉林大学.
张越，2021. 高校移动图书馆服务用户持续使用意愿影响因素研究 [D]. 济南：山东大学.
赵兴华，2021. 基于用户需求的图书馆智慧化建设研究 [J]. 电脑知识与技术，17（32）：141－142，153.

图书在版编目（CIP）数据

智慧图书馆建设与服务创新研究 / 张展，肖霞著
. —北京：中国农业出版社，2023.9
ISBN 978-7-109-31163-3

Ⅰ.①智… Ⅱ.①张… ②肖… Ⅲ.①数字图书馆－图书馆工作－研究②数字图书馆－图书馆服务－研究
Ⅳ.①G250.76

中国国家版本馆 CIP 数据核字（2023）第 193420 号

中国农业出版社出版
地址：北京市朝阳区麦子店街 18 号楼
邮编：100125
责任编辑：赵 刚
版式设计：王 晨　　责任校对：吴丽婷
印刷：中农印务有限公司
版次：2023 年 9 月第 1 版
印次：2023 年 9 月北京第 1 次印刷
发行：新华书店北京发行所
开本：700mm×1000mm 1/16
印张：15.75
字数：250 千字
定价：78.00 元